# 邊緣地帶的革命

# 邊緣地帶的革命

中共民族政策的緣起（1921–1945）

劉曉原 著

萬芷均 譯

中文大學出版社

《邊緣地帶的革命：中共民族政策的緣起(1921–1945)》
劉曉原 著
萬芷均 譯

繁體中文版 © 香港中文大學2018
英文版 © 劉曉原2004

國際統一書號(ISBN)：978-988-237-059-3

本書由 Stanford University Press 2004年出版之 *Frontier Passages:
Ethnopolitics and the Rise of Chinese Communism, 1921–1945* 翻譯而來，
由 Stanford University Press 授權出版。

出版：中文大學出版社
　　　香港 新界 沙田·香港中文大學
　　　傳真：+852 2603 7355
　　　電郵：cup@cuhk.edu.hk
　　　網址：www.chineseupress.com

*Frontier Passages: Ethnopolitics and the Rise of Chinese Communism, 1921–1945* (in Chinese)
By Xiaoyuan Liu
Translated by Wan Zhijun

Traditional Chinese edition © The Chinese University of Hong Kong 2018
All Rights Reserved.

ISBN: 978-988-237-059-3

Published by The Chinese University Press
　　　The Chinese University of Hong Kong
　　　Sha Tin, N.T., Hong Kong
　　　Fax: +852 2603 7355
　　　Email: cup@cuhk.edu.hk
　　　Website: www.chineseupress.com

Printed in Hong Kong

# 目 錄

# 地圖目錄

# 前言

　　本書既是我個人的求知之旅，也是一次學術探索的嘗試。1960年代，時值文化大革命，無數中學生「自願」來到農村上山下鄉，而我恰好「有機會」來到了內蒙古。有些年長的人好意提醒我：「不要去！那是個黃沙埋白骨的地方！」又有些人說：「內蒙古好呀！牛羊肥壯駝鈴響。」當然，那時我並沒有選擇餘地。來到內蒙古後，我發現這兩種描述都不準確。但兩者間的鮮明對比卻給我留下了深刻的印象。

　　多年後，我才意識到，那些勸告過我的人其實與大多數生活在中國內地的人一樣，沒有任何邊疆地區的親身經歷。對內蒙古的印象不過是來自古詩詞中對民族疆域的兩種典型描述。然而值得注意的是，這兩種截然不同的典型描述都不約而同地只涉及景物而忽略了人，這種視點選擇幾千年來對邊疆地區的民族屬性視而不見。就我個人而言，如果不是因為文化大革命來內蒙古插隊，我大概也不會對邊疆民族事務產生任何興趣。更何況，在那個動盪的時代，對民族問題上心絕不是一件時髦的事情！所以，我不得不在本書一開始就承認，我的寫作並沒有做到完全的客觀。

　　本書的主要論點之一是——中國共產黨直到其主力從中國南部轉移到西北邊境地區後，才開始有了切實可行的民族政策。對這一論點的感悟，在某種程度上出自我的個人經歷。在插隊的那些年

裏，在暫時離開漢人居住的地區後，我們這批「知識青年」不得不學習如何在蒙古游牧社會中生存。乍一看來，我這種出自自身經歷的研究方法似乎有違歷史研究中客觀性的準則，而鑒於歷史無法重演，歷史學家自身與某一歷史事件或歷史過程相類似的經歷，或許反而能啟發一些真知灼見，亦未可知。

作為一部學術研究，本書旨在從更廣泛的角度探索民族屬性在現代中國民族國家形成過程中的歷史地位。我從幾年前便開始了對這一問題的思考，通過以前在外交史領域的研究，我相信以「外交」、「內政」劃界的常規性研究並不能揭示現代中國歷史進程的複雜性。中國的民族邊疆問題似乎是處於兩種常規研究之間的「灰色地帶」，好比是中國歷史帷幕上的接縫。

本書研究的中心着眼於1949年前發生的一系列事件。1949年是本書稱之為「中國歷史性更新」的一年。在這一年中，共產黨政權、領土和政治的重新統一、民族關係的重新整合以及外交關係的轉向在中國同時發生，從而宣告了一個新時代的來臨。本書研究止於1945年，闡明中國共產黨在民族事務方面，為以後幾年奪取政權的最後衝刺，完成了甚麼樣的準備。至於中國在內戰時期的民族政治，尤其是內蒙、新疆、西藏的自治或獨立問題，有待以後的專論。

通過這一探索，我不僅希望能與研究中國民族課題或中共少數民族政策的學者們進行對話，更企望將民族、邊疆問題與自清朝以來、中國近代史的以漢族為中心的所謂主流歷史掛鈎。雖說中國共產黨的民族政治即是中國共產黨針對少數民族的政策，但其真正意義遠不止此，它還涉及到對「中華民族」的組成、中國的領土屬性、中國與鄰國及國際社會的相互關係等一系列根本性問題的「解決」。而在漢族人口佔總人口92%的中國，民族與民族邊疆問題常被邊緣化，這已經對相關領域的學術研究造成影響。

誠然，社會學、政治學領域的學者一直對中國少數民族有着濃厚的興趣，尤其是近二十年，中外學者的幾部重要專著在這一領域

掀起了一股熱潮。然而，這些針對某些特定少數民族的、高度專業化的學術研究仍鮮為人知。就歷史學家而言，除少數特例以外，對20世紀中國史的研究多局限於中國東部地區。至於對1949年前後中共民族政治的解讀，普遍看法是中國共產黨的民族政治不過是馬克思主義「民族問題」理論的變異，以及對前蘇聯解決民族問題模式的沿襲。

　　因此，我們心中對中國現行的多民族制度與過去多族群社會之間的歷史關聯認識不清，往往注重中國本土與邊疆區域關係中的事件，而較少考慮其內在的邏輯。本書中，我將在中國歷史的範疇下，特別是考慮到中國國家的現代化和民族化的進程，重新界定中國共產黨的民族政治立場，進而對上述問題進行一一考察。本書雖無意忽視共產主義在中國的普遍性影響，但着重強調中國共產主義民族政治的演變，由於某些特定的長、短期因素而因循了一條非同尋常的獨特道路。長期因素包括中國的文化、歷史傳統及民族地理佈局，短期因素則指中國共產黨不斷變化的政治際遇與相關的地緣戰略行動。

　　我的本行是外交史，在寫書的過程中卻跨越了數門學科，同時也領悟到民族間的往來其實與國家間的交鋒同樣的複雜、微妙和變化無常。書中引用的所有學術著作都給我的研究帶來了莫大的幫助。相比1990年代以前研究中國共產主義民族問題的學者，更讓我感到幸運的是，自1989年，中華人民共和國中央檔案館的18卷《中共中央文件選集》終於付梓出版。兩年後，中國共產黨統戰部出版了限於「內部發行」的《民族問題文獻彙編》。此外，2000年以來又出版了一些有關中共與共產國際的關係、中共紅軍的軍事與政治以及中共邊區地方機構的文件集。這些材料從根本上改變了這一學術領域的研究視野。雖然中共黨史的檔案研究在中國依然困難重重，但這些文件為探索中共領導層「內部思考」及決策過程的實證研究，提供了相當大的可能性。

　　在寫這本書並為之尋找歸宿的漫長過程中，我有幸得到了許多學者的幫助。書中所呈現的想法起始於1997至1999年，當時我在哈佛大學費正清中心 (Fairbank Center, Harvard University) 作駐校研究。傅高義 (Ezra Vogel) 教授與柯偉林 (William Kirby) 教授極盡東道之誼，為我的研究計劃給予了極大的幫助與便利。在我駐校研究的最後階段，戈德曼 (Merle Goldman) 教授主持了一場東亞學術討論會，我也得以借此機會檢驗了最初的一些設想。本書中的部分觀點曾發表於魏楚雄 (George Wei) 教授與我合作編寫的 *Chinese Nationalism in Perspective: Historical and Recent Cases* (Greenwood Press, 2001) 一書中，感謝 Greenwood Press 允許我在本書中進一步闡述當時提出的一些有關觀點。隨着研究工作的進展，艾鶩德 (Christopher Atwood)、寶力格 (Uradyn Bulag)、戈倫夫 (Tom Grunfeld)、海沙威 (Robert Hathaway)、梁思文 (Steven Levine) 等教授不吝賜教，抽空閱讀了本書原稿的部分或全部內容，他們的深刻見解以及建設性的批評使我受益匪淺。另外，感謝陳兼教授向我推薦《民族問題文獻彙編》一書，同樣感謝內蒙古社會科學學院圖書信息中心的烏力吉圖教授以及中國社會科學院近代史所的農偉雄教授，為我尋找重要資料提供了許多幫助。此外，我還要感謝余敏玲、王健民、汪朝光、魏楚雄、普拉坎斯 (Andrejs Plakans)、泰勒 (Joseph Taylor)、蒲柏 (Christine Pope) 與佩登 (John Paden) 等教授深思熟慮的評論與建議。書中所有的謬誤，責任自當在我。

　　在獲得社會科學研究委員會麥克阿瑟研究職位 (SSRC-MacArthur Fellowship) 以及史密斯‧理查森基金會 (Smith Richardson Foundation) 研究基金後，我得以開始了本書的研究及撰寫工作。成書的最後階段，我還得到了伍德羅‧威爾遜國際學者中心暨喬治華盛頓大學亞洲政策研究基金 (Woodrow Wilson Center–George Washington University Asian Policy Fellowship) 的資助，同時感謝愛荷華州立大學 (Iowa State University) 歷史系准許我在此階段離校研

究，並給予我莫大的支持。伍德羅‧威爾遜中心亞洲項目的主任海沙威與伍德羅‧威爾遜中心出版社的社長布林利 (Joseph Brinley) 在得知我的研究後，馬上批准了書籍的出版事宜。伍德羅‧威爾遜中心出版社的編輯卡恩 (Yamile Kahn) 與史丹福大學出版社的編輯貝爾 (Muriel Bell) 對本書的出版計劃表現出了極大的熱忱，並以各種方式促進提高了最後成書的品質。同時我也希望對尼爾森 (Bill Nelson) 為繪製書中地圖所付出的努力表示真誠的感謝。此外，在本書成形之際，必須感謝蓋爾芬德 (Lawrence Gelfand) 教授、孔華潤 (Warren Cohen) 教授及入江昭 (Akira Iriye) 教授長期以來對我的鼓勵與教誨。

最後，感謝紅星、鷹嬰、坦妮、曉西、曉紅和二老自始至終的陪伴，是他們支持鼓勵我堅持不輟。謹以本書獻給他們。

# 從中國的世界到世界的中國

蘇聯與南斯拉夫解體以來，舊體制下的前成員國民族衝突頻   1
仍，證明了馬克思列寧主義對民族問題的解決方法其實也只是一時
的權宜之策。[1]在許多觀察者看來，這些衝突對中國似為不祥之兆，
因為中國的多民族制度至今仍被視為蘇聯模式的變體。

這就引發了一個耐人尋味的問題：中國的多民族制度能夠持續
多久？即使在中國國內，警報也已響起，當前的國際情勢已逐漸影
響到中國的「社會主義民族關係」，因而加強各民族間的「民族團結思
想」在現時顯得尤為重要。[2]儘管中國對外界的影響懷有憂慮，一些
西方國家的中國學者卻仍對中國的內在活力保持信心。中國會像前
蘇聯一樣，隨着集權主義的日漸瓦解，隱匿的國中之國在長久的壓
抑後重新崛起嗎？[3]儘管有報告預測中國的多民族制度仍將維持相對
的穩定，但也有研究表示其未來變數極大，甚至有人認為這種制度
即便不會馬上崩壞，終究也難逃一劫。[4]

成為問題的主要不是中國各民族在民眾層面的日常關係，而是
北京認可並提倡的官方的民族關係模式。毫無疑問，官方的民族關
係模式一定反映了佔全國人口92%的漢族同散居於中國各地及其廣
闊邊疆的少數民族之間的長期互動。[5]不過，中國當前的民族制度主   2
要傳達的顯然是中國共產黨的政策取向。因此，準確了解中國共產

黨民族政策的起源與演變，不僅有助於理解中國當今的民族制度，同時對預想未來也極具指導意義。

迄今為止，英語世界對中共歷史上民族政治的代表性研究，往往基於馬克思、列寧、斯大林關於民族問題的論述。最近幾年探討當今中國民族問題的研究，也依然受到這些研究的影響。[6]然而，這種意識形態範式對於解讀中共民族政策的歷程和現狀，其實助益不大。原因有三：其一，雖然中共表達對民族問題的立場時的確使用了馬列主義的語彙，但教條化的官方文獻非但沒有闡明，反而還隱瞞了中共在不同時期採取不同政策的實際原因。金德芳 (June Dreyer) 在其代表作中表示，社會主義經典本身較為模棱兩端，可作多種詮釋，因此「中國共產黨在制定少數民族政策時，自然可以不拘方式，而無悖於意識形態的正統性」。[7]若情況果真如此，馬克思主義經典又如何能有助於理解中國共產黨的各種政策行為？

其二，用馬列經典解讀中共民族政策，趨於誇大中國共產黨與中國其他民族主義政權與組織的不同。譬如，金德芳就過分強調中國共產黨與國民黨之間的差別，甚至無法判斷中共在制定少數民族政策時，「究竟是對蘇聯模式的肯定，還是對國民黨的否定」。[8]雖然在冷戰時期，亞洲共產主義者所表現出來的民族主義特徵曾一度讓西方國家感到困惑，但冷戰後的環境卻讓西方更好地理解了亞洲共產主義者看似矛盾的民族主義。其實，中國共產黨與國民黨在民族構建的綱領上有許多相通之處，因此，二戰結束時，兩黨就已在中國民族問題的基本點上達成共識。

其三，以馬列意識形態研究中共政策的制定，得出的結論往往建立在泛讀馬列主義專著的基礎之上，而忽略了中國共產黨自身歷史的實際經驗。這一問題源於冷戰時期兩大陣營之間的信息隔斷，尤其是社會主義陣營建立的信息審查制度。在信息受到壓抑的時代，有關當代中國的可靠資料極度匱乏，西方國家便以解讀蘇聯的

既定模式套用於對中共行為的研究。沃克‧康納 (Walker Connor) 以列寧在民族問題上採取的革命策略為「鐵律」，並用之於解讀中共，就是一例。

　　根據康納的說法，列寧的「鐵律」規定了以各種政策動員少數民族並將其納入革命隊伍。這一策略的個中關鍵就在於民族自決權的先立後廢，共產黨在掌權前向少數民族承諾民族自決權，而在執政後則否認其權力。[9] 然而，康納將這條「鐵律」套用於中國共產黨，就違背了歷史事實，因為中共早在掌權之前就已不再支持少數民族的民族自決。對中共的實踐，需要在列寧的策略以外找原因。

　　與強調馬列主義意識形態不同，學界的另一種觀點更側重於研究較為成熟的古代中國，強調中國共產黨與中國悠久歷史之間的關聯，聲稱「當今〔中華人民共和國〕的高層文化建構實質上是對中華王朝國家文化及文明的繼承」。[10] 有趣的是，不論是傳統文化論，抑或是馬列主義論，都強調中國當前制度不合時宜。兩種解讀分別立足於中國的久遠和最近的過去，都缺乏一種貫通過去與未來的歷史動態的體察。中國共產黨在歷史上的作為既不表現為妄圖未來，也不表現為固守過去。已故的漢學家史華茲 (Benjamin I. Schwartz) 曾指出，在中國共產黨的世界觀裏，共產主義只是屈尊於儒家思想和自西方輸入的民族國家觀之後的「第三類」。這三類觀念互為補充也相互糾雜，混而合一構成了中國共產黨的世界觀。[11] 這些要素間的張弛表明，中共與歷史上的其他革命力量一樣，既承載傳統，也推動改變。

　　本書重點關注中國共產黨在 1921 至 1945 年間民族政治立場的形成與發展。這一過程的最終產物既非蘇聯模式的複製品，也不是中國歷史的遺跡。在不同情勢與環境下，中國共產黨的政策制定與史華茲指明的三種觀念發生不同的關係，結果既有歷史性的傳承，也不乏劃時代的革新。要理解中共民族政治立場的形成，必須了解中

國民族政治的歷史背景，因而在進入正題之前，我們有必要首先理清一些相關的歷史概念與先例。畢竟，無論如何定義中共的政治取向，也只是中國歷史性更新的其中一環。

# 歷史性更新

歷史性更新在人類社會發展的歷史上並不少見。安東尼‧史密斯 (Anthony D. Smith) 在研究民族的起源時，指出了他稱之為「族類」(ethnie) 的群體所共有的堅忍不拔的特質：

> 族類一旦形成，不僅特別能夠經受「正常」的滄桑變遷，還能延續數代、甚至數個世紀。族類會形成特定的「模式」，包容各種社會文化進程的展開，承受來自不同環境與壓力的衝擊。[12]

通過抵抗、改變，或適應而求生存，是人類群體的本能。上述引文表明任何族類都具有的兩大基本特質：堅韌與靈活，或如史密斯所説，「適而恆定」、「變而不移」。[13] 由此看來，任一歷史進程的意義就在於它不僅連繫過去，同時也投射未來。

過去種種革命與動盪、討伐與戰爭、科技突破與大規模人口變遷等歷史事件，在當時觀者的眼中，的確看似劇烈宏大，但在歷史的長河裏，其社會環境所受到的衝擊卻十分有限。即便這些事件看似產生了積極的效果，最終仍難免被構成歷史惰性的傳統價值、文化、制度所抵銷。胡適是中國 20 世紀初的改革先驅，他曾敏鋭地指出了改革動力與歷史惰性強弱之間的關聯：

5

> 凡一種文化既成為一個民族的文化，自然有他的絕大保守性，對內能抵抗新奇風氣的起來，對外能抵抗新奇方式的侵入。這是一切文化所公有的惰性，是不用人力去培養保護的。……文

　　化各方面的激烈變動，終有一個大限度，就是終不能根本掃滅
　　那固有文化的根本保守性。

因此，儘管胡適大力倡導中國的「全盤西化」，他的實際目的其實只
是獲得中西文明合璧的「文化大變動的結晶品」。[14]

　　然而事實上，任何歷史進程都不可能是照單製造的文化結晶過
程，其中必定會受到來自多方力量的推拉與調和。在一個新興的社
會模式中，保守一方會試圖扭變新環境以符合舊文明，而改革派或
革命派則會調整舊有規範以適應新的環境。這種妥協是任何所謂歷
史的進步都無可避免的，也就是說，歷史的進程中，並沒有絕對的
敗者或贏家，只有多方力量在同一過程的不同方向互相作用。歷史
上，所有曾被放逐到歷史廢墟的人與事，都會有後繼者在人類進程
的新階段捲土重來；而所有名留青史的人與事，也都難免背負着前
塵敗績的一點污名。正是以這樣的方式，社會與文化不斷地更新。

　　中國有世上最古老的族群，也是最年輕的民族國家，在這片土
地上，歷史性的改變與承傳一遍又一遍地上演。[15]史密斯發現，三
種族類的更新運動——領土的、血統或朝代的、文化的更新，都以
族類主義 (ethnicism) 為驅動力。族類主義是現代民族主義的前身，
史密斯將其定義為一種「應對外界威脅和內部分裂的防禦反應」，「試
圖恢復原狀，回到古老時代的理想圖景」。[16]不過中國歷史上的真實
情況卻更為豐富，傳統的族類主義可以與現代的民族主義同樣堅定
而宏大，而過去的理想圖景不僅為更新作指引，還為擴張壯大提供
正當的理由。

　　此外，中國國家體制的更新並不總是由同一族類來完成的。在　　6
過去的幾個世紀裏，中國緩慢地進入現代，過去的理想圖景也發生
了巨大的改變。19、20世紀之交，中國的族類主義被民族主義所淘
汰，中國人心目裏「中國的世界」這一形象也被「世界的中國」所取代。

# 中國的世界

秦始皇結束了戰國時期的戰亂，統一六國，建立了中國歷史上第一個統一的王朝（公元前221–206）。他這樣定義自己的疆土：「六合之內，皇帝之土。西涉流沙，南盡北戶，東有東海，北過大夏，人跡所至，無不臣者。」[17]自此，大一統不僅是中國古代族類主義的關鍵要素，更成為一種政治現實。

哈佛學者傅高義曾著文反對在中國與前蘇聯之間作簡單類比，堅稱「蘇聯在上世紀才統一，而中國早在2,200年前就已經統一了」。[18]然而，在過去的兩千多年裏，中國也經過多次分裂的時期。秦始皇雖實現了一統，卻無法保證他的帝國萬世不亡，秦朝之後，中國分而又合，合而復分。不過值得注意的是，儘管中國經歷了一次又一次的分裂，人們卻始終將大一統的局面視為中國歷史的常態。現在中國的學者習慣將中國歷史上分裂與統一的時期作三七開，表明中國在多數時候仍是統一的國家。[19]儘管這種做法的根據值得商榷，但中國的國家制度在經歷了分合輪轉之後，仍能經久不衰，確實反映出這種制度鳳凰涅槃般的韌性。比這種制度更頑強的，當屬大一統的思想，不論是在分裂還是統一的時期，大一統都被奉為王道之圭臬。

王國斌（R. Bin Wong）對歐洲與中國的比較研究顯示，二者在初步實現統一之後，歐洲發展成為了一種多國體系，中國則繼續保持着統一整體的狀態。雖然王國斌也承認中國文明的統一體在思想上始終保持一致連貫，但他將中國國家制度的持久性主要歸因於一種「維持帝國政治實體的管理架構」。[20]因此，歐洲的傳統導致平等的民族國家紛立的國際秩序，而中國的傳統卻造就了一個兼收並蓄的中央王國。

除非將歷史上於此不符的情況作為例外，否則這種對「中國傳統」的解讀難以成立。已有個案研究證實，中國歷史上的確有多個國

家並存的狀況，當時所謂的「中央王朝」其實也只是眾多國家之一，在各國之間也存在不分尊卑的對等關係。[21]考慮到這些情況，中國之所以有別於歐洲，其實並非因為歐洲是平等的民族國家體系，中國是劃分階層的封建帝制，而是因為中國的「世界」體系不拘一格，其中的觀念、結構和行為既包括了對等的國家關係，也包括了八方來朝的中央天朝。只不過在「大一統」的理念下，中央王朝的模式才是可取的正道，對等的國家關係只是權宜之計。但凡一國國力強盛，就會借大一統之名，強行稱霸於其他諸國；如遇「天朝」國力衰弱，雖仍自詡文明優於其他各國，卻也只能對強鄰執「敵國禮」，甚至反向進貢。

中國傳統的治國之道立足於「天下」。天下又是中國族類主義中一個含糊而經久不衰的概念，它明顯帶有普世的內涵，其實際含義卻隨時間推移而不斷發生改變。孔子及其門徒在思索自身修為之道時，又將「平天下」視為明德的最高境界，高於自身，高於家國。[22]這個詞同樣也被用於形容中央之國實際或理想的勢力範圍，或者是爭奪天命所歸暨統治中國的最高權力的競技場。秦始皇曾宣稱六合之內，人跡所至，莫非王土。大一統思想與天下的觀念在這裏完美地融為一體。

不過，從這些概念也很容易看到，中國傳統的政治話語內含一種號召天下而力不能及的自相矛盾。自秦朝至中華人民共和國，無數的戰爭與縱橫捭闔，無一不是為了爭天下、平天下。這些歷史事件雖然標榜普世，但實際意義不過是一次又一次地重新定義了中國的疆域、中國在想象所及的世界的地位以及社會與國家的關係。在今天的中國，「天下」一詞依然備受爭議。擁護者視天下為大一統的目標範圍，並草率認定天下就是現代「中華民族」在概念上的前身；反對一方則認為天下的本義過於以自我為中心，從而導致了過去兩千年來的心胸狹隘、見識短淺。[23]然而，這兩種觀點似乎都有失偏頗。

「天下」一詞在表述華夏族與相鄰部族的地理、族類、文化關係

時，本義的確是以自我為中心的。最早使用「天下」概念的例子之一是中國首部地理著作《禹貢》。[24]《禹貢》將神話中的夏朝作為一種理想化的遠古時代，表達了作者在戰國時期渴望一統的政治抱負。當時天下的概念還只限於現在的中國東部地區，《禹貢》將天下分為九州，以京都為中心，每五百里為一服，並依各服與中原王朝的世系、文化、政治關係，稱為「甸」、「侯」、「綏」、「要」、「荒」五服，受中央統治。

五服之民受到中央不同程度的控制，負有不同的勞役朝貢義務，也享有不同的權利。依照五服與中原王朝的同異、親疏、忠逆程度，由近及遠分列開去，形成層層緩衝區，保證了中央王權的控制與安全。[25]這一構想可謂是世界上最早的政治科幻，它將一個虛構的遠古政治秩序作為理想的典範，忽略了當時中國及周邊的實際的地理狀況。不過，這就是被杜贊奇 (Prasenjit Duara) 稱之為「同心圓式向外輻散的世界帝國」的思想胚胎。這政治架構深得儒家寶重，並在後來的幾千年裏得到進一步的闡發。[26]

《禹貢》之後，「同心圓」和「向外輻散」的中國並非一味封閉狹隘，而是積極主動地參與到了世界歷史的進程中。我們的時代充斥着「中國崛起」這類巨大懸念，歷史上中國興盛的先例也因而得到了學術界的重新關注。這些新的研究並非意在否認中國在歷史上封閉自守的真實性，而是反對將封閉自守視為傳統中國的常情與恆態。[27]

此外，縱觀歷史，中國在世界的地位也發生了許多改變。在新的學術研究中，問題不再是古人是否了解外部的世界，而是他們如何將自己對世界的了解在不同時期加以利用。儘管我們仍然可以説歷代的統治者都傾向於將中國視為世界的中心，尚待探討的是，在何種狀況下中國選擇了只做世界的「被動軸心而不是行動中心」。[28]

因此，隨着中原王朝與外界主要對手之間力量均勢的變化，「天下」的含義也隨之改變。作為一種表達文化優越感的抽象概念，「天下」可以脱離中國實際地理格局的限制。「天下」既可以被強勢的中

原王朝做為主動與別國建立關係的名目，也可以在「中國」勢弱時被用於證明向強大鄰國讓步的合理性。但作為一種領土管轄的具體尺度，「天下」便有其局限性。首先，隨着中國本身逐漸發展成為一個幅員遼闊的泱泱大國，治國任務之巨似乎也就關涉了整個天下。天朝大國的過度自我關注的傾向，與歐洲環境下多國競爭、時刻警惕外國挑戰的國家心態大相徑庭。[29]在治理極其廣袤複雜的中國社會時，中原王朝的官僚體制不得不以自保為第一要務。

　　雖然中國朝廷生來內向自守，但也無法規避對外事務。在天朝的觀念裏，它與鄰國鄰地是一種自上而下的縱向的對外關係。自秦朝至清朝，中國歷代都設有兩類並行而又不同的機構，分管「屬國」與「客國」的事務。屬國在一定程度和某種形式上服從於中央的管轄，而客國則只是「歸義」於中央。[30]只要中原王朝能夠維持東亞的宗藩朝貢體系，這些屬國、客國也就在行政或禮儀的意義上被納入天下的範疇。不過，一旦中央王朝瓦解，這些國家與中國的關係則會立即改變。其間也時有敢冒天下之大不韙，問鼎中原，直欲取代漢族王朝而成為執天下牛耳者。

　　直到19世紀後半葉，中國的統治者才逐漸樹立起中外關係的近代意識。在此之前，中國的對外交往只是一種「華」、「夷」關係。在中國古代，文字表達是社會精英的特權，因而我們無法確定古代文獻中有關族類文化認同的觀點，是否反映中國傳統社會的普遍看法。[31]當今學界將中國傳統思想的眾多派系分為族類主義和文化主義兩類，而在當時這些思想都極度精英化，恐怕對其無法作社會縱深的研究。[32]

　　華夷對立的概念在傳統中國政治話語中反覆不停地出現，至少可以證明漢人社會與中國周邊、尤其是亞洲內陸的非漢群體之間，長期保持着極其重要的接觸與聯繫。馬爾克姆・安德森（Malcolm Anderson）曾敏銳地指出，邊緣地區對於一個新興的國家中心具有重大的意義：「在某種情況下，邊疆在建立國家、塑造

政治認同時會具備一種神話意義，成為整個社會的神話構成要素（mythomotoeur）。」[33]這一觀點同樣適用於中國傳統的族類文化中心主義。中國的統治階級需要用異族的邊疆，以維持中央天朝接受「萬邦來朝」的文明形象。

在中國古人的眼裏，華夏中心與四海諸夷共同構成了整個世界。[34]「夷」的本義未必含有文化上的貶義。歐文·拉鐵摩爾（Owen Lattimore）認為，最初的「中國人」其實源於新石器時代居於今天中國領土上的「非中國人」（un-Chinese）。他們由於物質上較為進步，逐漸分化出來自成一族。[35]最早的「中國人」之所以選擇「華」作為共同的名稱，大概就是因為「華」代了光彩富麗，可以表明他們生活方式的相對富足奢華。雖然研究中國的外國學者總是將「夷」解作「野蠻」，但早期中國人所說的「夷」有可能只是代指普通的其他部族。

然而，當「非中國」的游牧文明在亞洲內陸的大草原上萌芽生息、日益強盛，足以與中國的農耕文明相抗衡時，「中國人」與「尚非中國人」（not-yet-Chinese）之間原本主要體現在經濟上的差異，也就逐漸被族類文化意義上的「華夷之辨」所取代。[36]隨着這兩大文明的愈益發展壯大，他們之間的「障礙」似乎也變得愈發難以克服。與此同時，雙方在人口、物產、思想上的交流從未停息。

儘管儒家認為夷族「非我族類」，但與近代歐洲的民族國家相比，在古代中國的世界裏，「族類文化國家」（ethnocultural states）之間的界限，其實並沒有那樣嚴格和固定。學界有一條幾乎默認的公理：「征服得了中國，但改換不了體制」。但如果說被征服的中國向來「可以馴化它的征服者」，那也有失偏頗。[37]由於在古代中國的世界裏，族類文化國家之間往往沒有明確和共同接受的國界，因而難以確定中國制度在何處終止，別的制度又在何處開始。實際上，在中國與鄰國之間模糊的邊疆地帶，常有文化、族類相混雜的制度同時並行的現象。

與近代民族國家以明確的邊界劃分各國疆域不同，古代中國世

界的「族類文化國家」制度則通過文化上的相互滲透、族類上的相互混雜、漸進混合地帶，連接其體系之內的各國。在唐朝，中央政府設置羈縻州府，管理控制邊緣地區的非漢族類，意在「全其部落，得為捍蔽，又不離其土俗」。[38] 中國北方的鄰國也採納了類似的管理方式，例如遼、西夏、金均採用雙元制，以「國制」管理本族，以「漢制」管理各自疆土南緣的漢族人口。[39]

在今天的人看來，這種在文化、人口、制度上的重疊難免讓人困惑。即使是中國歷史的專家學者對此也依然爭論不休：地處中央王朝外緣的國家是否屬於中國的一部分？羈縻之地是在中國「主權」之下，抑或自成一國？這些在今天看來是有「硬道理」的問題，與中國歷史上以柔軟手段與靈活概念維繫關係的族類文化國家體系並不相宜。在傳統中國的羈縻政策下，統治皇族通過聯姻、贈禮、朝貢、冊封、贊助、通商等方式維繫國家間的穩定關係。一旦一個「外緣」國家與中國的「中央王朝」建立起正式的聯繫，那麼該國也就成為了中央王朝治下的一部分，但同時依然是一個獨立的政治實體。不過，在高度政治化的當代，這種同一關係的正反兩面常常被分別加以強調，以服務於不同的目的。[40]

唯有帶着歷史的眼光，方能明白這樣兩種狀態共存的現象其實是中國傳統普世主義的特殊產物。不論一個中央王朝勢力多強，它對疆域的控制能力終歸有限，始終無法滿足它所宣稱的普世統治權，於是羈縻政策便成為平衡二者的唯一途徑。但這一政策也並非十全十美，它的弊端就在於族類混合的柔性邊疆其實是一把雙刃劍，既可以御外，也會傷內。[41] 此外，中原王朝宣稱天下共主，其實也給中國周圍的勢力提供了入主中國的說辭。因此，「天下」這片看似不朽的疆域，其實始終未能達到近代歐洲民族國家制度的那種連貫性。

雖然中國的國家體系是由自稱「華」族（漢朝後亦稱「漢」）的中央王朝開始的，在其長久的發展演變中，這個體系實際上是由不同

族類共同創造的。隨着朝代的更迭，漢族和非漢族的統治者相繼統治「天下」，在承繼中國國家制度的同時也做出了相應的改變。巴菲爾德 (Thomas J. Barfield) 的研究將草原王國和部族處理對中原王朝的關係的策略分為兩類，即外邊疆 (outer frontier) 和內邊疆 (inner frontier) 策略。前者包括公然劫掠中原的人力財物；後者則在名義上臣服於中央王朝，以獲得其對草原經濟和政治生活的援助。[42] 不論挑戰還是迎合中央朝廷的權威，這些策略進一步加深了中國統治者的族類意識和使其世界觀出現「族類化」的趨勢。[43] 不過，也有強勢的草原王國採取了第三種策略，即取代漢家的中央王朝，奉天承運自立為王。

在中國一統之前，一些「蠻夷」國家常以「我有敝甲」的姿態「欲以觀中國之政」。其中，秦國作為一個「華夏化」的邊緣國家，逐漸發展壯大，最終率先統一了中國。[44] 國力強盛、名揚四海的唐朝大大擴展了中華帝國的疆域，但其皇室卻有部分「蠻夷」血統。這在某種程度上解釋了唐太宗李世民「華夷如一」的思想觀念。[45] 13世紀，蒙古攻滅南宋，建立了橫跨歐亞大陸的蒙古帝國，中國自此成為其廣袤帝國的一部分。蒙古人樹立權威，首先靠的是武力征戰，但在中國，他們卻在武力之外同樣依照中國的政治傳統建立權威。忽必烈建國號大元，意指「天下一家」。元朝也遵循了為前朝修史的傳統，以示天命改換，因而宋、遼 (契丹族)、金 (女真族) 也就有了三部各自的歷史。[46] 最終，蒙古族退居北方草原，但他們建立的行省制度卻自此在中國的土地上流傳下來。

由此看來，所謂的中國歷史其實是「中國」與「非中國」的混合體。雖然中國的文化內核在中國國家制度的歷史長河裏沿襲了下來，但中國的歷史進程及其產生的實體卻無疑是多文化、多族群的。中國加入近現代世界體系後，方興未艾的民族主義成為政治領域的主導，並重寫中國的歷史。這一發展軌跡頗具諷刺意味，因為首先統領中國邁入現代的並非漢族，而是滿族的清朝。

# 世界的中國

1894至1895年中日甲午戰爭後，改良派康有為上奏光緒皇帝：
「當以列國並立之勢治天下，不當以一統垂裳之勢治天下。」[47] 雖然康
有為在口頭上依然推崇中國的普世皇權，但他卻明確地告知光緒，　　14
中國只是世界上眾多國家之一，清帝國必須自我調整以適應民族國
家當道的世界。

在傳統中國所有的重大「更新」舉動中，清朝對現代中國國家的
影響最為直接，聯繫也最為密切。在清朝統治的近三個世紀裏，發
生了許多重大事件，其中，至少有三件大事使清朝堪稱中國現代民
族國家的先驅：一、統一「天下」；二、劃定國界；三、分治內政與
外交。

## 實現「天下」大一統

中國歷史雖然顯示出一種分久必合、合久必分的循環，但當現
代民族主義在中國興起之時，中國並非處於分裂的狀態。相反，清
帝國開疆拓土，將王朝的疆域推至東亞大陸之端，在一片廣袤的區
域實現了大一統。雖然到了19世紀，中國淪陷於同西方列強的一系
列「不平等條約」中，清廷依然是中國域內的中央權威。而正是在這
片土地上，20世紀中國的民族主義者努力將中國轉變成為一個現代
的民族國家。也就是說，從清朝繼承的這片統一天下，在國民黨的
手中順理成章地變成了「中華民族」的祖國。這片土地必須完璧如
初，否則不僅有違天命，而且有損中華民國作為繼任者的正統地位。

假如中華民國誕生於中國歷史上的一段分裂時期之後，「中華民
族」的內涵與外延都會大不相同。然而，在中國時分時合的大循環
中，反而是民族主義盛行的中華民國又見證了中國分裂的局面。晚
清在外交上屢屢受辱，後來的國民黨與共產黨對清廷的怨怒不一而

足。但若將清朝斥為中國歷史上喪失領土最多的朝代，則是對一些
重要的歷史事實視而不見。[48]在這個問題上，中華人民共和國的締
造者們對歷史的了解遠勝於當代中國的許多評論家。周恩來總理就
曾讚揚滿清政府開拓了廣闊的疆土，實現了中國空前的統一。[49]

## 中國國界的劃定

　　17至19世紀間，清政府確曾多次與列強簽約割地。因此而詬責
清政府的20世紀的民族主義者們忘記了，清朝是中國歷史上第一個
在近現代意義上與鄰國訂約劃界的朝代。在現代世界，邊境爭端往
往發生於尚處在民族化、現代化進程中的「未成熟國家」。[50]時至清
朝，中國已建立起延續數千年、極度成熟的國家制度，而當時清朝
之所以仍然遭遇了邊界問題，也只是因為此前中國的治國之道，並
沒有把勘定國界視為必要。如果說「邊疆即是身份的標識」，[51]那麼
模糊的邊疆地帶便是王朝中國的標誌，而這些地帶的「族際」和「文
化際」的意義，遠大於「國際」意義。在由族類文化國家組成的傳統
東亞世界裏，為確保國家安全，只需將跨越族類的外緣作為緩衝
區，並在各族的核心地帶之間保持安全的距離。

　　由於缺乏有效的通訊與交通方式，過去的傳統國家權威和力量
並不能完全充滿其邊疆地帶。這也決定了當時的邊疆政策往往施之
於區域之中，而非界線之上。就此而言，中國在世界歷史上並非唯
一。這也不是說古代中國的統治者們從未實行過劃定國界。中國歷
史上許多統一的朝代都曾頒修《一統誌》。這些官修地理誌的目的在
於展現中華帝國疆域的延伸，其中的地圖間或用線條將中央王朝的
邊疆地帶與周邊國家劃分開來，但並不標示出中國以外周邊各國的
國界。這類地圖當然只是中國統治者單方的理想圖景，其中的所謂
國界與近現代國際邊界線的意義相去甚遠。[52]更有甚者，中國帝王

單方劃界的行為導致了長城的修建，將屬下「文明」的臣民與處於「黑暗外界」的北方部族隔離開來。[53]

　　滿族循蒙古先例，無視長城壁壘，入主中原。據柯嬌燕 (Pamela Crossley) 的研究指出，所謂滿人並非一族，而是由女真、蒙古、漢人及其他人群的混合體。事實上，滿人八旗收編有大量漢人，因此滿清對中國的征服「主要是漢人對漢人的戰爭」。[54]無疑，八旗漢軍和蒙古鐵騎共同為清朝統治者雄踞中原做出了重大貢獻。

　　進入中原以後，清朝王室在相當程度上沿襲了中國的觀念和視角。但由於滿人植根於中華帝國邊疆的外緣，始終無法在漢人中心區域裏泰然自得。基於兩點認識，清廷放棄了中國經世之道裏的線型防禦傳統。其一，以長城為典型代表的線型戰略屢次失靈；其二，這個戰略同清廷用外緣部族制衡內地漢人社會的政策也不協調。[55]在中國傳統的豐富實踐中，清帝國的奠基人另有所鍾，採取了緩衝地帶戰略。

　　17世紀末，面對沙俄南向擴張的步步進逼，康熙帝向屬下強調：「本朝不設邊防，以蒙古部落為之屏藩耳」。當時中國的防禦政策是以琉球屏藩東南，朝鮮屏藩東北，蒙古屏藩西北，安南屏藩西南。[56]「以夷制夷」之術雖然看似經久耐用，但當歐洲的民族國家制度橫掃中國的族類文化秩序時，這一策略隨之變成了陳詞濫調。

　　何羅娜 (Laura Hostetler) 在其最近的一部著作中，將康熙時期的清帝國歸於世界強國一列。這類強國都曾通過繪製地圖宣稱領土範圍，並編修誌略以釐清其子民的構成。[57]康熙確實沒有固執中國的傳統政策，而是在處理對外事務時引進了類似近代國際關係的成分。在清帝國尚處擴張之際，康熙在1689年與沙俄政府簽訂《尼布楚條約》，在中國北疆劃定了第一條以國際條約為根據的邊界線。然而，在接下來的兩個世紀裏，清政府雖然多次訂約確定邊界，但卻逐漸喪失了國際互動中的主導能動地位。過去以模糊邊疆勾勒的中

國的世界，很快便被一個重新佈局的亞洲大陸所取代，其中角色是
一群虎視眈眈的西方帝國和各個行將就木的亞洲王國。正如本尼迪
克‧安德森 (Benedict Anderson) 所說，「一次次劃分，一場場戰爭，
一部部條約，版圖的分佈與勢力的排列就以這樣的方式 (在亞洲大地
上) 進行着」。[58] 被劃分、被征戰、被地圖標記、被條約重釋的是亞
洲眾國，權力所歸卻在西方列強。

　　西方列強不請自來的「援助」，使得清帝國不得不重新規劃自己
的天下。即便在處理與傳統屬國的關係時，清政府也開始採取在歐
洲通行的國際慣例。清國先後與錫金 (1792)、尼泊爾 (1793)、朝鮮
(1885、1887) 訂立的確定邊界的條約，就屬此列。[59] 在鴉片戰爭以
後，中國更進一步從一個被模糊的邊疆地帶所環繞的中心王朝，轉
變成為一個同周邊國家比鄰而居的「邊界國家」。在這方面，滿清統
治者替 20 世紀中國的民族主義者代勞，成就了一件歷史功業。[60] 但
清政府忽略了一點：中國的海疆依然模糊不明。自秦至清，中央王
朝向以雄踞大陸為根本，而東方的大海就是一個天然的巨大藩屏的
緩衝。這種安全感在「洋人」到來以後被打破了。如今，中國與東、
南海鄰國之間依舊爭端不斷，顯然，清廷的疏忽在其後的國民黨、
共產黨時期仍然未能得到彌補。


## 分治內政與外交

　　在中國歷史上不乏漂洋而來的「蠻夷」，但 18、19 世紀來華的
「洋人」卻有不同。他們不願對天朝俯首貼耳，而是力求以他們的方
式自行其是。與一些學者的看法不同，西方的到來並不是中國對外
部世界「地理大發現」的開端。[61] 古代中國早已知道其他文明社會的存
在，只是天朝皇帝向來是坐在自己的龍椅上等遠人將世界雙手奉上。
　　19 世紀以後的新「洋人」卻試圖將中國拽向更大的世界。西方各
國非但沒有將中國視為秩序的制定者與最高權威，反而要求中國與

他們一樣行事。隨着以中國為中心的宗藩朝貢體系的日益瓦解，清朝統治者認識到，抵禦列強登堂入室的最佳策略是採用西方的立國之道，將國事分為內政與外交兩部分。而這一領悟將徹底改變中國的對外關係及其邊疆事務。

有一種將「中華民族」視為古已有之的說法，認為現代中國的領土自古便是中國的一部分。於是，古代中央王朝與周邊國家之間的爭端只是內部矛盾，邊防也只是一種內防。[62]這一觀點無非是為現在中國的領土主張提供歷史依據，但實際上是倒讀歷史，將今天內政與外交分明的狀態反套於古代中國。實際情況與此大相徑庭。在傳統的中國世界裏，統治者通常用「遠近親疏」來定義中央天朝與其他國家的關係。就算真要區分內外，也是首先基於文化與族類的不同，如儒家經典《春秋》的教誨：「內諸夏而外夷狄」。[63]在這個觀念下，中央王朝也須根據自己國力、影響的強弱，判斷哪些國家應在何種程度上被「內化」或「外化」。若將傳統中國的這種「內外事務」等同於當代的內政與外交，那便是對歷史的一大誤讀。

清政府對內政與外交的分離，其實經歷了一段曲折的過程。中國的「邊事」向來將今人眼裏的所謂內政與外交混在一起。滿清作為中國外緣的非漢部族，入主中原後自然對邊事格外留意。為此，清政府在本已冗繁的中國官僚體系內又加設了理藩院，專司眾藩，以固疆土。理藩院的責任包括了蒙古、西藏、西北回部、西南各族以及清政府同俄國之間波動不定的關係。[64]乾隆（1736–1796在位）年間，官修地理誌中也開始將部分西方國家歸為四夷一類。[65]

因此，面對中國與西方日益密切的交往，清政府的初始反應是將後者納入天下的範疇或者歸為華夷的關係。道光年間任職禮部的龔自珍在當時算是相對開明的士大夫，但他也將「西洋諸國」與朝鮮、安南等傳統朝貢國同歸為「客國」一類。在龔自珍看來，西方諸國與亞洲各國之間僅有的區別在於前者不定時向中國進貢。[66]

時至1861年，在受到這些不遵常規的「客國」一次次的武裝打擊

之後，清政府終於吸取了慘痛的教訓，明白自己的「御夷之法」最終
可能將本國陷於喧賓奪主的尷尬境地。比起中國視天下為一家、將
國親疏分等的傳統，如今歐洲各國獨立平等的做法，似乎更加合乎
情理。同年，清政府首設總理衙門，這個機構既是中國現代外交部
門的前身，也是現代意義上中國外交事務的開端。但私下裏清廷官
員卻仍將總理衙門稱為「撫夷局」。[67]

　　以後直至20世紀初清朝覆滅，「夷」這個充滿族類、文化暗示的
詞語在官方文獻中出現的頻率越來越少，取而代之的是「洋人」、「西
人」以及最後的「外國人」。與此同時，這些詞語所包含的文化、族類
貶損意味也逐漸消退。[68]清廷雖萬般不願，但也不得不承認，西洋國
家並非遠涉重洋、歸義天朝的蠻夷。他們不是臣服於中國權威的番
邦，而是要求平起平坐、以禮相待的獨立國家。為了保障對本土的
統治，清廷必須做出妥協。從此，中央之國的安危不再是專屬朝廷
的單邊藩務，同樣也要取決於外國是否承認中國的主權國家地位。

　　既然天朝放棄了對「天下」外緣地帶的權威，其對內統治策略
也不得不做出相應改變。作為主權國家，清朝必須明確區分外交與
內政，不得有一絲含糊。隨着過去的「客國」事務變成外交，對「藩
屬」的管轄如理藩院的職能，也就必須向內政轉化。[69]至於國際社會
對清政府在邊疆地帶主權的認可，實際是中國19世紀中期以後所謂
「邊疆危機」的產物。清政府同列強簽訂了一系列關於疆界的條約，
並在對外條約中開放內地為通商口岸，使西方國家得以在中國進行
貿易、文化、宗教活動。[70]在付出高昂的代價以後，清朝終於在被
重新界定的中國疆域中，成為列強認可的主權國家。為免喪失更多
領土，清政府摒棄了管理「虛邊」的羈縻之法，採取「實邊」政策加
強控制。新政策主要包括設省，推進軍事、行政改革，進行農業移
民，頒布促進邊疆地區商業、交通、工業發展的法令等。[71]

　　從中華帝國的傳統框架裏來看，這些政策其實意在將邊緣藩屬
納入國家的版圖中。清末圍繞改西藏為行省的爭論就是一例。[72]由

於這些政策的初衷主要是為了應對歐洲咄咄逼人的國際秩序，因此在中國對邊疆一些地區的宗主權向主權的轉型過程中，具有了極其重要的現代意義。

當然，這些政策也意味着要徹底背離「修其教不移其俗，齊其政不易其宜」的傳統羈縻原則。[73]在清朝統治的大半時間裏，滿族統治者們努力將漢族與其他族群分隔開來，也極力抵抗自身漢化的危險。[74]而清末通過內化邊疆地帶強化中央對邊疆管理的做法，其實就是一場由政府強制執行的邊疆地區的漢化運動。這一發展對於統治中國近三個世紀的滿清政府來說，無疑是至關重要的分水嶺。清政府最後這場民族國家化的努力，雖然最終未能抵擋1911年辛亥革命的衝擊，卻成為清朝留給現代中國最經久不衰的遺產。

## 中國的民族化

清朝終結以後，接踵而來的是一段充滿戰爭與革命的動盪歲月，中華民國的建立勞而乏功。做為20世紀中國的兩大主要政治力量，國民黨和中國共產黨纏鬥於對外國帝國主義的抗爭和不休的內戰之中。這一對雙生並行的運動為中國的現代困境提供了兩條出路，或是振興民國，或是改弦更張進行更劇烈的革命。要想全面地理解20世紀的中國，必須將這兩者並列考量。在20世紀的不同時期裏，國共兩黨曾互為對方的「內、外邊疆」。國民黨執掌中華民國時，共產黨在中國的東南部和西北農村先後建立自己的「雛型國家」，深為國民黨所患。[75]1949年後，國共兩黨互換攻守，國民黨拒絕接受共產黨在大陸的統治，退守台灣，使中華民國得以在中華人民共和國的海疆存續。

雖然國共兩黨因各自屬性與清朝傳統有着不同的關聯，但它們其實都是清朝的直接繼承者。目前，學界還未見對國民黨執政大陸期間的民族政策的系統研究，這也不是本書的目的。但為了理清中

國共產黨政策實施的背景，有必要首先強調説明一下國民黨對某些
清朝遺留下來的重要問題的舉措。

隨着清朝的覆滅，中國政壇上的一大巨變是族類意識的弱化。
清朝的族群政治延續了近三百年。如歐立德（Mark Elliott）所説，滿
族統治中國的關鍵就是始終保持滿族對漢人及其他非漢人口的「族
群主權」（ethnic sovereignty）。清政府的做法是通過八旗制度，將滿
族身份制度化。[76] 為保障對中國的統治，滿清統治者嫻熟地運用族
群政治，將滿、蒙、藏、回、漢並列為五大「帝國子民」（imperial
constituencies）。[77] 在清朝統治者看來，維持五大子民之間的微妙均
衡是日常首務。清朝高度清晰的族類劃分與部分非漢族的「領土」特
徵，都成為現代中國民族政治的「傳統來源」。[78]

對於這些類別，國民黨只是稍有觸及。在漢族重新成為中國的
統治群體後，國民黨面對虎視眈眈的鄰國勢力，意識到邊境民族雖
然人口較少，但在邊防事務中至關重要。因此，孫中山及其幕僚從
先前的反滿主義轉向擁護「五族共和」的主張。然而，在民國的大
部分時期，國民黨對非漢族公然表露自己的民族訴求採取了壓制政
策。在這方面，國民黨的政策更接近清朝以前的傳統態度，既將非
漢族視為不及「華族」的「夷類」，有待與漢族同化。

在20世紀的國民黨人和清朝的領土遺產之間，同樣存在着矛盾
的關係。從孫中山到蔣介石，國民黨向來視大一統為中國理所應當
的常態，[79] 但是從未肯定過清朝為實現大一統這個古代理想所做的
貢獻。另一方面，國民黨在實際上延續了晚清國家民族化的進程。
晚清滿族統治者與國民黨的區別，就在於前者從未以民族國家的名
義統治中國，而後者雖然公然構建民族國家，卻從不曾有機會統治
全中國。因此，中華民國在中國大陸短短的三十幾年間，其存在只
是一個尷尬的政治、領土實體，不獨因為民國領導人妄圖將「中華民
族」「緊窄的外衣」套上清帝國的「龐大軀體」，[80] 也因為民國歷屆政府
雖然滿口收復失地，但卻從未能真正完成中國的領土統一。

22

　　清朝覆滅以後，滿清政府在邊疆地區強化中央控制的進程發生逆轉。在民國時期，蒙古、新疆與西藏都以不同的形式處於「中央」政府的掌控之外。但也正因為這些地區的分離傾向，國民黨對清朝的繼承反倒更加矚目。除了外蒙古依1945年中蘇條約徹底獨立以外，國民黨政府成功地使國際社會認可了中國的領土範圍。國民黨的成功並非是因為它順利地完成了「〔清〕帝國遺產的民族化」[81]——在這一點上，國民黨從未成功。它靠的是完全異於中國傳統的現代手段：民國政府通過運用民族國家的外交手段，借主權至上的西方制度一箭雙鵰，既避免了邊疆地區的徹底分離，又防止了外國勢力對這些地區的完全控制。[82]

　　阻止非漢邊疆地區的分離是一回事，但要使這些地區的民族效忠新中國，則是完全不同的另一回事。自從1911年革命導致中央政權在滿、漢族之間易手之後，邊疆各族對中央的輸誠也進入一種懸念。滿族以異族入主中原，為了證實其統治的正當性，或附會儒家正統，或宣揚本族的天寵。[83]但滿族對其他族群統治的根基，主要還是武力。清朝的覆滅同時也終結了凝聚天下的政治中心。對於隨後的中華民國，孫中山提出了「天下為公」的使命，其用意是想激勵中國的專制社會走上一條民主化的道路。但從民族政治的角度來說，孫中山的題詞也可理解為呼籲多民族的平等相待。

　　在孫中山以後，「天下為公」並沒有成為國民黨的國策。國民黨一改清朝的滿族皇權而為漢族為主的共和國。在「中華民族」的名義下，國民黨政府力圖使所有非漢民族同化成為一個以漢族為中心的「全新混合民族」。[84]「中華民族」一詞的發明，恰到好處地體現了文化保守與政治進步的結合。對中國人來說，這個詞照字面意思指的就是「中央華族」。「民族」表現了現代民族主義本質中內含的人民性與平等性，[85]而「中華」所代表的卻是中國歷史上族類文化的等級性。這個合成詞恐非一人所作，大概誕生於辛亥革命時期，或許也和共和國定名為「中華民國」有所關聯。[86]

23

　　艾瑞克‧霍布斯邦(Eric J. Hobsbawm)認為，世界歷史上很少有國家將族群劃分與國民的政治忠誠相聯繫，而中國正是這樣的少數案例之一。[87]「中華民族」、「中華民國」的造詞者、支持者們大概正是想到了這種聯繫，在他們眼裏，漢族才是中國革命的基本力量。然而，國民黨很快就明白，反滿的漢族民族主義只對辛亥一役有用。革命之後，國民黨致力於抵抗外國帝國主義，反滿主義就不再適用。國民黨人的漢族主義向中華民族主義急轉，但這一轉變卻始終不能徹底。最終，雖然「中華民族」一說在中國現代反帝鬥爭中發揮了極佳的效果，但對於分佈在中國內陸與邊疆的非漢民族來說，這一自上而下灌輸的概念卻時常引起反感。[88]

　　總而言之，誠然有無數的歷史先例與傳統可用以解釋、描述現代中國政治、社會生活中的民族層面，但清朝無疑是滋養中國現代國家身份的最直接的溫床。在此背景下，「民族問題」——華夷關係在當代的變型——成為20世紀中國領導人不得不直面的難題。他們必須在中國的內政與外交事務中同時考量這一問題的重要性。國民黨政府在處理中國民族政治的諸方面時，採取了先領土而後人民、先國際外交而後國內改革、先政治軍事而後社會、經濟、文化的策略。國民黨堅持不懈地推進行政統一與國家的內外防衛，結果卻荒廢了國家的民族政策。事實上，國民黨從來沒有過名至實歸的民族政策。國民黨政府極力向邊疆民族推行的同化政策，僅是其「邊政」的一部分。[89]

　　因此，當中國共產黨在1920年代初開始涉足中國的民族政治時，面對的是一個歷史悠久且充滿活力、豐富而獨特的文化。自19世紀中期以來，甚至更早，在西方的衝擊下，中國的民族政治從一種族類文化現象經過了「民族化」的轉型。分治內政與外交既外化了中國與外國的關係，也內化了中國國界範圍內中央與邊緣的關係。在馬列主義有關「民族問題」的理論進入中國政治話語時，其對象主要是這種內化的中央與邊緣的關係。若從前文所述的意識形體範式

來看，中國共產黨似乎就是一支注射器，將外國的共產主義教條注入了中國的民族政治。不論是否有意為之，這一方法直接將中國共產黨與中國的民族化過程對立起來，因為共產主義的本質是超民族的。然而歷史證明，理論意義上的共產主義，從未在包括蘇聯在內的任何地方實現過。那麼又怎能將中國共產黨僅僅視為一個向中國進口共產主義的載體呢？

20世紀中國的主流國家事務，致力於完成中國從傳統的族類文化實體向現代民族國家的轉型。本書將中國共產黨歸置於這個主流之中。依史華茲的看法，共產主義的注入縱然使這一過程變得更加複雜，但絕沒有改變中國民族化進程的方向。中國共產黨的歷史宿命是既做共產主義的注射器，也做推進中國民族主義的引擎。二者看似矛盾，但中國共產黨正是以這樣的方式參與了中國的歷史更新。

本書在研究1921至1945年間中國共產黨的民族政治的演變時，將着重突出一個中國族類文化傳統中的古老概念——「化」，亦即變化和轉變的意思。在歷史上儒家思想足夠開明的時候，儒者相信華夷之間的界限並非不可逾越，因為蠻夷對華夏有「向化」之心。而國民黨政府針對非漢民族的政策，主要目的也是使其向漢人「同化」。不同於儒家與國民黨，中國共產黨並沒有立即確定其民族政治的軸心。這一摸索的過程，不僅反映了中共對待非漢民族的態度的演進，更反映了中共的自身發展與定位。

在本文所研究的時期範圍內，中國共產黨的民族政治相繼經過了「布爾什維克化」、「蘇維埃化」、「北方化」、「民族化」和「邊疆化」等階段。本書的五個主要章節也以上述概念為題進行論述。在每個階段，都有一些新的要素加入中國共產黨對於民族政治的理解和實踐，同時一些原有要素也有所改變或淡化。在這種演進過程中，共產主義意識形態只起到有限的作用，反而是中共的文化傳承、政治環境和客觀條件等因素起到了遠比通常所認為的更加重要的作用。

# 第一章

# 布爾什維克化：轉變的局限

　　1911年的辛亥革命推翻了衰微的清政府，卻代之以一個運轉不x
靈的共和國，這無疑使中國革命者和改革家失望之至。推翻皇權後
的最初幾年，中國的外憂內患日益嚴峻，中華民國這服藥似乎比滿
清帝制的一身痼疾還要致命。時勢造英雄，新的政治理念與運動風
起雲湧，卻沒有一個真正成為開創新中國的藍圖。1916年，日本趁
虛而入，迫使中國政府簽訂了《二十一條》，震驚之餘，青年毛澤東
在與友人的通信中寫道：

〔中國〕以縱橫萬里而屈於〔日本〕三島，民數號四萬萬而對
此三千萬者為之奴，滿蒙去而北邊動，胡馬駸駸入中原……
二十年內，非一戰不足以圖存。[1]

　　毛澤東對於中日之戰的預測，誤差只有一年。1937年，中日不
宣而戰。但在1916年，毛澤東的這番話大抵反映了當時國人的激憤
之情，其中既有對列強的仇恨，也有對諸如滿洲、蒙古等前清帝國
封疆的擔憂。清朝覆滅後不久，中國的民族主義者便堅持認為，中x
華民國的存亡在於保全清朝固有領土的完整與安全。

　　但毛澤東的反叛天性自然不會使他甘於僅保全中國的完整。在
思想上，他是歷史上最無所顧忌的革命者之一；對他來說，沒有甚

麼是神聖不可侵犯的，包括中國本身。雖然他也意識到滿洲與蒙古
對中國國防的重要意義，但在當時，他完全不認為中國的「大一統」
是開創新中國的必要條件，不論這個「大一統」指的是滿清帝國還是
之前的任何一個朝代。事實上，早在1920年，也就是中國共產黨成
立的前一年，毛澤東就已明確地駁斥了在世界能夠倖存的國家必定
是統一的「大國」這一觀點 。

　　在為湖南《大公報》撰寫的一系列文章中，毛澤東堅信，中國歷
史上的二十四朝都不過是「建層樓於沙渚」，而它們之所以得以維繫
「幾十年或百多年的太平」全靠「殺人多」。他將中國對非漢民族的控
制與西方國家的海外殖民兩相比較，認為中國得到的結果只是「滿洲
人消滅，蒙人回人藏人奄奄欲死」。依他所見，根本「沒有實際的中
國」，對中國來説「最好的辦法，是索性不謀總建設」，中國「二十二
行省三特區兩藩地……最好分為二十七國」。[2]他的分裂論即便在
他的革命同僚眼中也屬極端，不久之後，毛澤東便摒棄了分裂的主
張。[3]但這一事例説明，當時中國的革命者若聽其自便，會為了救國
走上各種截然不同的道路。

　　20世紀，中國與俄國的兩場革命不期而遇。這次交匯改變了兩
國的命運，對中國更是產生了無可比擬的影響。俄國革命之前，馬
克思主義只是諸多進入中國的西方激進思想之一，與其他思想流派
一樣在中國爭奪潛在的信徒。布爾什維克在俄國掌權後，馬克思主
義理論得到了蘇聯以國家形式的實際支撐，並在共產國際的多番鼓
吹下很快成為中國最激進的革命分子的「組織思想」。[4]中國共產黨的
誕生便是這一過程的產物。

　　就中國共產黨的歷史演變來看，可以説中國的共產主義是分蘗
於中國民族主義，滋養於中國特殊的文化與歷史條件，逐漸發展成
型的一個政治現象。與許多亞洲國家一樣，中國的民族主義與馬克
思主義的交匯其實非同尋常，因為從理論上説，馬克思主義與民族
主義截然對立。馬克思主義得以在中國發展壯大在很大程度上受益

於俄國布爾什維克，而後者在第一次世界大戰中，正是以其超民族的政治綱領而區別於其他黨派。[5]

不過在1920年代初，新近成立的中國共產黨並未受困於自我矛盾的窘境。其成員的理論修養仍顯稚嫩，還未意識到馬克思主義中的國際主義與他們自身民族主義傾向之間的矛盾。他們皈依馬克思主義並非建立在他們對馬克思主義理論的透徹理解與融會貫通之上。中國共產黨成立之時，譯成中文的馬克思主義著作極其有限。[6]但這絲毫沒有削弱中國革命者急於採取行動的強烈願望，也沒有阻礙他們成立自己的共產主義組織。

從這個意義上說，中國共產黨接受布爾什維克版本的馬克思主義幾乎是歷史的必然，因為當時只有蘇俄與共產國際有能力向中國共產黨提供必要的組織指導。黨的組織機構一旦建立，緊接着即是一段自覺而集中的意識形態建設期，共產主義文獻稱之為「布爾什維克化」。[7]這是雙向的過程，一方面，蘇俄的布爾什維克急於向他們的中國同志灌輸自己的思想，另一方面，中國的共產主義者也急於在中國複製俄國革命的成功典範。

在中國共產黨的早期階段，馬克思列寧主義的「階級鬥爭」與「民族問題」成為注入中國革命的兩大最重要觀念。然而，這些觀念並非以其普世的意義為中共所接納，正如「布爾什維克化」一詞所示，它們帶來的是在俄國文化、政治環境下產生的先例。很快，布爾什維克模式與中國國情的格格不入便暴露出來。

# 內外開弓反對帝國主義

列寧在他生命的最後幾年提醒自己的同志：「對於革命國家的未來而言，沒有甚麼比一個能夠超越所有民族主義的國家政策更具有決定意義。」[8]布爾什維克黨將「無產階級專政」定為直接的革命目

標，但他們卻不得不解決民族主義的問題，民族主義依照他們的定義，在本質上屬於「資產階級」，因而也是負面力量。沙俄帝國中的俄羅斯族不足總人口的一半，沙俄的多民族特性迫使布爾什維克黨不得不在理論與策略上都須解決「民族問題」。

布爾什維克在奪權過程中，為了實現超越民族的「無產階級大團結」，他們首先必須徹底放棄沙俄的民族壓迫政策。列寧對國際帝國主義的猛烈抨擊，必須首先在俄國付諸實踐。一戰期間及戰後，布爾什維克一直積極爭取前沙俄帝國非俄羅斯民族的同情。隨着歐洲及俄國不斷變化的軍事、政治環境，他們對自己的「民族政策」不斷做出相應調整。最初，他們支持非俄羅斯各族成立自己的共和國，後來又要求各共和國加入蘇維埃聯邦。

當布爾什維克在俄國內戰中取得優勢後，其政策也由提倡以民族為本的「各民族的自決權」轉變為主張以階級為根據的「工人階級鞏固政權的權利」。1924年，布爾什維克以蘇聯國家的形式重新統一了前沙俄帝國的疆域。此時，列寧在非俄羅斯地區的代表與當地的「民族共產主義者」只有一點共識：這些地區的布爾什維克革命越來越像「殖民主義」。[9]

在積極和消極意義上，布爾什維克主義都不適合中國的共產主義者。一方面，非漢人口在中國不足總人口的百分之十，因此，困擾俄國布爾什維克的「民族問題」在中國似乎並沒有那麼重要。另一方面，中國沒有一個數量可觀的工人階級，「無產階級革命」從一開始就沒有足夠的群眾基礎。然而，布爾什維克化對中國激進分子來說，本身就是一種簡單粗糙的教條灌輸，不契合是題中應有之義。

中國的改革者和革命者向來只從外國思想中選其所需。儘管中國漢族人口佔絕大多數，20世紀的第一場革命也確實曾着手處理「民族問題」，只是反其道而行之：辛亥革命的「民族問題」是人口佔優勢的漢族對掌權的滿族的怨憤。推翻清朝後，國民黨人決定放棄反滿政策，以維繫一個民族統一、領土完整的中國。結果，由於在滿清

之後，國民革命不再具有一個明確的國內革命對象，革命勢頭漸失
鋒芒。中國共產黨避免了重蹈覆轍，以馬克思主義的階級鬥爭理論
展開無產階級與資產階級的鬥爭，但在中國更多的是持續地用於各
種情況。譬如，1927年，毛澤東談到中國革命時説：「革命是暴動，
是一個階級推翻一個階級的暴烈的行動」，並將無產階級與資產階級
的對立替換成了農民與地主的鬥爭。[10]

　　終其一生，毛澤東在運用階級鬥爭理論方面表現出了令人悚然
的創造力。但在中國共產黨的早期階段，毛澤東的觀點在黨內只是
一種邊際異端。在最初學習布爾什維克的革命模式時，中共採取了
拿來主義，往往用「布爾什維克主義的陳詞濫調」取代「對中國革命
的獨立思考」。[11] 1921年夏，在中國共產黨成立大會上，與會代表們
只是一味關注如何組織人數甚微的城市工人階級，其教條主義傾向
彰顯無疑。[12]與此同時，佔漢族人口大多數的農民被中共忽視，遑
論遠在邊疆的各族。

　　中國共產黨之所以熱衷於列寧主義的「民族主義」學説，很大程
度上是因為列寧將亞洲殖民地、半殖民地的革命視為世界無產階級革
命的一部分。歐洲的社會主義運動曾就「民族問題」進行過長期而複
雜的思考與爭論，但目前的資料顯示，中國共產黨在成立之初對這
些爭論並不知情。[13]就中國共產黨黨員的個人背景來看，他們也沒有
理由或動機關心中國內部的「民族問題」。有研究指出，中國共產黨
最早只是一個「知識分子的黨派」，沒有任何勞工階層的成員。[14]其
實，中國共產黨的早期成員絕大多數都是來自中國東部、東南部的
漢族知識分子。他們當中有些人可能對中國傳統的華夷之辨有所了
解，但對非漢各族的現狀與中國內部的民族政治缺乏直接的認識。[15]

　　因此，在1922年夏中國共產黨第二次全國代表大會上，中共領
導人突然對中國的「民族問題」產生興趣，不能不説是事出有因。此
前的幾個月，在莫斯科發生了幾件大事。同年1月，共產國際在莫
斯科發起召開遠東勞動者第一次代表大會，中國國民黨、共產黨及

31

其他團體均有代表出席會議。會上，共產國際領導人以及蒙古代表團就中國與蒙古的傳統關係對中國代表團進行了出乎意料的猛烈抨擊。國民黨代表奮起維護「中國」的立場，中國共產黨的代表卻陷入兩難，被迫採取與共產國際一致的觀點。

或許此次事件給中共敲響了警鐘，當時與會的兩位中共代表張國燾和瞿秋白，開始積極收集一年前共產國際第二次代表大會上通過的有關「民族問題」的文件。據張國燾回憶，莫斯科會議前，中國共產黨已經從共產國際駐華代表馬林（Maring，本名 Hendricus Sneevliet）那裏，零散知道了一項共產國際關於民族、殖民問題的決議。因此，這次的莫斯科會議是中共第一次有系統地了解蘇俄對這些問題的主張的機會。張、瞿獲得了相關文件的俄文、英文版本，在翻譯成中文後，便將這套新近的布爾什維克宗旨發回給國內的中共領導層。[16]

儘管當時中國少數民族對中國的共產主義運動意義不大，但中共在中國「民族問題」上的「覺醒」卻是中共黨史上的一重大發展。其重要性不在於由此開拓了中共活動的新領域，而是中共由此加強了與莫斯科的聯繫。布爾什維克黨在莫斯科指導世界革命運動的形式，有些類似於梵蒂岡對海外傳教活動的管理，即要求外國的共產黨仿效布爾什維克自己的組織與教義模式。因此，為了完成布爾什維克化，中國共產黨必須全面採取蘇俄模式，包括反對本國的帝國主義。此前，中國共產黨只是單純地反對外國帝國主義。按照布爾什維克主義，這其實是一種「小資產階級」的主張，而真正的反帝還必須包括自覺地反對中國自身對非漢民族的帝國主義壓迫。

在第二次全國代表大會上，中國共產黨決定正式加入共產國際，成為國際共產黨的「中國支部」。為此，中國必須接受布爾什維克模式中既對外也對內的全面反帝主張。這一要求在共產國際的加入條件中明文規定如下：

關於殖民地與被壓迫民族的問題，凡本國資產階級擁有這些殖
民地或壓迫其他民族的黨，應該具一種特列〔別〕顯明的方針。
凡願意屬第三國際的黨必須嚴屬告發「他的兇惡帝國主義者在
殖民地的威壓」；對於殖民地的解放運動不但口頭贊助，而且
要在實際上贊助他，要求驅逐帝國主義者於殖民地之外，使本
國勞動者對於殖民地的勞動人民與被壓迫民族發生真實的友愛
感情，而只在宗主國軍隊之中，維持一種繼續的運動，反抗其
對於殖民地人民的一切壓迫。[17]

　　既然莫斯科將「民族問題」提高為區分「真正」的無產階級政黨還
是資產階級政黨的檢驗標準，中國共產黨也就迫不及待地全盤接受
了共產國際的加入條件。在中共二大的最後通過的一系列文件中，
中國共產黨首次嘗試在中國的「民族問題」上表明自己的立場。

　　具有諷刺意味的是，中國共產黨接受共產國際教條時，恰逢
俄國蘇維埃政權對非俄羅斯成員國的政策正日益顯露「殖民主義色
彩」。而在中國，如果視北部與西部的邊疆民族地區為中國的殖民
地，那麼所謂的中央政府其實已無力進行「兇惡的帝國主義專制壓
迫」了。尚在萌芽初期的中國共產黨當然既沒有相應的信息，也沒有
必要的能力去質疑蘇俄新帝國的建立。當時，即便是善於獨立思考
的毛澤東也不得不承認，包括他在內的中國同志既缺乏理論知識又
無實踐經驗，因而「素以為〔莫斯科的〕領袖同志的意見是對的」。[18]

　　因此，根據中共二大的決議，中國革命必須完成兩大解放任
務，一是解放中國「本部」，二是解放「疆部」。至於這二者之間的關
係，中共認為，包括滿洲在內的中國本部正處於資本主義發展的初
級階段，因而也相對先進；而包括蒙古、西藏以及西北回疆在內的
疆部自古是「異種民族」居住生活的地方，因而依舊保持着原始的游
牧狀態。中國「本部」與「疆部」的社會經濟差異，加上軍閥混戰和割
據，使兩者統一不僅不可能，而且也不可取。因此，首先必須在中

33

34

國本部消滅軍閥政權，建立統一的民主共和國；在邊疆地區，目前的任務則是建立「民主自治邦」。唯有完成這些任務，並且秉持自由聯邦的原則，方能建立起一個中國共和國聯盟，完成本部與疆部的統一。[19]

以上總結的中共綱領既有歷史的殘留，也有對歷史的背離。它對漢族與非漢民族的現況並沒有任何新的深刻見解，對中國本部與疆部在社會經濟上的差異分析也極大地歪曲了雙方各自錯綜複雜的真實情況。綱領的主張其實延續了傳統的華夷分立之說，只是用馬克思主義的詞語替代了以前的族類文化論調。

此外，中國共產黨還沿襲了清朝的「邊政」傳統，對生活在中國本部的非漢各族置之不理。中共文獻選用「異種民族」一詞稱呼非漢各族，也暴露出執筆者同「非我族類，其心必異」這類儒家經典之間的思想聯繫。另一方面，雖然綱領並未將邊疆地區公然指為中國的殖民地，但卻一反中國中心主義的「大一統」觀念，支持中國本部與非漢地區在平等基礎之上的分立與統一。這些植根於中國民族主義，受教於中國文化傳統的中共知識分子，並沒有放棄「重新統一」中國的執念。

次年，也就是 1923 年，在中國共產黨的兩大創建者陳獨秀與李大釗之間爆發了一場關於未來中國國家形式的辯論。二人分別支持單一制或聯邦制國家，但一致認為中國必須統一。[20] 與此同時，中共並不認可國民黨以中華民國的形式延續清帝國的建國方針。中共更願意使用「中國」這個一般稱呼，並以「自由聯盟」的原則重新定義漢族主導的國家與非漢各族之間的關係。這並不意味着中國共產黨已經在非漢族中找到一個可以合作的政治團體，而是中共此時更急於向莫斯科表明，中共支持非漢各族有權組織自己的「民主自治國家」。[21]

1920 年代初期，中國共產黨與國民黨為獲得莫斯科的支持而互相競爭。莫斯科方面將孫中山的國民黨作為蘇聯在中國的主要合作者，並指示中國共產黨予以配合。[22] 雖然無力與國民黨競爭蘇聯的

頭號受援者的地位，中國共產黨卻因成為共產國際的正式成員，在意識形態上比民族主義色彩的國民黨更先聲奪人。

不論從哪方面看來，莫斯科都是中共布爾什維克化的真正受益者，因為中共可以由此成為服從莫斯科的政策工具。1923年末，中共領導人在評論國民黨的某項綱領時，教訓國民黨的「民族主義」應當包括對內和對外兩部分，對外反對帝國主義，對內「解除我人加於殖民地弱小民族（如蒙古西藏）之壓迫」。[23] 在中共批評國民黨的同時，莫斯科也對國民黨施壓，要求國民黨改變對中國國內各族尤其是外蒙古的施政方針。然而，如果把莫斯科對中共和與對國民黨的方針放在一起審視，不難發現，布爾什維克其實並不打算讓中國人自己以革命方式解決中國的「民族問題」。

# 牽制中國革命

學術界公認，雖然布爾什維克宣稱不走老路，但蘇聯在遠東的外交政策依然沿襲了沙俄的目標與策略。[24] 革命後的俄國在國民黨眼裏與沙俄無異，即與大英帝國和日本並列，同是中國主要的外敵之一。然而在某些方面，蘇俄較之沙俄確有改變，與其他爭奪中國的列強也截然不同。民國時期（1911–1949），蘇聯是唯一一個能夠連續挫敗中國「以夷制夷」的治國方略、並利用中國各派同室操戈的外國列強。中國各政治黨派急需外援，這在短期內給蘇聯提供了操縱控制的機會。但是從長遠來看，莫斯科兩面三刀的政策行為，注定要與中國的合作者們發生利益衝突。

布爾什維克主義在俄國的興起不僅沒有改變，反而還激化了中亞、東亞的地緣政治。布爾什維克在執政後只在短期內玩弄了一下針對中國的「新外交」姿態。1919年7月，莫斯科單方面宣告所有沙俄與中國簽訂的條約無效。然而三年以後，斯大林又電告在中國的

36

蘇聯代表:「〔蘇共〕中央認為,在同中國談判時,從1919到1920年的總宣言不能視為直接的政策指示,(因為)當時中國方面並未對這個宣言作出相應的反應。」[25]

1920年代,莫斯科試圖在中國北部及西北的邊疆地區實行緩衝政策,發現有機會一箭三鵰。首先,莫斯科的官方外交是和在北京的所謂中央政府進行談判,這個政府自清覆滅以來,在各路軍閥之間呈你方唱罷我登場的狀態。其次,莫斯科又向公開挑戰北京政府合法性的國民黨,提供政治上的指導與軍事上的援助。最後,在共產國際指導下,中共通過統一戰線,從內部向國民黨領導層施壓。

蘇聯政府之所以對中國革命中的「民族問題」格外關注,既非因為他們重視這場革命「理論上的正確性」,也不是因為他們認為中國革命急需一套針對民族問題的策略,其目的在於造就一個追隨蘇聯在亞洲外交的中國革命運動。中國的「民族問題」對蘇聯的中亞戰略尤為重要。就中國的「少數民族」來說,蘇聯領導人只對當年沙俄的「大博弈」(Great Game)中的三個區域,即蒙古、新疆和西藏感興趣。這也是為甚麼共產國際積極要求中國共產黨對中國邊緣地區的「殖民地」採取「正確的態度」,卻對中國共產黨在中國民族總體狀況的理解上沒有提供任何指導。

1920年代初期,俄國革命波及蒙古、新疆,為布爾什維克提供了難得的機會。他們向蒙古、新疆出兵,越境追擊俄國反革命勢力,最終在蒙古成就了一個獨立國家。布爾什維克領導人也不曾忽略西藏。俄國的無神論新政府主動與西藏的喇嘛政府溝通,希望向佛教聖地派遣「學術代表團」,甚至向拉薩許諾,保證在「儼然獨立的國家」西藏受到鄰國攻擊時,向西藏提供援助。[26]這一鄰國可以指的是英屬印度,也可以是中國。在莫斯科的這些運作中,布爾什維克化的中國共產黨成為蘇俄的有力助手,而國民黨仍然是障礙。

在中國共產黨對「民族問題」的關注尚停留在理論層面的時候,國民黨已經銳意將國民革命推進到非漢族的邊疆地區。以民族主義

為大義的國民黨，對邊疆狀況比中共更為敏感，對莫斯科在蒙古與新疆的企圖也了然於心。出身於反對滿清統治的漢民族主義革命，國民黨對於中國的民族政治並不陌生。當布爾什維克在俄國剛剛掌權之際，國民黨已為「五族共和」的公式困擾了六年之久。因此，1920年代初，國民黨與布爾什維克開始合作時，國民黨領導人只是希望得到蘇俄實質性的援助，奪回1911年革命後得而復失的國家權力，但是無意學習蘇俄和重新定義中國。由於國民黨在中國南部的勢力較為薄弱，其領導核心便計劃以蒙古、新疆為與各路軍閥較量的新基地。這給蘇聯領導人出了一道難題，因為國民黨的計劃使蘇聯在中國內部和邊疆的目標發生了矛盾。

孫中山本人是西北計劃的大力擁護者。1920至1923年間，孫中山不僅多次與蘇聯在華代表商討這一計劃，也在致莫斯科領導人的電函中多次提及。他認為，蒙古和新疆是中國革命接受布爾什維克的物質援助、甚至直接軍事援助的最佳門戶。[27]為此，當時備受孫中山信賴的蔣介石也做出了一番認真努力。

1923年9月初至11月末，蔣介石代表孫中山帶領一個軍事代表團出訪莫斯科。蔣介石到達不久，便告訴東道主此行目的是與蘇聯領導人討論中國革命的地緣戰略轉移計劃。在題為〈中國革命的新前途〉的長篇外交備忘錄中，蔣介石總結了孫中山及軍事參謀制定的計劃，即將中國革命的總部從西方勢力控制下的中國南方，轉移到鄰近蘇聯的蒙古或新疆。視最後選定的地點而定，中國革命在莫斯科的援助下，需要用兩到五年的時間進行軍事準備。之後，國民黨即可從總部揮師南下，消滅各路軍閥，重新統一中國。孫中山個人更傾向蒙古，據蔣介石的報告顯示，蒙古不僅在地理上更靠近中國的政治中心，尤其是北京，而且蒙古的「民族問題」比新疆的回民問題相對簡單。雖然意識到英、日對國民黨與蘇俄在新疆或蒙古的合作會做出某些反應，但蔣介石並不認為英日兩國會實行干涉。[28]

儘管西北計劃似乎給國民黨與蘇聯的合作提供了一個完美的方

案，也為邊疆各族的「民族解放」構想了一個可行的辦法，然而，兩
個月後，蔣介石等到的卻是蘇聯領導人的回絕。對蔣介石來說，這
一結果不僅令人沮喪，而且始料未及。在蔣介石赴莫斯科之前，孫
中山就已經同蘇聯在華代表越飛 (Adolf Joffe) 討論過這一計劃了。
當時，越飛對國民黨與蘇聯在中國西北的合作表現出極大的熱情，
並將他的看法發回了莫斯科。[29]

在這一問題上，越飛與莫斯科的領袖們顯然步調不一。具體來
說，越飛與莫斯科的分歧主要集中在對蒙古的看法上。其實，一戰
之後，布爾什維克將注意力從反動的西方轉到革命的東方的時候，
是把中國和蒙古作為兩個分開的陣地來看的。因此，俄共中央西伯
利亞局的東方民族處在最初開展工作時，分別設立了中國科和蒙藏
科。這一做法與蘇聯政府的外交政策相互呼應，並準備以後由共產
國際繼續貫徹。蔣介石出訪莫斯科時，蘇聯政府早已決定維持蒙古
獨立於中國的現狀，使蒙古成為一個緩衝區，抗衡日本在中國北部
及滿洲的影響。因此，如果國民黨勢力進入蒙古，在蘇聯領導人眼
中，與蘇聯在該地區的戰略目標則不符。[30]

蘇聯方面自然不可能將自己出於私利的考慮向國民黨代表團全
盤托出。在正式拒絕國民黨前，蘇俄外交人民委員格奧爾基・契切
林 (Georgi Chicherin) 向蔣介石建議，由於蒙古人畏懼中國人，或許
國民黨應當暫緩西北計劃。蔣介石則堅持認為，國民黨的民族主義
旨在民族間的平等合作，而非民族分離。同時他也坦言，國民黨西
北計劃的目標之一便是試圖解決中國的「民族問題」。11月12日，蘇
聯軍事領導人與國民黨代表團會面，正式答覆西北計劃。他們嘗試
從另一角度勸服國民黨放棄西北計劃，建議國民黨仿效布爾什維克
模式，在採取任何軍事行動之前，先耐心地做足長期的政治準備。
蘇聯方面解釋道，目前國民黨當前應集中精力於教育、動員中國本
部的工人階級與農民。

幾天後，共產國際執行委員會主席季諾維耶夫 (G. Ye Zinoviev)

及其他幾位共產國際官員與國民黨代表團會談，又重新提到這一方針，並向蔣介石詢問了中國各階級的狀況以及土地問題。季諾維耶夫對國民黨感到不滿，認為他們始終忽略了中國的工人階級運動，並對孫中山的「三民主義」缺乏更具體、明確的闡述。蔣介石仍心有不甘。在與時任革命軍事委員會主席的列夫‧托洛茨基（Leon Trotsky）會面時，蔣依然力圖挽救西北計劃，但對方的回覆仍是蘇聯之前的說辭。托洛茨基告訴蔣介石，「一份好的報紙，勝於一個不好的師團」，「國民黨應當堅決、徹底地扭轉自己的政治方向」，「把全部注意力集中到政治工作上來，將軍事活動減少到必要的最低限度」。托洛茨基還向蔣介石保證，中國的政治條件一旦成熟，蘇聯政府定會向國民黨提供援助。但即便到了那個時候，國民黨也還是應當「從自己國家的本土而不是從蒙古發起軍事行動」。[31]最後這句話暴露了蘇聯領導人的真正顧慮。

顯然，當時蘇聯在蒙古的意圖更多是反日，而不是反對中國。但蘇聯翻手為雲，覆手為雨的做法，仍令人側目。1920年代，國共兩黨是中國革命運動的左右雙翼，莫斯科一方面指導共產黨不僅要擔負起解放中國的任務，還要解放邊陲地區的非漢族人民，但另一方面卻又告誡國民黨決不能把中國革命伸展到邊疆地區。

從莫斯科的意圖來看，這種兩面手法有一個共同的目標。當時的中國共產黨徒有政治思想，沒有軍事力量，一旦採納共產國際對「民族問題」的立場，蘇聯便可以向中國政壇滲透支持非漢各族民族自決權的思想觀念，從而有望借此緩和中國對蘇聯操縱中國邊疆民眾的抵制。[32]至於有能力採取軍事政治行動的國民黨，蘇聯必須確保他們適可而止。在中亞的這場「大博弈」中，莫斯科不希望任何中國勢力，無論是革命派還是軍閥，來打破蘇聯與英、日之間的微妙平衡。

從中國的後續的事態發展來看，蔣介石的莫斯科之行有三大重要後果。一，蔣介石與蘇聯領導人在莫斯科的會面促使蘇聯方面加

緊「糾正」國民黨對中國邊疆各族的態度。11月28日，也就是蔣介石
代表團啟程回國的前一天，共產國際執行委員會主席團通過了一份
關於國民黨和中國解放運動的決議，其中直接建議國民黨對「三民主
義」重新作出解釋。其中，共產國際對「三民主義」中的「民族主義」
提出了尤為具體明確的建議。

在中國民族主義的對外方面，共產國際力勸國民黨通過與勞動
人民階層的共同努力，開展「健康的反帝運動」。對內，共產國際則
提醒國民黨，由於過去中國政府的多年壓迫，中國的「少數民族」對
國民黨的意圖也持有懷疑態度。因此，「國民黨不要急於同這些少數
民族建立某種組織上的合作形式，而應暫時只限於進行宣傳鼓動工
作」。決議敦促國民黨公開支持少數民族自決的原則，並承諾當中國
革命取得勝利、「前中華帝國治下的各民族」得以組成一個「自由的中
華聯邦共和國」時，將自決原則付諸實施。[33]

儘管蔣介石頗有疑慮，但孫中山抱着與蘇聯合作的殷切期望，
依然決定接受莫斯科的建議。1924年1月，國民黨舉行全國大會進
行改組，並正式與共產黨合作，建立統一戰線。大會發表宣言，頒
佈了新的章程，充分採納了共產國際決議中的原則與建議。中國共
產黨積極參與了會議宣言的起草，這份宣言也成為中國歷史上第一
份將非漢各族稱為「少數民族」的官方文件，而「少數民族」的概念正
是來源於共產國際。[34]

因此，莫斯科至少在名義上成功完成了國民黨在「民族問題」上
的布爾什維克化。然而，蘇聯駐華代表對國民黨這一政策的權宜本
質洞若觀火。國民黨代表大會結束後不久，孫中山的蘇聯高參和國
共合作的協助者鮑羅廷 (Michael Borodin)，在一份給莫斯科的報告
中寫道，孫中山本人代表了「中國民族主義運動最大的自我矛盾」。
在他看來，孫中山一面稱頌列寧主義學説，一面又繼續向西方帝國
主義獻媚，繼續對「少數民族」採取大漢族主義立場。因此，鮑羅廷
堅持不懈地督促國民黨領導人將説辭付諸行動。[35]

蔣介石出訪蘇聯的第二大後果是，他自此成為反對蘇聯的堅定分子。出訪前，蔣介石一直堅定不移地支持國民黨與蘇聯在西北地區建立軍事合作關係。然而，出訪莫斯科期間，蘇聯領導人對他提出的計劃遲遲不給予明確答覆，無疑讓他感受到冷遇。當蔣介石得知莫斯科對外蒙古地區的真實意圖後，更是感覺受到了欺騙。[36] 回到中國後，蔣介石在給國民黨左翼領導人廖仲愷寫的信中說道，蘇聯的政策是為了促進中國共產黨在中國的發展，而不是為了與國民黨建立起真正的合作關係。不過，他對莫斯科的怨懟並非出自黨派私怨，而是出於對民族主義的考量：

> 至其對中國之政策，在滿、蒙、回、藏諸部，皆為其蘇維埃之一，而對中國本部未始無染指之意。……彼之所謂國際主義與世界革命者，皆不外凱撒之帝國主義，不過改易名稱，使人迷惑於其間而已。[37]

蔣介石終其一生始終將蘇聯視作對中國最大的威脅。雖在蔣介石出訪蘇聯期間及之後，蘇聯方面一直試圖勸誘國民黨加入蘇聯陣營，但1925年孫中山逝世之後，蘇方的努力卻逐漸收到適得其反的結果。與此同時，蔣介石成功地擊敗了他在國民黨內的所有對手，成為該黨的主導人物。為了發動北伐統一中國，蔣介石一度保留了國共統一戰線以及與莫斯科的合作。然而1927年春，蔣介石到達上海以後，便與西方勢力及當地的中國資本家建立聯繫，此後則不再需要中共及莫斯科的合作。[38] 4月12日，一夜之間蔣介石將槍口轉向中共。莫斯科不僅未能將國民黨布爾什維克化，而且樹立了蔣介石這樣的敵人。

蔣介石與蘇聯領導人的會談對中共也產生了重要的影響，這是蔣介石出訪蘇聯的第三大結果。由於支持邊疆少數民族的自決權，中國共產黨對國家統一的時間和形式的主張，因此變得不明確。但在蔣介石出訪蘇聯之前，中共一直堅持將中國統一作為中國革命的

42

目標。蔣介石的出訪使蒙古問題成為關注的焦點。對於中國革命者來說，蘇聯與北京政權就外蒙古問題的談判，尚可視為是應對中國反革命的一種策略。但是蘇聯完全禁止中國革命與蒙古建立組織上的聯繫，這就要另當別論了。中國共產黨必須在自己的國內盟友和國際支持者之間，就蒙古問題產生的分歧表明自己的立場。

因為國共合作的形勢，隨蔣介石出訪莫斯科的四人代表團中還包括了共產黨人張太雷。張太雷不僅擁有國共兩黨的雙重黨籍，而且還是青年共產國際執行委員會委員。在蔣介石與蘇聯官員就蒙古問題發生爭論後，張太雷即告蘇聯方面，他們對西北計劃的否決將極大地削弱蔣介石及其所代表的軍事集團，從而對國民黨產生積極影響。在莫斯科時，張太雷也因為支持蘇聯的蒙古政策而與蔣介石發生了爭論。[39]不過，在中國境內，中國共產黨要想在外蒙古問題上保持前後一致的立場卻絕非易事。

外蒙古一直是中國共產黨與莫斯科關係中的一個重要問題。1921年末，蘇聯政府不顧中國政府的反對，與外蒙古簽訂條約。[40]時任新成立的中國共產黨中央執行委員會負責人的陳獨秀隨即通知共產國際，中國共產黨準備聯絡中國其他政黨，呼籲承認蒙古獨立和承認蘇維埃俄國。[41]然而，自清滅亡後邊疆地區的離心離德是中國內政中極為情緒化的問題，需謹慎處理。因此，同年召開的中共二大上，中國共產黨採取了一種靈活方案，即承認少數民族的自決權，同時也力爭使他們自願與中國統一。接下來的幾年中，中國共產黨在與國民黨就外蒙古問題進行論爭時，始終顧及國人的民族情感，在支持蒙古自決權的同時，並不鼓動他們與中國分離。[42]

然而，從蔣介石出訪結束直到1924年1月共產國際支持國民黨改組，外蒙古成為中國共產黨與國民黨對抗競爭的重要問題之一。在1924年初的幾個月裏，莫斯科與北京政府就外蒙古問題的談判進入了關鍵階段，中國共產黨也採取了進一步的行動配合蘇聯的外交政策。李大釗一度帶領一批知識界人士到北京的外交部，公然支持

蘇聯在外蒙古問題上的政策。李大釗當時表示，外蒙在蘇俄的治下會過得更好。這種態度使時任外交部長的顧維鈞極為震驚。[43]

到5月，中蘇談判終於商定出一個保全北京政府顏面的方案，即中國保持對外蒙古在法律上的主權，但不恢復實際控制。這一進展也解除了中國共產黨夾在蘇聯外交政策與中國公眾輿論之間的兩難困境，使中共在外蒙古問題上得以採取一個政治上更加名正言順的立場。[44]其實，在與北京政府解決了蒙古問題以後，蘇聯便不再敦促中國革命黨人關注「民族問題」。例如，1926年末，斯大林在共產國際會議上就中國革命發言時，甚至完全沒有提到中國的「少數民族」問題。[45]

以上過程並不意味着，在這一時期的中國共產黨在中國的民族問題上只是被動地追隨莫斯科。1920年代中期，李大釗曾以堅定的信念，數次撰文提倡將中國建成一個聯邦國家，以達到各種文化和諧共存，不同的社會、政治、宗教、民族群體享有平等權力。[46]此外，中國共產黨內部也曾經質疑過莫斯科提出的對中國「民族問題」的解決方案。值得注意的是，1924年初，也就是共產國際成功勸服國民黨支持少數民族自決權後不久，在鮑羅廷與一些中共黨員的會面中，毛澤東表達了他對在中國所有邊疆地區實行自決原則的懷疑。他指出，中國共產黨與國民黨在西藏毫無影響力可言，若在西藏實行自決，只能使英帝國主義獲益。

儘管如此，毛澤東卻同意在蒙古及新疆地區貫徹民族自決原則，因為這兩大地區是中國革命黨與蘇聯的共同陣線。此外，毛澤東理所當然地認為蒙古、新疆的少數民族自決權自然是由中國當局授予，而非經任何外國勢力之手。[47]雖然不能由此推論毛澤東在當時是蓄意反對蘇聯政策，但毛澤東出於民族主義意識和注重實效的態度，與蔣介石所見略同：中國的民族邊疆問題需由中國人自己解決，而且在嘗試任何解決方案以前，中國的革命黨必須先將自己的勢力擴展到這些地區。

44

# 到「少數民族」中去？

毛澤東對鮑羅廷的一番話觸及了中國革命黨與少數民族關係中的一個根本性問題：中國革命黨是否有能力在地理和思想上達到少數民族。1919年的五四運動以後，隨之而來的是由一群青年知識分子發起的「到群眾中去」的運動，這場運動開創了中國革命的先鋒精英與廣大農村人口建立聯繫的先河。[48] 而後中國共產黨與中國農民的聯繫，最終保證了中共對國民黨政府的勝利。但在1920年代，不論是在中國還是蘇聯，沒有人將中國少數民族與農民群眾等量齊觀。

然而，中國革命者對北部及西部邊疆地區鞭長莫及的事實，凸顯了中國革命在地理上和民族範圍上的局限。一段時期內，中國的「民族革命」運動只對居住在中國東部及東南部的漢族才有意義。中國本部當然也有非漢族群，但他們要麼隱身於漢族之中，要麼被中國各政黨所忽視。1923年，李大釗憧憬着在新的聯邦制中國裏，「舊時的仇怨嫌憎，都可渙然冰釋」，但他心中所想也僅限於政府承認的「五大族」(漢、滿、蒙、回、藏)。[49]

中國共產黨對中國民族現狀缺乏全面的了解，這也反映出當時中國社會或漢族社會的整體狀況。除了由來已久的某些偏見，包括社會文化上的華夷之辨，中國當時並沒有一個公認的民族識別方法。[50] 20世紀的頭20年，民族學和社會學剛由西方傳入中國。中國民族學的發端恰好與中國共產黨的成型時期相重疊。當時，基於中西對峙，這一領域的大多數學者主要關注的是「中華民族」的發展條件與歷史進程。[51]

中國共產黨在1920年代的領導人之一瞿秋白，就是這一領域的先行者，但他的相關作品與演講通常都是對馬列主義中「民族問題」的介紹與詮釋。就中國自身的民族問題狀況來説，瞿秋白與他的同代人一樣，堅稱「中華民族」由漢族人口構成，中國革命的領導階級也是由漢族「民眾」構成。[52] 這一時期，中國共產黨唯一一次跳出五

大族模式的例外，是將雲南農民運動中的苗族、瑤族群眾稱為「同國異族的農民同胞」。[53]

在中國共產黨早期階段，全黨專注於同國民黨建立合作以及動員中國本部的勞動群眾。儘管當時中國西部、北部民族紛擾層出不窮，中共卻未能由此發展自己的民族政策。當時，國民黨勢力的大本營在廣東省，中國的產業工人也主要集中在東南部，這都促使中國共產黨的活動重點偏重南方。北伐開始後，尤其是1925年五卅運動後，中共領導人開始糾正重南輕北的偏向。五卅運動的導火索是上海的一場勞資糾紛，後來逐漸擴大為反對英日帝國主義的全國性示威運動。隨着中國北部的政治環境日益嚴峻，中國領導人做出一系列政策調整，以加強共產黨在北部的工作。這些措施導致了中國共產黨邁出了「到少數民族中去」的第一小步，其工作對象是內蒙古。

中國共產黨在內蒙古的基礎工作開始的較早。1923年，李大釗即着手向北京蒙藏學校的內蒙學生傳播共產主義思想，[54]後為中共招納到了第一批內蒙黨員。1925年春，李大釗派這些新黨員回到內蒙，在當地以國民黨的名義為中國共產黨發展工作關係。[55] 1925年10月，中共中央委員會建立了以李大釗為首的中國北部地區委員會，同時頒佈了〈蒙古問題議決案〉，表明中共已開始關注華北的民族問題。〈議決案〉指示中共要充分利用「內蒙古的特殊情況」，即蒙古王公貴族與中國商業資本的雙重剝削在內蒙造成的潛在的革命形勢。為促使內蒙民眾加入中國革命，中國共產黨參與了組建「內蒙古人民革命黨」(內人黨)，以期與中共指導下的「農工兵大同盟」密切合作。[56]

然而，內人黨絕非當時內蒙政壇上的唯一勢力。國民黨、外蒙古、共產國際以及當地軍閥馮玉祥都對內蒙各有打算。這些勢力與中共及在彼此之間纏鬥勾結，形成了一種錯綜複雜的政治聯盟關係。歸根到底，內蒙古在政治上的模糊性，其實正是拉鐵摩爾所説的「邊疆地帶」的典型特徵。[57]晚清政府對蒙古實施的「分而治之」的

政策，就是將內蒙古視為與朝廷關係較密切的子民，以別於地處「外部地帶」的外蒙古。直到1902年，清政府蒙漢分離的政策使得蒙古族在內蒙一直保有政治及人口上的優勢。然而，後來為了防止俄國「蠶食蒙疆」，清政府又實施了「移民實邊」的新政策。自此，內蒙古的民族政治及民族文化環境發生巨變，逐漸朝着漢化的方向發展。清政府倒台後，中華民國政府延續了清朝的政策。1914年，袁世凱政府甚至直接將內蒙古從中國的政治版圖上抹去，設立熱察綏三個「特區」。[58]

　　如果沿用拉鐵摩爾形容中國邊疆地區為「雙刃劍」的比喻，那麼清朝以來磨礪外刃的政策，最終卻在內蒙人中產生了離心作用。[59]清朝覆滅後的幾年裏，內蒙49旗中有35旗宣佈與外蒙古一道爭取從中國獨立。外蒙古在蘇俄的援助下獲得事實上的獨立後，成為內蒙古革命青年嚮往的聖地。[60]

　　不過，在接下來的歲月中，蒙古的內外兩部繼續保持着分裂狀態，而這種狀況也正好符合蘇聯與日本在這一地區的政治需要。[61]莫斯科對蒙古也是採取了分制的策略，一方面與北京政府簽訂合約，確保外蒙古在中國主權名義下的實際自治，並且要求中國的革命政黨不與蒙古進行任何「組織上的聯繫」。另一方面，莫斯科允許並鼓勵國民黨與共產黨將其勢力擴至內蒙古。毫不奇怪，在內蒙古問題上共產國際自認為負有「指導」的責任。

　　源自俄羅斯檔案館的解密資料顯示，1925年6月初，共產國際遠東局代表維經斯基 (G. N. Voitinsky) 從外蒙古進入中國。在前往中國南部之前，他會見了一些內蒙古人士，同他們討論了依照外蒙古人民革命黨的先例建立一個內蒙古政黨的可能性。與此同時，身為共產國際代表的布里亞特蒙古族人奧希羅夫 (A. I. Oshirov) 也在內蒙古人士中間做工作，力圖使不同派別同意組建一個統一的內蒙古政黨。[62]

　　隨後，10月12日，來自國民黨、中國共產黨、共產國際、外蒙

古以及馮玉祥等各方面的代表，到內蒙古人民革命黨在張家口舉行
了成立大會觀禮。會議綱領指出，內蒙古的奮鬥目標是反對蒙古王
公的封建特權、日本帝國主義、中國軍閥以及中國奸商的剝削。綱
領將「中國領土內各民族各有其自決權」作為內蒙革命的首要目標，
並且承諾同國民黨及漢族人民合作完成中國的革命。[63]

　　內蒙古人民革命黨的綱領裏隻字未提中國共產黨。儘管中共積
極參與了發起內蒙革命的準備工作，內人黨的領導班子裏也有中共
黨員，但新成立的內人黨是把國民黨視為與之對應的中國政黨。雖
然處處都有中國共產黨的身影，但以下三個因素使得中共在內蒙古
的民族政治戰線上幾乎隱形匿跡。首先，在國共合作的總體框架
下，中共所有公開的組織工作均以國民黨的名義展開。中共黨員
通常具有兩重甚至三重身份，但他們的中共黨員身份卻總是深藏不
露。其次，自1925年始，莫斯科在中國的政策逐漸偏重馮玉祥領導
的西北軍（即國民軍），而中國共產黨也因此積極爭取與馮玉祥的合
作。[64]據李大釗所述，共產黨在這一地區的戰略目標是「從張家口、 48
京綏路打通與蘇聯和蒙古的聯繫，爭取國際合作和幫助，以推動革
命的進程」。[65]當時，要達到這一目標，唯一的方法就是通過當地的
軍事鐵腕人物馮玉祥。相比之下，共產黨在內蒙的工作不過是動員
群眾的輔助性工作的一部分。

　　中國共產黨在內蒙古的民族政治戰線上不為人知的第三個原
因，是中共群眾工作的階級定位。對於新近布爾什維克化的中國共
產黨來說，「農民」、「工人」、「士兵」的分類遠比「內蒙古人」名正言
順。前面提到的中共「蒙古問題」決議案將該問題稱為「蒙古農民」問
題。事實上，1927年國共分裂之前，中國共產黨一直避免與內人黨
有任何組織上的直接聯繫。[66]在內蒙古的群眾工作中，中國共產黨
更傾向於以一種超民族的方式通過「農工兵大同盟」這樣的外圍組織
進行群眾工作，儘管「大同盟」的大多數成員都是漢族。

　　雖然中國共產黨希望內蒙古與「農工兵大同盟」合作，但大同盟

在其活躍的短短幾年裏，主要關注的卻是如何爭取內蒙古境內的武
裝分子。這條軍事路線很快在中共黨內受到了批判。1926年2月「大
同盟」解散後，中國共產黨認定農民是內蒙古「最重要的群眾」，「農
民協會」是組織農民最有效的方式。同時，中國共產黨將內人黨視為
國民黨的責任，因而進一步退出了內蒙古的民族政治戰線。[67]

　　從中國共產黨在內蒙古問題上所採取的迂迴立場上，不難看
出，在以莫斯科為中心的革命層級中，中國共產黨尚處於相對微弱
和邊緣的狀態，暫時無力將內蒙古的革命運動納入自己的麾下。在
組織上，中共寧可把內蒙問題中的民族事務交由國民黨和共產國際
處理。或許是因為內人黨中缺少中方的直接參與，維經斯基等共產
國際代表實際上將內人黨的成立視為「中國問題以外」的議題。[68]

　　儘管沒有中國共產黨的積極參與，內人黨在成立後的一年裏仍
得以不斷發展壯大，到1926年底，黨員已多達6,000人。有意思的
是，此時讓中國共產黨注意到內人黨蓬勃發展的正是奧希羅夫。
1926年12月，中共中央委員會指出，由於內人黨可能有助於正在進
行的北伐戰爭，「內蒙古工作很值得我們注意」。不過，中共也提醒
在北方的組織，不可「誇張的幻想他能發生很大的建設」，但也不能
「輕視他所能起的作用」。尤其重要的一點是，中共同時還贊成內人
黨取消國民黨在內蒙古的省黨部，所有「蒙古民族事務」交由內人黨
處理。[69]

　　於是，1927年國共分裂前的幾年中，中共的工作雖觸及到內
蒙，卻並未真正深入其間。1927年春，蔣介石血腥屠殺共產黨人
後，中共不得不停止先前在內蒙以國民黨的名義進行的所有工作。
至此，多邊合作鼎盛期在中國本部及內蒙古境內出現的錯綜複雜的
政治聯盟壽終正寢，取而代之的是中國革命左、右兩翼間相對簡單
的直接對抗。1928年，中國共產黨終於決定全面接管內人黨的「一
切實權與軍權」，但這時的內人黨已經四分五裂，不可挽回了。[70]唯
在17年後，中國共產黨才再次有機會將內蒙古運動納入自己麾下。

　　「無產階級的階級鬥爭」與「民族問題」是布爾什維克版的馬克思主義的兩大教旨，二者不僅是布爾什維克的理論特色，也對布爾什維克的革命實踐至關重要。然而，在這些理念引入中國之初，國民黨人與共產黨人卻表現出不同的態度。國民黨決心要將中國的多元社會、多民族群體融為「一個民族」、「一個國家」，因而拒絕將階級鬥爭的思想應用於中國的情況。在國民黨與莫斯科合作最密切的時期，國民黨領導人雖然口頭上也承諾少數民族的自決權，但他們始終明白，這只會讓蘇聯在中國的邊疆地區坐收漁利。相較之下，中國共產黨則無條件地全盤接受了這兩大思想，也因此成為中國革命中與國民黨截然不同的一股力量。

　　誠然，中國共產黨在城市與農村積極鼓動階級鬥爭，為奪取國家政權打下了社會基礎，但它在「民族問題」上的理論建樹卻流於表面。這一時期，中共主要着眼於中國的東南部和城市工作以及同國民黨的公開合作關係。中國共產黨在「民族問題」上的布爾什維克化，更多的是表現為對莫斯科的服從以及有別於國民黨的政策，而同中國的少數民族沒有甚麼直接關係。

50

　　中國共產黨在內蒙古首次嘗試「到少數民族中去」，可是在實際上沒有條件面對，更無從解決馬列主義的階級鬥爭理論與民族問題理論之間的內在矛盾。正因為如此，中共得以抽象地遵循這些理論。1927年後，中國共產黨被迫偏居邊遠的南部農村，同中國北疆、西疆的民族政治鬥爭幾乎是風馬牛不相及。正是在這種情況下，中共秉持布爾什維克的理念，建立起自己的「蘇維埃共和國」。這是下一章要講的故事。

第二章

# 蘇維埃化：離經叛道的選擇

　　在中國共產黨的歷史上，一些最初貌似滅頂之災的事變最終否
極泰來，成為中共奪取全國政權的助力，1927年的國共分裂便是
一例。當時急轉直下的形勢發展迫使中國共產黨採取重大的政策調
整，這些原本旨在生存的舉措卻最終為中共鋪墊了奪取國家權力之
路。在國共分裂的最初幾年裏，中國共產黨不僅被迫潛入地下，而
且還被逼出了城市。以城市為主、以動員工人為目標的革命運動於
是轉變為以農村為根據地、以農民武裝為主力的革命政權。

　　在這個轉變過程中，中共即使理論上尚有保留，但在實踐上放
棄了布爾什維克以城市工人、士兵起義為中心的革命模式。毛澤
東與其他志同道合的中共領導人就此開創了中國共產主義的旁門異
端，將農民視為中國革命的主力軍，把中國廣大農村作為奪取政權
的必經之路。這當然不是對馬列主義的叛離，馬列主義仍然是中共
的指導思想。從1920年代末至1930年代初，中國的共產主義運動出
現了一個頗具諷刺意味的現象：一方面，中共放棄了布爾什維克的
城市戰略，在農村採取了無異於中國軍閥式的「武裝割據」，但另一
方面，似乎是為了將布爾什維克化上升到一個新的高度，中國共產
黨又建立了名為「中華蘇維埃共和國」的軍事政治政權。

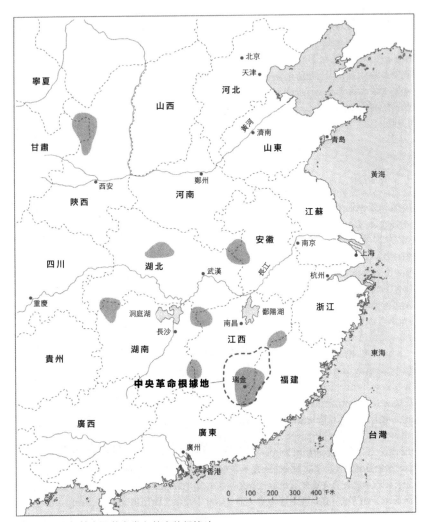

地圖 1. 長征前中國共產黨在華南的根據地

毋庸置疑，中國共產主義運動在這一時期的「蘇維埃化」，反映出中國共產黨為繼續與莫斯科保持一致而作出的不懈努力。而與此同時，中國共產黨在中國政治中的身份已經發生了根本性的轉變。蘇維埃化標誌着，中國共產黨「雛形國家」在中國政治亂局中的誕生。表面上，國共分裂似乎沒有對1920年代軍閥割據的政治格局產生任何重大的影響，只是加劇了中國群雄相爭的分裂局面。但實際上正如白魯恂(Lucian Pye)所說，這種局面或許正是中國老朽的一統社會所需要的一劑回生之藥。[1]

政治分裂本身並不能給中國的未來指明方向，但國民黨與共產黨這兩大「意識形態軍閥」之間的鬥爭卻有此功效。從這個意義上看，兩黨在1927年的分裂，第一次使中國的軍閥政治成為一場意義重大的多元拚鬥。對中共來說，這是自建黨以來第一次有必要採取具體措施進行「國家建設」，而不再是僅僅進行形式鬆散的「運動」。在接下來的幾年裏，「中華蘇維埃共和國」所採取的政策與措施，對後來中共的國家建設具有開拓性的意義。

中國共產黨自立為國，為中共處理中國的「民族問題」提供了新的背景環境，也使這一問題從意識形態問題轉變為政策問題。就其性質而言，「民族問題」在政策上的意義可以從掌權者和爭權者兩種立場來考量。但在與國民黨分裂前，中共既非掌權者，也非獨立的爭權者。在1927年4月蔣介石血洗中共之前，周恩來曾這樣定義中共的地位：

> 目前，我們的工作充其量只是幫助國民政府和幫助國民黨而已。所以，關於民主專政、關於爭奪領導權的打算，實際上是沒有的，黨一直採取了不提出奪取政權問題的立場。黨不掌握政權，也就意味着在上面統治的是別人，我們只是在下面做工作……這就是黨的立場。[2]

「不在其位，不謀其政」，這是中國的古代箴言。當然，在1927

年4月之前，中共對國民黨的國家構建過程並非一直採取如此超然的態度。兩黨合作時期，中共即是國民黨建國大業中的一分子，也以該黨的身份參與國民黨有關政治方面的討論。與此同時，儘管中共的「基層工作」的確為國民黨的政策做出了某些貢獻，但並沒有在國民黨政府的各項政策中得到獨立的體現。因此，「中華蘇維埃共和國」的成立，根本結束了中國共產黨對國家權力所故意保持的冷漠。

1931年，「中華蘇維埃共和國」頒佈「憲法大綱」，勾劃出第一個中國共產主義國家的藍圖。「民族問題」也在大綱之列，表明中共同民族問題的關係，從最初的意識形態階段進入政策階段。當然，僅靠紙上談兵是不能完成這一轉變的。本章將詳述在1927年4月以後的幾年裏，中共在活動地區、政治理念和理論思想方面做出的調整。中共的憲法大綱只是這些調整在文獻上的反映。

## 「進步的南方」與「落後的北方」

在中國歷史上，有兩對人所共知的主題對比，一個是「中國沿海」與「中國大陸」，另一個是「中國內地」與「中國邊疆」。[3]按照習慣說法，中華文明誕生於「黃河搖籃」，在過去的一千年裏，其文化、政治中心逐漸南移至長江流域。此後，中國南方成為中國經濟的推動力，也是濟濟人才的發源地。[4]而自現代以來，中國南方的知識界大量汲取西方思想，在推動中國現代化的進程上發揮了至關重要的作用。因此，毫不奇怪，辛亥革命的領導核心來自海外華僑與東南沿海各省。同樣，1920年代的國民革命的形式，也表現為發軔於廣東的革命派和盤踞北京的保守軍閥之間的鬥爭。[5]

然而，在20世紀上半葉，這種「進步、多元的南方」與「保守、集權的北方」的對峙，發生了一些重大轉折。1928年，國民黨定都南京，以長江流域為立國的中心。這一決定沒有給國民黨帶來昌隆

的國運。中國歷史上，強盛統一的朝代大多定都中國北部，以示對內陸邊疆北方部族的常備不懈。相比之下，軟弱分裂的朝代往往偏安一隅，滿足於維繫對中國南部的統治。南京的地理位置便於國民黨政府接近在華南比較集中的資本、工商系統，還可與北邊虎視眈眈的日本、俄國保持一定的安全距離。但與此同時，定都南京也揭示了國民黨在政治上的保守與戰略上的膽怯。

最終，國民黨也難逃中國歷史上許多南方朝廷的厄運，敗給了更為強勁的政治力量，即以北方為根據地的中共。國民黨的南方屬性同樣決定了它在中國民族政治中的僵硬立場。1923年，國民黨西北計劃被蘇俄拒絕後，國民黨領導層便在處理中國民族關係問題上失去了革新的動力和想像力。北伐期間，國民黨組建了「中國海外事務委員會」，卻沒有設立任何管理民族及邊疆問題的部委。國民黨對沿海方向的重視與對內陸邊疆的忽視由此可見一斑。[6]

中共革命事業的發端同國民黨的國民革命緊密相聯。作為國民革命的組成部分，中共在一定時期內同樣採取了以南方為重心的革命策略。這一時期中共的地緣政治軌跡，在中共中央做出的許多決議、決定、指令和通告裏清晰可循。近年出版的《中共中央文件選集》為中共活動的地域範圍提供了線索。1921至1925年，中共中央收到來自南北各省支部的報告，其中「北京地區」是向中央作特殊報告的少數地區之一，由此可見北京作為國都的重要地位，以及李大釗在該地活動的重要性。隨着國共兩黨聯手，發起反對北京政府的北伐戰爭，中共黨內有關北方事務的文件開始大量增加。[7]

這些文件雖然可以表明中共曾積極參與華北政事，但並不能表明這段時期裏，中共在華南、華北方保有相同的力量。事實上，一份1926年12月5日的報告顯示，當時中共黨員總數是18,526人，在中國西北、北部及東北只有3,314人，不足總數的18%。這份報告特別對中共未能在熱河、察哈爾、綏遠（內蒙古三特區）建立持久的組織機構提出了批評。[8]

在內蒙古，中國共產黨通過與盤踞西北的開明軍閥馮玉祥的合作，才得以建立了一些組織。1925年下半年以後，馮玉祥的「國民軍」與國民黨成為同時得到莫斯科支持的位於中國南北的兩個軍事力量。[9]中共與馮玉祥在中國北方的關係也就類似於同國民黨在南方的合作。1927年4月，在中共和上海工人組織的幫助下，國民黨攻下上海，蔣介石立即掉轉槍口，下令屠殺左翼合作夥伴。國共合作在南方的終結也導致了中共與馮玉祥在北方合作的結束。1927到1930年間，中共文獻中關於中國北方事務的內容基本中斷。[10]在這幾年裏，中共領導力求在中國南部的生存，而無暇顧及北方問題。就在蔣介石反共清黨後不久，中共舉行第五次全國代表大會，決定「東南諸省是經濟上最先進最富饒的地方，我們不能拱手讓給資產階級」。

中共對南方的社會經濟優勢的強調，意味着再次確定了將重心放在中國現代城市的戰略決策。然而，在接下來的幾年裏，中共勢力被迫退出城市，在新開闢的農村根據地開展活動，開始實行日後毛澤東的「槍桿子裏面出政權」的名言。此後，中國共產黨在南方繼續維持了一段時間，但不得不走上一條新的生存之路。[11]

作為一個遵循特定的意識形態的政治運動，中共要想在布爾什維克的正統模式之外另闢蹊徑實非易事。1930年上半年，李立三成為中共的主要領導人，立三路線也開始成為黨的主導戰略思想。與他之前的中共領導一樣，李立三認為中國南方尤其是城市地區，才是中國革命的中心。源於南方的國民革命終會帶動北方，而南北兩地革命活動的互相結合，將最終引發全中國的「革命高潮」。帶着這樣的期望，李立三的策略是取得「一省或幾省的首先勝利」，最終奪取全國的政權。黨內反對派批評立三路線是一種危險的盲目樂觀，針鋒相對地提出了一個更為耐心的策略，即首先鞏固中共在南部農村的軍事根據地。[12]同時，共產國際也不贊同李立三對中國革命現狀不切實際的估計。

　　然而，莫斯科的不滿主要是針對李立三對於中國北方的戰略規劃。為了彌補中共在北方的劣勢，李立三主張蒙古人民共和國應與中華蘇維埃共和國重新統一，並且蒙古與蘇聯都應出兵中國配合中國的革命。對於蘇聯領導人來說，這一計劃無非是幾年前已被他們拒絕了的國民黨西北計劃的翻版與擴大。[13]鑒於共產國際的態度，立三路線在中共黨內注定夭折。1931年，中共領導再次改組，清除李立三在黨內尤其是在北方的影響。至此，李立三以南方為中心的戰略，因其所謂的北方冒險主義而被徹底摒棄。[14]

　　1931年9月，日本出兵中國東北，這一突發事件迫使中國共產黨不得不重新考慮其政治策略中的南北之分。在接下來的兩年裏，有關中國北方事務的記載在中共文獻中頻繁出現。[15]日本在東北的軍事行動及其對中國北方的威脅極大改變了中國共產黨先前的南傾策略，全國的抗日怒潮使得中國共產黨無法繼續其忽視北方的戰略。於此同時，莫斯科也提出了警告。11月初，共產國際告誡中國共產黨，日本發起的戰爭並非針對蔣介石與國民黨，而是針對全體中國人民和蘇聯的。面對國內外的雙重壓力，中國共產黨必須速做回應。

　　1932年，中共中央通知在華北的黨組織，決定加強對中國北方局勢的關注。各地方支部必須努力工作，根除「北方落後論」、「北方特殊論」的影響，大力加強軍事及政治活動。中共中央還建議，黨在北方的工作必須做為「武裝保護蘇聯」的鬥爭來進行。[16]

　　然而，這一方針在當時基本是空談。在對蘇聯革命表達不切實際的充滿國際主義精神的忠心的同時，身處華南的中共領導及其主要機構正在受到國民黨的猛烈攻擊。在此情況下，中共首先必須力求保住在南方的根基，無力也無意進行任何組織調整，或向華北做戰略轉移。

58

# 樹「紅旗」倒「黑旗」

蘇聯領導人在制定對華政策時，始終不忘中國的權力所在。面對中國變化莫測的政治態勢，克里姆林宮的謀略家們認為有必要一方面支持革命黨，另一方面繼續同中國當時的實力政權打交道。1920年代初，蘇聯一面與國共兩黨協力推翻北京的軍閥政府，一面繼續與北京政府周旋。據蘇聯外交委員格奧爾基‧契切林 (Georgi V. Chicherin) 所述，蘇聯之所以實行這一政策，是因為「北京是國家統一的象徵，首先我們應該同北京來往」。[17]

莫斯科的策略步驟是，保持與北京的關係暢通，同時加緊與國民黨合作推翻軍閥政權，然後再以中國共產黨取代國民黨。1927年蔣介石清黨反共，打亂了蘇聯的計劃，莫斯科將此歸咎於中國共產黨。數月後，斯大林批評中共領導人沒有依照共產國際的指令行事。他自問自答地說：「現在的中共中央委員會到底是甚麼？」「無非是東一點西一點籠統的句子，拼湊到一起，互不相干，既沒有行動路線，也沒有指導思想。」[18]

共產國際本身其實也充滿了思想和權力的鬥爭。中共領導在1920年代及1930年代初的反覆改組，正反映了莫斯科對中國策略的混亂。在蔣介石迫使中共從國民黨身後走到前台之後，除非中國共產黨能對莫斯科的指示去蕪取精，恐怕將難以為繼。正當中共權衡各項政策選擇時，斯大林失去了耐心，抱怨「中共中央委員會裏沒有一個人有足夠的馬克思主義覺悟，能夠明白當前〔中國〕各大事件的〔社會〕基礎」。[19]然而，中共領導人中確有一人精通中國權力鬥爭的規則，只是未必符合斯大林的馬克思主義標準。毛澤東當時雖然不能對中共的政策方針做出決斷，但他卻為備受困擾的中共找到了一條出路：依靠農村的土地革命，進行獨立的軍事鬥爭。

59 1927年7月末，斯大林就中國革命發表了「三階段」論，認為國共分裂後，中國革命進入了第三階段的「蘇維埃革命」，即無產階級

專政之前的過渡階段。[20]這一教條式的方案其實仍然是以城市為主導的老生常談。雖然斯大林不得不承認中國共產黨所處的新形勢，但單單乞靈於「蘇維埃革命」並不能給中國的共產黨人提供任何實用的政治策略。對斯大林來説，當時更為急迫的是用此説與列夫・托洛茨基進行權力鬥爭。斯大林可根據蘇共黨內鬥爭的需要，任意解釋蘇維埃革命的公式是否可以以及何時可以在中國實現。

至於中國的農村革命，斯大林認為，農村革命的最大功用在於組建一支農民紅軍，為城市的工人階級所用。[21]因此，在1927年四一二事變之後，中共在一段時期內仍繼續沿用過去的政策，甚至希圖再次與國民黨的合作。在接下來的數月中，中國共產黨繼續承認國民黨在國民革命中的領導地位，希望與國民黨內的「左翼」集團保持工作關係。8月，中共終於認識到軍事力量在中國政治中的重要性，並開始通過一系列軍事暴動來武裝自己。但是，這些軍事活動仍被冠之以國民黨革命委員會的名義，以應付「外交問題」。[22]

雖然中共領導未能盡快地制定出新的政治策略，毛澤東對斯大林的想法已看出些許端倪。他早前便已選擇不在以城市為主的黨中央工作，而是來到湖南農村「結交綠林朋友」。[23] 1927年8月20日，共產國際代表來到湖南，告訴毛澤東共產國際希望中共在中國建立工農兵蘇維埃。[24]毛澤東立刻領會到這條信息的重大含義。這不是因為毛澤東對布爾什維克主義的理解比中共其他領導人更勝一籌，而是憑藉他對中國政治鬥爭的直覺。毛澤東在聽到共產國際代表的話後，高興得「距躍三百」，馬上寫信給中共中央委員會，建議中國共產黨立即放棄國民黨的「黑旗」，在中國建立蘇維埃政府，樹起自己的「紅旗」。同時他還表示，他已經在湖南做好起事準備。[25]

中共中央在收到毛澤東的來信以後，便引用共產國際的最新指示對毛澤東進行了一番指責。根據共產國際的指示，中共應該繼續以國民黨的名義支持「農工的民主政權」，並且不可以在時機成熟以前在中國建立「蘇維埃政府」。約一個月後，共產國際似乎化解了自

60 身在中國蘇維埃問題上的自相矛盾，隨即，中共中央委員會承認了
毛澤東8月來信的先見之明，決定「易幟」。不過，於此同時，中央
仍然認為毛澤東的觀點偏離正統，決定僅在城市建立蘇維埃政權。[26]

　　毛澤東以農村為主的建議，的確與斯大林的中國戰略相差甚
遠。在斯大林看來，中國農民運動的價值僅限於為中國紅軍提供
兵源而已，而只有在城市才能取得具有真正革命意義的政治成就。
1927年末，中國共產黨試圖在廣州發動武裝起義，建立城市蘇維
埃，結果以慘敗告終。[27]與此同時，毛澤東並不打算返回城市。
1928年夏，在不到一年的時間內，他在湘贛邊境的井岡山建立的軍
事根據地，已發展至65萬人，佔地七千多平方公里。

　　毛澤東的想法是利用當地的有利自然條件與「政治真空」，鞏固
紅軍，並且在下一輪軍閥混戰爆發前，不事地域擴張。同時，他認
為這一根據地具有極其重要的政治意義。他借鑒軍閥政權劃地而治
的策略，將根據地稱為「工農武裝割據」。中國當時四分五裂的局面
使這樣的割據地區能夠生存；而從長遠來看，隨着類似的農村根據
地逐漸發展壯大，革命獲得全國性勝利的可能性也就越來越大。[28]

　　對當時的中共中央來說，毛澤東在農村的工作不但保守，甚至
是自取滅亡。1929年初，中共中央被迫在國民黨控制的上海轉向地
下，同時卻命令毛澤東、朱德立即離開他們在農村的「危險地區」。
周恩來代表中共中央致信毛澤東、朱德，警告二人切勿使紅軍重蹈
19世紀太平天國農民起義的覆轍。[29]毛澤東對於黨中央只關注城市
的方針提出質疑，卻並沒有引起重視。次年，當毛澤東仍致力於完
善「農村包圍城市」的戰略時，中共中央卻在共產國際的支持下，繼
續推進布爾什維克式的蘇維埃建設。1930年2月末，黨中央下達指
令，必須通過以城市為中心的地方起義，壯大現有的蘇維埃區域。
同年9月，中共中央開始計劃建立一個以城市為中心的蘇維埃中央
61 政府，並指示各地方黨組織，準備發起向武漢匯集的城市起義和現
有根據地的擴張。[30]

因此，時至1930年底，雖然中國共產黨摒棄國民黨的黑旗已有時日，但中共領導人仍未能就在何處樹立紅旗達成一致。在當年夏季，蘇維埃運動已深入到華南一些農村地區，在三百多個縣成立了「蘇維埃政府」，人口總數達五千萬。在毛澤東及其同道者看來，這些「蘇維埃地區」應當作為日後革命發展的戰略根據地。但對以城市為中心的中共中央來說，這些地區的發展充其量只是城市總暴動的序幕而已。不過，此時毛澤東特立獨行的成就引起斯大林的關注，《真理報》開始公開讚揚中國紅軍在農村的游擊戰術。1931年1月，共產國際指示中國共產黨盡快在贛南建立「中華蘇維埃共和國」。同年11月，「中華蘇維埃共和國」在江西瑞金成立，毛澤東任主席。[31]

與以往中共控制的大小區域不同，江西的「中華蘇維埃共和國」不是冠之以蘇維埃名目的農會組織，而是具有真正的國家構建性質。中央蘇維埃政府以蘇聯為樣板，採取了人民委員會制度，並且建立了一套完整的行政部門，其中包括國防委員會和外交委員會。儘管這個「共和國」的疆域範圍不甚明確，但刻意與中共指稱的中華民國的「封建」行政區劃不同，並明令實行「民主集中」的新制度。此外，中華蘇維埃共和國還有自己的國徽和國旗。[32]中央蘇維埃政府在其第一號公告中聲明：

> 從今日起，中華領土之內已經有兩個絕對不相同的國家：一個是所謂中華民國，他是帝國主義的工具，是軍閥官僚地主資產階級用以壓迫工農兵士勞苦群眾的國家……一個是中華蘇維埃共和國，是廣大被剝削被壓迫的工農兵士勞苦群眾的國家，他的旗幟是打倒帝國主義，消滅地主階級，推翻國民黨軍閥政府，建立蘇維埃政府於全中國。[33]

與其說這一公告是為了獲得國際認可，不如說是為了動員國內　62
的民眾。其實，連蘇聯都不認為可以恰當地同中華蘇維埃共和國發生某種外交關係。在1930年代初緊張的國際氛圍中，莫斯科對分裂

的中國繼續使用雙管齊下的策略。1930及1931年間，在共產國際推動中共的蘇維埃運動的同時，蘇聯政府也同國民黨政府進行緊鑼密鼓的外交談判，以實現兩國關係的正常化。1932年12月，正當中共的蘇維埃共和國成立一週年之際，莫斯科與南京的國民黨政府正式恢復外交關係。[34]然而，對中華蘇維埃共和國當然不能僅從法理或外交的角度來考量。一個重要的事實是，中共建立自己的「國家」，從而徹底擺脫了國民黨的最後的一點陰影，獲得了針對中國「合法」的中央政府的「革命獨立」。

從表面上看，中華蘇維埃共和國脫離民國政府，卻沒有得到國際社會正式承認的狀態，與拉薩的西藏政府與烏蘭巴托的蒙古政府有相似之處。但實質上中共的「國家」與分離的蒙、藏截然不同。中華蘇維埃共和國是對民國政府的反叛行為，但仍屬中國的主流政治，其目的在於奪取國家政權。蘇維埃共和國主要是在政治制度和意識形態上挑戰中華民國的革命割據。相比之下，拉薩與烏蘭巴托代表的是脫離中國的意向，尋求從中國邊疆的地位，上升為本族人民的主權中心。誠然，蒙、藏與中國的離心離德具有歷史、民族、文化的意義，但最讓中國當局惱怒的是兩地在地理上脫離中國，政令自成一體。


# 大不敬的湖南人與「了不起的格魯吉亞人」

當時，中共黨內在圍繞建立蘇維埃政權進行討論時，並沒有將中共的革命事業與西藏、蒙古的獨立相提並論。雖然在中共文獻裏這兩個地區經常被說成是中外帝國主義壓迫的對象，但是中共只認為蒙古的分離行為具有革命性。說起革命，在抵禦外國資本主義和開創新社會的意義上，蒙古已經走在了中國的前面。正因為如此，中國共產黨在1929年末致信蒙古境內的中國工人，鼓勵他們支持烏

蘭巴托的政府，並「熱烈的加入蒙古籍」。[35]不過，正當中共在華南
地區為了自己的存亡而艱苦鬥爭的時候，「民族問題」對中共的策略
意義和實際操作的可能性都微乎其微。換句話說，同蘇俄布爾什維
克對「民族問題」的重視程度相比，中共從未在自己的政治議程裏賦
予「民族問題」同等重要的地位。

　　列寧在讚揚斯大林對「民族問題」的理論貢獻時，稱他為「了不
起的格魯吉亞人」。[36]由於俄國民族人口狀況，「民族問題」是布爾什
維克政治策略中的一個關鍵問題。非俄羅斯血統的斯大林在布爾什
維克的「民族事務」中擔當領導角色，可謂再合適不過。[37]鑒於中國
的人口構成與中國共產黨的民族政治特色，「民族問題」既不是中國
革命的當務之急，非漢族的高層中共領袖也難以出現。中國的環境
造就的是毛澤東這位不敬傳統的湖南人。在毛澤東的成長背景裏，
沒有任何因素可以使他成為中共自己的「了不起的格魯吉亞人」。隨
着中共影響力的擴大，中國共產黨的隊伍中雖然最終加入了一些漢
族以外的重要成員，但始終沒有改變共產黨以漢族為主的特色。

　　葉文心對中國共產主義的地方根源有深刻的見解。她認為，地
方各省的激進主義與北京上海知識精英的不同之處，就在於後者能
夠做出「依據充分信息的文化選擇」。相比之下，地方各省的激進
主義只是「加快的現代化與僵化的傳統主義相互作用一種辨證的結
果」。[38]毛澤東的故鄉是保守的湖南，在中國現代史上是傳統與新興
力量激烈鬥爭的地方。在毛澤東以前，湖南出過在19世紀中期堅守
「中國保守主義的最後一座堡壘」的士大夫曾國藩，也產生過19世
紀末戊戌變法失敗後以身殉道的激進改革家譚嗣同。[39]在毛澤東身
上，這種「辯證作用」繼續發揮着功效。

　　儘管毛澤東反抗中國傳統社會，但在文化上他卻並不如他的一
些同輩人激進。青年時期的毛澤東對於當時出國留洋尋求救國之路
的風氣心存疑慮，認為大多數留洋歸來的中國學生「仍舊是糊塗，仍
舊是莫名其妙」。[40]在中國共產黨的重要人物中，唯有毛澤東在1949

年以前從未踏出國門。毛澤東終其一生未能學會一門外語，他認為閱讀翻譯作品可以更加有效地學習西方思想。毛澤東對西方的了解，尤其是對馬克思主義的認識也因此十分有限。與其他曾在莫斯科受訓的同志相比，毛澤東接受布爾什維克主義，應該不是一種「依據充分信息的文化選擇」。對他來說，共產主義首先是可以解決中國問題的若干方法之一，用他的話說，在所有現有的方法中，「急烈方法的共產主義，即所謂勞農主義，用階級專政的方法，是可以預計效果的，故最宜採用」。[41]

然而，在知識層面，從一開始毛澤東對馬列主義理論的理解就相當薄弱，終其一生，他這方面的理論造詣更帶上了一種隨心所欲的特色。據毛澤東自己回憶，他在學習了三部馬克思主義作品後便成為了馬克思主義者。但事實上，在他成為中國共產黨的創始成員之前，毛澤東信奉馬克思主義只是因為讀了一本油印的《共產黨宣言》。這與19世紀讀了一本《勸世良言》就皈依基督教的太平天國領袖洪秀全，屬於同樣的思想傳播路徑。毛澤東本人十分清楚自己在馬克思主義理論造詣方面的匱乏。多年後在延安，毛澤東已經是中共的頭號領袖，可是他仍然盡量避免同從莫斯科回來的同志就馬克思主義進行論戰。[42]

不過，毛澤東雖然自知對馬克思主義理論的修為不深，但這毫不影響他無可動搖的自信。他甚至將自己的不足轉化為一種優勢，用來針對黨內那些更加「布爾什維克化的」「糊塗的」同志們。從毛澤東的革命生涯來看，他不僅對中國的傳統社會大不敬，對布爾什維克正統也同樣不能恭順服從。不過，也不應誇大毛澤東對馬列主義的修正。毛澤東既沒有將馬列主義本土化得面目全非，也沒有一蹴而就地造出一個「毛澤東思想」。其實，毛澤東並沒有對所有的布爾什維克教條提出挑戰。其中有些內容，比如階級鬥爭的宗旨，他都牢記於心。至於布爾什維克處理「民族問題」的公式，毛澤東並沒

有非改不可的理由。因此，雖然毛澤東的農村游擊式的革命方針，是對布爾什維克的城市無產階級暴動策略的異端，但在「民族問題」上，毛澤東一時的表現是對來自蘇聯的理念奉命維謹。

在中國的社會政治環境下，人們對民族政治的敏感程度往往取決於他們的個人經歷或對有關理論的興趣。在毛澤東的成長階段，他對民族問題並沒有表現出任何特殊興趣。在毛澤東的家鄉湖南省，有苗、瑤、侗等族。但這些民族似乎很少有自己的政治表現，毛澤東的早年文字對他們隻字未提。直到1930年代中期，中共中央和紅軍長征北上，毛澤東才開始關注民族問題。[43]

雖然毛澤東對中國的歷史和政治文化學識淵博，但他與許多同時期的南方讀書人一樣，對中國的邊疆、民族政治並不熟悉。楊昌濟是毛澤東極為敬重的老師，也是一位致力改革的新儒學人物。毛澤東從他那裏學到的是現代中國的一個老生常談：較之外國列強對待殖民地的態度，歷史上的中國對其屬國的待遇堪稱「甚寬」。[44]毛澤東大概是從一戰協約國的各種言論中，第一次知道民族自決的概念。但很快他就對巴黎和會的所體現出來的實力政治而感到幻滅，認為所謂的民族自決原則不過是列強無恥爭奪的一塊遮羞布而已。[45]

然而，到一戰結束時，「民族自決」已經成為亞洲各國革命不可取代的理念。中國的各黨各派都不能不意識到，這一原則對中國的滿洲、蒙古、西藏以及西北的穆斯林地區意味着甚麼。毛澤東對中外帝國主義的憎惡自然使他深深同情那些「奄奄欲死」的「小弱民族」。早在加入中國共產黨並了解共產國際綱領中有關「民族問題」的論述以前，毛澤東已經傾向於允許中國邊疆各族行使自決權力。1920年代末，毛澤東在與友人討論改革中國與世界的途徑時，建議中國革命人士「幫助俄國完成它的社會革命；幫助朝鮮獨立；幫助南洋獨立；幫助蒙古、新疆、西藏、青海自治自決」。[46]

身為北方人的李大釗也是青年毛澤東的精神導師。儘管李大釗

認為中國各民族間的關係是中國革命的重要內容之一，毛澤東卻沒有花費時間和精力去研究有關的實際和理論問題。在一段時期內，毛澤東僅把眼光局限於研究漢族社會的階級關係。[47]與此同時，由於毛澤東早期對邊境民族自決的支持，在共產國際解決「民族問題」的方案傳入中國時，毛澤東以及其志同道合者無異議地接受共產國際的方案。

這並不是説1920年代的毛澤東與中國的民族政治完全沒有交集。他第一次接觸非漢民族極有可能是在北伐期間。1926年5至9月間，毛澤東擔任第六屆廣州農民運動講習所所長。講習所課程涵蓋了各種理論及實際問題，但「民族問題」並不在講習之列。這段時間裏，毛澤東講課共計23小時，集中討論中國革命中的農民運動。講習所約有300名學員，其中包括七名來自歸綏(呼和浩特)地區的土默特蒙古人。

據説毛澤東注意到了這些蒙族學員，同他們討論了內蒙地區的社會、政治情況。然而，毛澤東在他的或許是第一次的跨民族接觸中，僅僅向蒙族學員強調了漢、蒙勞動人民的共同利益，而沒有表現出對蒙古問題和中國的「民族問題」有甚麼的新認識。這些蒙族學員在結束了為期四個月的培訓後，回到各自的家鄉開展農民運動，但是並沒有參與任何「民族工作」。[48]

不久，毛澤東有機會再次接觸到中國的「民族問題」。1926年12月，在長沙召開了湖南農民第一屆代表大會。作為中共在農民問題方面的專家，毛澤東受邀出席會議並給予指導。大會的決議之一是關於湖南苗、瑤族的解放問題。決議認為苗、瑤人民是漢族農民的「同國異族」同胞。決議批評漢族人士對苗、瑤的偏見，同時認為「漢族封建統治者」和當地土司是苗、瑤族處境險惡的根源。決議號召漢族的革命農民對苗瑤同胞平等相待，並幫助他們加入革命運動。毛澤東參與了大會文件的起草，但是文件裏的哪些具體建議反映了他的意見，則不得而知。[49]

　　1930年，毛澤東在一份社會調查報告中寫道：「對於商業的內幕始終是門外漢的人，要決定對待商業資產階級和爭取城市貧民群眾的策略，是非錯不可的。」[50]這一論點表明了毛澤東的經驗主義、實用主義策略背後的一個中心理念：政策的制定必須依據對有關問題的調查研究和牢固的掌握事實。[51]從這個標準來看，毛澤東雖然是出色的農民運動組織家和傑出的軍事家，但不論是受條件所限還是主觀選擇，終其一生他都是「民族問題」的「門外漢」。

　　1928至1931年間，毛澤東在農村發起偏離蘇俄模式的游擊戰，根本沒有對「民族問題」進行獨立思考的必要和環境。那幾年裏，他同尚在城市的黨中央基本隔絕，雙方的通訊聯絡極為困難。由此而來的行動自由致使毛澤東走上了一條與黨中央的政策相衝突的道路。但在「民族問題」上，毛澤東始終遵守黨內的既定說法。比如，毛澤東領導的紅四軍在宣傳中會偶然涉及邊疆民族，紅軍的佈告與傳單上就曾有「滿蒙回藏，章程自定」等類似的口號。[52]當時，湘鄂贛邊境地區的漢族農民是關乎紅軍存亡的關鍵。紅軍關於滿蒙回藏的口號，除了表明與一種布爾什維克的立場外，對紅軍的當務之急沒有多大的實際意義。

　　由此可見，雖然毛澤東在農村建立了「蘇維埃共和國」，為中共在「民族問題」上的立場的發展提供了新的重要條件，但他本人的創造力對「民族問題」本身卻無任何貢獻。因此，在蘇維埃政權新背景下提出「民族問題」的，其實仍是以理論為導向的中共中央。然而，中共沒有自己的「了不起的格魯吉亞人」，因此不可能在「民族問題」上提出自己的獨特理論。在「民族問題」上，除了跟在共產國際後面循規蹈矩，中共唯一可做的就是根據不斷變化的政治環境，對具體政策做某些臨時性的調整。

# 國際還是國內少數民族

　　1927年的危機使中國共產黨損失慘重。「布爾什維克化」的中共中央憂心於黨的生死存亡，甚至暫時忘記了中國的「民族問題」。在一年多的時間裏，民族議題幾乎從中共的政策審議中完全消失。[53]直到1928年夏，中共第六屆全國代表大會在莫斯科召開，「民族問題」才重新被提上日程。大會針對中國的政治形勢及黨的軍事、政治方針通過了一系列決議，而有關「民族問題」的決議只用了短短的一段話來說明「民族問題」的「重大意義」。這個決議恰恰反映出「民族問題」在當時對中共其實無關緊要，而對這個問題的討論被推到了下一屆全國代表大會。中共六大之所以通過這一決議，很可能是因為這屆大會是在布爾什維克的首府召開的。[54]

　　儘管如此，〈關於民族問題的決議〉仍有一些值得注意的地方。例如，決議在提及非漢族時，不再使用「異族」、「民族」等字眼，而代之以「少數民族」的概念。如上一章所述，「少數民族」一詞來源於共產國際，並在1925年首次為國民黨所用，主要用於針對蒙古、新疆、西藏問題的公開聲明中。另外，中共在這份決議中將「少數民族」的概念擴展到高麗人、台灣人和中國南部的苗、黎等「原始民族」。[55]

　　然而，依然「原始」的其實是中共對「少數民族」的理解。這一概念在1920年由蘇俄政府採用，當年，「民族人民委員部」(Commissariat of Nationalities) 新增設「少數民族部」，代表非地域性民族群體的利益。由此可見，布爾什維克採用了一種謹慎的民族政治區分，將俄國境內有領土自治訴求的族群稱為「民族」(nationalities)，而將不具領土意義、只爭取一般權益的族群稱為「少數民族」(minorities)。[56]中國共產黨並不了解這一至關重要的區別，籠統地以「少數民族」概括中國所有漢族以外的民族。從那時起，中國共產黨便將「少數民族」一直沿用下來，所謂「少數」的概念只局限於人口數量上的意義。[57]

在1920年代末，中共對於這一概念的確切理解存在着更多的問題。1929年6月，在中共六屆二中全會上，中共中央為促進黨的政策研究，決定向各地黨組織了解有關「少數民族」的具體情況。會議認為，「少數民族」的問題涉及「上海的英美日等國人民，及印度、安南、朝鮮、台灣人民，滿洲的朝鮮及日本人，山西、順直的蒙古人，四川的藏人，甘肅的回民，雲南的苗族」，以及安南、馬來、菲律賓的中國華僑。[58]如果依照這樣的定義，中共則表現為較之從前更無現實感地理解中國的民族政治。在中共看來，「少數民族」的問題超越了中國國界，而中共不過是共產國際的國際戰略的代理人。這種看法當然獲得了莫斯科的認可和支持。[59]

1927年國共分裂後，中共中央在政策制定上一度更加依賴蘇聯。在接下來的三年裏，中共對共產國際對中國政局的分析亦步亦趨。為了準備中國下一次「革命高潮」的到來，中共中央努力重建嚴重受損的各城市組織。然而，在「革命高潮」到來之前，1929年7月，莫斯科與中國政府因中東鐵路發生了兩國間嚴重的外交爭端，很快形成一種「不宣而戰」的局面。為了配合蘇聯在滿洲北部的軍事行動，斯大林策劃在中國東北發起一場「滿洲革命起義」，由一支中國部隊進行，莫斯科暗中支援。如果這場「內部事件」能夠成功奪取哈爾濱，在滿洲以一個革命政權取代張學良的軍閥勢力，那麼蘇聯便可保有一個友好的東翼而又不會招致國際社會的譴責。雖然最終這種起義並沒有發生，但確有證據證明，蘇聯在中東路事件期間對一些中國軍隊進行了政治煽動。儘管莫斯科曾要求中共加強在哈爾濱的親蘇宣傳工作，但當地的中共組織對蘇聯的軍事破壞計劃也只有間接的了解。[60]這次事件是莫斯科在國際聯盟關係之外謀取私利的一個早期事例。

這並不是說莫斯科忽視了中共對其外交政策所能起到的幫助。共產國際將滿洲的形勢視為帝國主義反對蘇聯的聯合進攻，指示中共展開保衞蘇聯的武裝鬥爭。[61]對於蘇聯來說，日本在滿洲的勢力

69

尤具威脅。因此，在共產國際的指示下，中共加強了在滿洲及內蒙古的活動。只是在1920年代末期，中共在內蒙的活動甚至不如李大釗在幾年前的活動有效。

　　然而，兩者之間有一個重大區別。李大釗當年的做法是在內蒙古發起超越民族的勞工階級運動。而此時中共則採取了典型的列寧主義的民族策略，利用「民族獨立」的理想鼓動內蒙古人建立一個「內蒙民族（或平民）共和國」。中共的宣傳鼓動提出將內蒙古視為一個「民族單位」，只有內蒙古人有權決定是否與外蒙古統一，或者加入中國蘇維埃聯盟（但絕非中華民國）。[62] 除了莫斯科方面加緊指導的因素之外，中共關於內蒙古的措辭還反映出國共分裂以後中共在中國政治中的新地位：中共已經不再接受國民黨治下的中華民國的束縛。[63]

　　也是在這段時期，中共將滿洲的朝鮮共產黨人納入自己的組織之中，並開始將朝鮮的共產主義活動視為己任。很快，中共對安南（越南）也採取了相似的方針。[64] 當時，大多數中共領導人都認為中國革命的命運與以莫斯科為中心的世界革命緊密相關，因此他們對外國和中國國內的「少數民族」不加區分也就不足為奇。正如周恩來的報告所述，由於中國革命在世界革命中的重要任務是領導殖民地的革命，因此中國共產黨對中國境內以及周邊「少數民族」都負有責任。[65] 直到中共中央結束在上海的蟄伏，到達毛澤東的游擊根據地以後，中共對「民族問題」的考量才開始着重關注國內的民族狀況。

　　1931年11月初，一個中共中央代表團到達位於江西的中央蘇區，主持建立蘇維埃共和國。農村根據地的創建者毛澤東受到來自城市的中共領導人的排擠。私下裏毛澤東將這些初來乍到的新人稱為「洋房先生」，其失意不滿可見一斑。[66] 11月1日至5日，「洋房先生」在蘇區召開黨的第一次代表大會。會議的大部分時間都在批評、修正毛澤東的軍事、社會政策，頻頻給他貼上「富農路線」、「游擊主義」、「狹隘經驗論」等標籤。然而，這些做法並未妨礙毛澤東成為中華蘇維埃共和國的主席。莫斯科對此早有安排。相比其他只會照搬

馬克思主義教條的中共領導人，蘇聯似乎對毛澤東富有創造性的政治軍事才能更有信心。[67]

　　不過，由於在毛澤東的「狹隘經驗論」的做法中沒有任何關於「民族問題」的方案，共產國際要求「蘇維埃政府應當根據平等與民族自決的原則，對少數民族實行一個布爾什維克的民族政策」。[68]在蘇維埃共和國第一次全國代表大會上，由莫斯科歸來的王稼祥就「民族問題」發表報告。有關「民族問題」的決議案隨後通過。這一議題同時列入由周恩來起草的《中華蘇維埃共和國憲法大綱》中。[69]

　　雖然此前的有關研究對《憲法大綱》的重要性莫衷一是，但《憲法大綱》的確是中共「民族政策」發展道路上的一個重要里程碑。[70]當然，中國共產黨民族政策的發展並不只是一系列記錄在案的術語與概念。《憲法大綱》的誕生至少是三股政治趨勢作用的結果。首先，蘇維埃共和國創建於農村游擊根據地而非城市中心，可見毛澤東與中共中央關於中共力量根基的爭論也就到此為止。1931年春，中共中央在上海的安全保衛工作出了問題，時任中共總書記的向忠發被捕，後向國民黨叛變。中共中央剩餘人員不得不緊急向農村撤退。[71]

　　其次，1931年9月，日本軍方在滿洲挑起九一八事變，由此正式開始對東北地區的侵佔與殖民。雖然中華民族的危機日益加深，中國共產黨並沒有立即考慮與國民黨和解。相反，面對嚴峻的形勢以及據說是與帝國主義妥協合作的國民黨，中共領導人更加堅信必須推翻國民黨的統治，建立反帝的革命政權。[72]

　　第三，除了內憂外患，中共黨內明顯受到莫斯科操縱的持續不斷的「路線」鬥爭，也愈發加重了中國共產黨的困境。如何用布爾什維克的理論看待中國的政治局勢，不同的詮釋導致了黨內不休的爭論。從1929年末至1930年秋，李立三領導下的中共中央與共產國際遠東局就中國革命的策略發生爭執。雖然毛澤東也對蘇聯的革命模式提出質疑，但和他的湖南老鄉李立三有很大的不同。毛澤東雖然打破正統，在農村建立根據地，但他從未與莫斯科直接交鋒。而李

71

立三對共產國際反對他的冒險計劃反唇相譏，直言不諱地批評共產國際代表過於謹慎。同時他也沒有提出任何能夠幫助中共擺脫困境的可行方案。

1930年8月，斯大林終於對李立三「愚蠢、危險的傾向」盡失了耐心。蘇共領導與共產國際決定撤銷李立三在中共的領導地位，並將其調往莫斯科學習。[73]結果是王明（陳紹禹）、博古（秦邦憲）等由莫斯科學成歸來的青年黨員組成了中共新的領導核心。他們清除立三路線影響的做法，包括批評上一屆中共中央完全忽視了「民族問題」。[74]因此，中華蘇維埃共和國在江西成立並頒佈《憲法大綱》的時候，中共的思想觀念其實是個離奇的混合體，既兼容了毛澤東的反正統實踐與舶來的布爾什維克教條，又並蓄了以中國為中心的革命民族主義與追隨莫斯科的國際主義。

以上背景對於了解中華蘇維埃共和國在「民族問題」上的立場十分重要。《憲法大綱》與其他幾項有關「民族問題」的文件，主要目的之一是為了切斷此前中共與國民黨的在這一問題上的關聯。因此，雖然中共曾在孫中山時期對國民黨的綱領表示支持，現在的中華蘇維埃共和國卻表示，自孫中山以來，國民黨有關非漢民族的綱領所代表的都是資產階級、地主的利益，對中國的「少數民族」沒有絲毫幫助。除此之外，中華蘇維埃共和國再次表示堅決貫徹共產國際的政策立場，將「絕對地、無條件地」支持少數民族的自決權，包括脫離中國的權力。

中國共產黨有所創新的是詳細闡釋了脫離中國的權利。當時的說法是，在蒙古、西藏、新疆、雲南、貴州以及其他少數民族居多的地區中，少數民族可有三種選擇：一、「和中華蘇維埃共和國分離而單獨成立自己的國家」；二、「加入蘇維埃聯邦」；三、「在中華蘇維埃共和國之內成立自治區」。

為了獲得少數民族的擁護，中華蘇維埃共和國宣稱共和國的目的是建立一個「沒有民族界限」的工農當家作主的國家，同時許諾在

漢人居多的區域，少數民族將完全享有政治、法律的平等權利，共和國亦將對少數民族的經濟文化發展給予格外的重視。此外，這些文件再次以外蒙古為例，表明中國共產黨的誠意——中華蘇維埃共和國「無條件地承認」外蒙獨立。[75]

侷促於一小片農村地區向中國當局發起挑戰，中華蘇維埃共和國的象徵性意義更大於實質意義。1932年4月15日中華蘇維埃對日宣戰，發起「民族革命戰爭」，這一舉動更彰顯了該政權的象徵性。雖然中華蘇維埃共和國將「民族問題」納入憲法，但在接下來的幾年裏，中共實際上比以往任何時期都更遠離中國的民族政治。中共主力與領導核心被迫離開城市，在華南農村偏居一隅，在那裏少數民族或者不存在，或者隱身於漢族之中。在中共的十個根據地中，包括「中央蘇區」在內的五個根據地都在江西。當地唯一的非漢民族畲族，直到1949年以後才被正式確定為一個民族。中共在湖南、湖北根據地地區的土家族也是同樣的情況。[76]

只有位於陝西、廣西兩處偏遠的蘇維埃地區，前者因為有蒙古族與回族，後者有瑤族，「民族問題」才成為當地中共組織的實際政策問題。同時，活動於國民黨、日本、地方軍閥控制地區（如雲南、四川、甘肅、滿洲、內蒙古等地）的中共組織，則經常需要面對同當地少數民族的關係問題。身處江西的中共中央只能間接了解到各地組織所面臨的民族問題，而這些中共地方組織並不一定能在中華蘇維埃的憲法中找到任何具體辦法。[77]

與中共之前簡單套用俄國布爾什維克教條的做法相比，中華蘇維埃共和國的少數民族政策並沒有顯示出對中國民族事務理解的明顯改進。中共以俄國十月革命紀念日為吉日，選擇於1931年11月7日成立中華蘇維埃共和國，又是表示要遵循蘇維埃俄國榜樣的一個例子。中華蘇維埃提出的少數民族在自決權上的三種選擇其實也源自莫斯科，依據的是斯大林在1913年的有關討論，可能是假王稼祥或周恩來之手，變成了中華蘇維埃憲法的一部分。[78]總而言之，就

「民族問題」而言，不能過高估計中華蘇維埃共和國憲法的重要性。
該文件既沒有為黨的行動提供任何實際可行的指導，在對中國民族
政治的理解上也沒有任何突破性的進展。[79]

儘管如此，該綱領仍有其特殊意義，不是內容上的創新，而是
宣佈綱領的方式不同於以往。中共將其對「民族問題」的綱領與其他
政綱一起以憲法的形式宣佈，首次展示了意欲取代中華民國的中華
蘇維埃共和國。當時中華蘇維埃共和國的真正使命並非「國家構建」
而是「國家破壞」，以反叛的姿態公開挑戰公認的中國「合法」政府。

類似的問鼎中央權力在中國歷史上不乏先例。在當時的情況
下，中共吸引非漢民族加入蘇維埃共和國在時空上缺乏實際操作的
可能。因此，江西紅色政權的「民族政策」，在更大的程度上是為了
鼓動少數民族脫離中華民國。這與1920年代中共在國共合作期間的
立場已有很大的不同。當時中共雖然反對北京的軍閥政權，但並未
採取反對作為政治實體的中華民國的立場。

中共當時對待邊疆「異族」的態度，表現了一種對中國分裂現狀
的消極的接受 (即認為中國的統一不僅不現實，而且於己不利)。到
了1930年代，由於國民黨已經獨霸中華民國，並有以「黨國」的名義
統一全中國之勢，中共此時才真正開始領會列寧關於「民族問題」是
革命的酵母的思想精義。儘管一時只能停留在理論上，中共依然開
始大力鼓動邊疆民族脫離中華民國。

然而，中華蘇維埃共和國採用列寧主義策略的結果卻是乏善可
陳。1934年初，毛澤東在中華蘇維埃共和國第二次代表大會的報告
中，只提到一項蘇維埃「民族政策」的成就：蘇維埃地區已經成為朝
鮮、台灣、安南流亡革命黨人的避難之地。[80]據此毛澤東強調，「爭
取一切被壓迫的少數民族環繞於蘇維埃的周圍，增加反帝國主義與
反國民黨的革命力量，是蘇維埃民族政策的出發點。」[81]

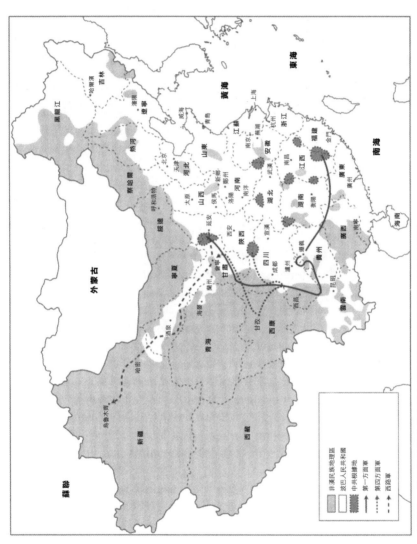

地圖 2.　從民族地理的角度看中國共產黨的移動路線（1934–1937）

　　朝鮮、台灣、安南革命黨人之所以能夠「團結」在中共根據地的周圍，其實應歸功於共產國際的國際聯絡網。而中華蘇維埃共和國未能團結中國境內的非漢民族，也暴露出自身的影響範圍極為有限。此外，毛澤東的觀點還反映出中共領導人普遍持有的一個觀點：當舊中國對邊遠地區的非漢民族失去凝聚力之時，便是中國共產黨領導的革命政權獲得他們的熱烈響應之日。毛澤東的報告發表不久後，中共就在與邊疆民族的關係上取得了突破性進展。中共關於少數民族是天然盟友的設想，也隨之受到考驗。

　　歷史的演進總是出人意料。中共在民族關係上的突破性進展，是拜蔣介石殘酷「圍剿」所賜。在蔣介石的軍隊將中華蘇維埃共和國逐出中國東南部之後，中共喪失了在中國政治的中心地帶團結少數民族的地位，其民族地緣政治身份發生了急劇的變化。接下來發生的不是中共吸引邊疆少數民族向自己靠攏，而是中共不得不向中國的邊緣地帶做戰略大轉移，最後選擇在鄰接所謂的少數民族佔優勢的邊遠地區，尋覓喘息之機。

第三章

# 北方化：探索周邊戰略

中國古代史家司馬遷曾斷言，在中國歷史上，「夫作事者必於東南，收功實者常於西北」。[1] 由於司馬遷生活的漢朝長期受到來自草原的匈奴的肆掠，自然他也就視平定北疆為中國統治者的成就之最。無獨有偶，20世紀的中國革命在北伐、長征等關鍵事件中同樣表現出北上的趨勢。與司馬遷的斷言有所不同的是，這些事件都發生於中國的內戰：北伐是國民黨戰勝軍閥的關鍵一步，長征則使中國共產黨在國民黨的圍剿中獲奪了一線生機。

不過，中共的經歷與司馬遷所描述的情形確有幾分相似。中共不僅在地理上轉移到了北方，他們的革命事業也因受到邊疆環境的影響而具有了新的含義。1930年代中期，中共從華南的長江流域穿越萬里來到西北的黃河流域，走上了「延安道路」，為日後在全國建立革命政權打下了基礎。[2] 中共選擇在西北建立新的根據地本是無奈之舉，最終卻成了戰勝國民黨的優勢所在。從地緣戰略上看，在1937至1945年的抗日戰爭中，西北根據地處於日本軍事進攻的側翼，避開了日本軍隊的正面鋒芒，成為中共指揮游擊戰爭的中樞。隨後，在1946至1949年的國共內戰中，西北根據地的地理優勢在中共對華北和東北地區的爭奪中作用至巨。從社會政治的層面上看，正是在這一偏遠的農村地區，中共得以完善其群眾路線的戰略方

　針，動員廣大中國農民加入到中國的軍事政治鬥爭中。此外，中共向北轉移的另一個重要意義是，長征的經歷以及最終立足西北，使中共的民族政治的理念和實踐都發生了根本的轉變。

　　如前幾章所示，在中國共產主義運動的早期，中共對「民族問題」的考量遠遠脫離了中國民族政治的現實。直到長征期間，中共主要領導人在處理民族事務時仍然十分缺乏經驗。他們恪守馬克思主義階級鬥爭的理論與列寧主義反帝國主義的宗旨，在「民族問題」上普遍懷有兩個基本的臆斷。第一，中國的「民族仇恨」主要存在於實行壓迫的中央政府與被壓迫的少數民族之間。第二，中國各民族的勞動人民都有一個真實的、共同的階級利益，這一利益壓倒並超越各自的民族認同。

　　於是，在中共看來，凡民族之間的摩擦和仇恨，不論是否涉及漢族，必是中國政府或外國帝國主義「分而治之」的陰謀所致。在中國共產黨與非漢民族的關係上，中共領導人自認為立於不敗之地：中共致力於革命運動，以推翻帝國主義、中國中央政府和少數民族的「落後制度」為己任，也就與非漢民族的勞動人民天然地站在同一戰線。

　　此外，有蘇聯作為成功解決「民族問題」的範本，中共堅信自己的政策在融合了布爾什維克的理論與蘇聯的經驗後，必定能夠獲得漢族與非漢民族的一致擁護。一言以蔽之，在中共開始在長征途中大量接觸非漢民族之前，一直理所當然地把非漢民族當做自己的天然盟友。

　　然而，這個想法經不起長征的顛簸。紅軍一路走來，對天然盟友的企望也歸於破滅。這一幻滅來得非常不合時宜，因為長征途中的中共比以往任何時候都更需要邊疆民族的支持。長征終於陝北，中國共產主義革命的核心退到了漢族社會與邊疆非漢族社會的文化邊界。中共自創建以來第一次不得不制定出一套切實可行的民族方略。然而，儘管中國西北邊疆的民族政治現狀讓中共領導人深感

不安，他們卻無法從馬克思列寧主義理論中找到任何現成的解決辦
法。情勢所迫，中共開始將「民族問題」作為一個切實的中國問題重
新加以審視。

# 「上層路線」

　　紅軍的軍事失敗導致長征，在開始時是混亂的大撤退。長征路
線迂迴曲折，歷盡千辛，穿過了苗、瑤、彝及藏族人民聚居的中國
西南地區，最終到達了回、蒙人口眾多的西北地區。如何處理同這
些民族的關係，無可避免地成為紅軍日常行動中的重要內容。1935
年6月，紅軍進入四川，總政治部要求部隊各級政委，將贏得少數
民族的支持作為當務之急。

　　這一指示也通過紅軍的機關報《紅星報》傳達給了基層官兵。[3]
鄧小平當時是《紅星報》的主編。《紅星報》的一篇社論向紅軍官兵呼
籲：「不懂得共產黨的民族政策的不配當一個共產黨員，不了解爭取
少數民族的重要性和不參加這一工作的不配當一個好的紅色戰士！」
紅軍總政治部嚴厲告誡部隊，要清除造成與少數民族隔閡的「大漢族
主義的愚蠢偏見」，同時要利用當地人民對漢族統治者的仇恨，動員
少數民族群眾支持紅軍。[4] 此舉的關鍵在於，如何說服當地的非漢民
族相信紅軍與「漢族統治者」是截然不同的。

　　中共一向從階級鬥爭的角度看待「民族問題」，始終指責「漢族
統治者」是置非漢民族於水火的罪魁禍首。對於中國共產黨人來說，
中國民族關係的真實內容只能是各民族勞動階級聯盟與各民族反動
上層聯盟之間的對抗；任何混淆階級陣營的所謂民族關係都是中國
或外國反動統治階級捏造的謊言。直到長征開始時，中共一直在這
一觀點的指導下，努力將消極的「民族仇恨」轉變為積極的「階級仇
恨」。中國共產黨認為，超越民族界限的「下層統一戰線」，是向國民

80　黨政府及其非漢族的同謀者作鬥爭的可行辦法。[5]同時，凡是認為中共應與非漢族的統治階層合作的觀點，一律在黨內被指責為無原則的機會主義。[6]

　　然而在長征途中，紅軍不得不在同少數民族的接觸中修正原來的階級鬥爭理念。雖然紅軍繼續將「漢族政府」視為壓迫少數民族的元兇，但非漢族的統治階層不再被稱為「漢族政府」的幫兇，至少暫時免去了階級敵人的罪名。1934年11月，中央紅軍進入廣西北部的苗瑤聚居地後不久，紅軍政治部頒佈了一些「工作原則」以指導部隊與少數民族的交往。「原則」要求紅軍必須與當地的非漢族「上層代表建立密切的關係」，並與他們結成政治或軍事聯盟。這一巨大的政策轉變並不是因為中共在理論上另闢蹊徑，而完全是出於對現實的考慮。面對當前的形勢，中國共產黨不得不暫時擱置階級鬥爭的方針。同時，新方針也不意味着「少數民族」的地位在中共的理念中有任何提高。

　　相反，在中共的意識形態語境裏，「上層路線」對於非漢族來說其實帶有貶低的意味。根據中央紅軍政治部的指示，由於非漢族「經濟文化發展極端落後」，社會經濟條件不足以開展階級鬥爭，因此統治階級或土司等成為「民族利益的唯一代表者」。[7]然而，不論怎樣使新方針能夠自圓其說，中共和紅軍都面臨着一個向未經歷的現實，即必須直面中國的民族關係。

　　中共新方針的實際例子，最著名的莫過於中央紅軍先遣部隊司令劉伯承與川西彝族沽雞家支頭人小葉丹歃血結盟的故事。1935年5月，劉伯承收到毛澤東的特別指示，稱先遣部隊在彝族地區的任務不是打仗，而是宣傳黨的民族政策，於是就有了劉伯承與小葉丹結盟的舉動。這一策略使紅軍受益匪淺。劉伯承與小葉丹的結盟使中央紅軍得以採取大膽行動，強渡大渡河，突破了蔣介石的重兵圍堵。[8]

　　與「上層」結盟的權宜之舉，直接功效有限，其作用的大小，仍
81　然取決於紅軍與當地人民接觸的具體情況。[9]在紅軍只是途經非漢

地區的情況下，一般來說，同當地民族發生衝突的機率可能降到最低。不過，事情也不盡如此。有時候，正因為是路過，有些紅軍部隊認為無需與當地的人民培養長期的友好關係，於是便搶掠途經地區。[10] 而當紅軍試圖在非漢地區建立根據地、積極與當地民眾培養良好關係的時候，又常常會遇到各種阻力。

凡是遇到當地民族反抗的情況，紅軍便稱其為「夷匪」或「藩反」。[11] 頻發的衝突事件說明，紅軍單靠調整自己的民族政治方針，是無法獲得非漢族的協作配合的。中國西部的民族對立根深蒂固，紅軍的政治宣傳在短期內難以扭轉局面。這一問題的嚴峻性，讓中共領導人在選擇紅軍長征的目的地的問題上倍感苦惱。

# 何去何從？

眾所周知，1935年1月在貴州遵義召開的會議，確立了毛澤東在中共軍事上的實際領導地位，遵義會議也因此成為了中共黨史上的重要轉折點。[12] 不過，與中共的官方歷史記述有所不同的是，毛澤東在取得領導地位以後，並沒有立即給紅軍指出一個明確的戰略方向。此前，毛澤東曾建議在川貴交界處建立一個新的根據地，但在遵義會議上，與會者決定將他的建議稍作修改，在四川西部建立新蘇區。不過這還不是最終決定，紅軍大本營的新址在此後的幾個月裏又數次更改。直到6月中旬，毛澤東等人才決定，相比較近的西南，偏遠的西北在戰略上更有優勢。

決定一出，紅軍就必須進行真正的長途跋涉，其軍事任務也就相應變成了「佔領川陝甘三省，建立三省蘇維埃政權，並於適當時期以一部組織遠征軍佔領新疆」。這項戰略決定在6月下旬舉行的中央政治局會議上（兩河口會議）得到確認。與此同時，鑒於華北日益惡化的中日關係，中共領導人還決定發表一項紅軍抗日宣言。[13] 這些

82

舉措終於以「北上抗日」的口號，為紅軍確立了戰略目標。但不幸的是，不久這也導致了中共領導層的嚴重分裂。

在長征途中，毛澤東在《清平樂‧六盤山》一詞中寫道：

……

不到長城非好漢，

屈指行程二萬。

……

今日長纓在手，

何時縛住蒼龍？

顯然「長城」指的是紅軍北上長征的目的地。不過，據毛澤東多年後的解釋，「蒼龍」指的並不是日軍，而是蔣介石。[14]因此，不論紅軍當時的政治宣傳如何，也不論多年後中共官方史料的記載如何，「抗日」對當時的紅軍來說，既非軍事計劃的目標，亦無實施的可能性，更多只是對外的宣傳口號而已。在決定紅軍長征的目的地時，中共領導人始終考慮到兩個因素：其一，中國西部的哪個地區最有利於紅軍的生存與壯大；其二，哪個地區最便於中共接受蘇聯的緊急援助。在大多數中共領導人看來，上述兩個基本要求將地點選擇的目標指向了西北。而有利於紅軍日後對國民黨政權或日軍發起進攻的地區優勢等考慮，對尚在大撤退中的中共領導人來說並未提上日程。

在此之前，不論是國民黨還是共產黨領導下的中國的革命，都遵循着一個特定的地理—民族—政治邏輯。當革命進攻中國的權力中心時，主要依靠中國本部的漢族人口，抗衡中國東部的列強勢力；而當革命處於後退態勢和尋求庇護的時候，革命則試圖與中國邊疆的非漢族為鄰，並希圖從中國西北同蘇聯建立直接聯繫。

83

如前文所述，國民黨在1920年代中期曾制定過西北戰略計劃，但最終遭到了莫斯科的否決。中國共產黨在長征前的一段艱難時期

裏，也曾有過西北戰略的構想。1928年，中共受到國民黨的重創，黨內曾有人建議中共轉移至西北休養生息，但這一想法立即遭到了莫斯科的反對。一段時期內，但凡對西北方案稍作討論，都會在黨內被斥為退卻的機會主義。[15]

1928年夏，新疆的政治局勢同樣經歷了一段過渡時期。當年7月，清朝覆亡以來割據新疆的軍閥楊增新遭人暗殺，而以專斷殘暴聞名的軍閥盛世才直到五年後才開始長期統治新疆。在這五年間，當地官僚金樹仁統管新疆，但其人才智平庸，治下危機重重。最初，莫斯科認為新疆內部的頹勢於己有利。正是在金樹仁的統治時期，蘇聯在當地「無約通商」的現象達到鼎盛。[16]然而，蘇聯利益在新疆的擴張也益發增加了新疆對蘇聯的重要性。

1931年初，共產國際打算在新疆、甘肅的回族中組織「人民革命黨」，而這兩省正是共產國際認定的中國的「典型殖民地」。尤其在新疆，莫斯科方面決心維護蘇聯的貿易主導地位，準備對英國的任何反蘇計劃進行先發制人的回擊。根據莫斯科的籌劃，中共與蒙古人民共和國都應積極參與到煽動、組織當地人民的工作中來。[17]但不等莫斯科方面着手佈局，新疆的暴亂已經開始。當共產國際仍在考慮如何在當地發起一場聽命於蘇聯的革命時，新疆東部的哈密縣爆發了民眾暴動。蘇聯方面猝不及防，數月內無法確定這場暴動的性質，也無法決定是否應將蘇聯共產黨內的維吾爾族黨員派往新疆。[18]

1932年夏，回族軍閥馬仲英強行由甘肅進入新疆，整個地區陷入混亂，局勢更加撲朔迷離。面對新的不確定性，莫斯科開始利用外蒙古的地理位置與人員對新疆進行操控。與此同時，莫斯科也開始認真考慮利用中共的軍事力量重新在中國的內亞地區取得優勢。1933年2月，張國燾領導的紅四方面軍剛撤退至四川，共產國際執行委員會便給張國燾發去電報，要求他將新建立的革命根據地延伸至新疆。[19]

當時，中國共產黨領導層仍主要關注中國東部地區，對蘇聯向

84

西北延伸發展的建議十分謹慎。張國燾進入四川時，中共中央一方面讚揚此舉是把「革命的火炬燒遍整個西北」的大好機會，另一方面又擔心紅軍在張國燾部以西地區的任何行動，都有可能招致英國、西藏與四川軍閥的聯合襲擊。1934年夏，江西中央蘇區危在旦夕，中共中央必須作最壞的打算。中共領導預計紅軍將被迫分散力量，於是將中國劃分為六大軍區，其中「西北軍區」包括四川、陝西、甘肅，但不包括更遠的西部地區。[20]

這也就是說，面對日益嚴峻的環境，中共最初的應對之策並沒有打算跨越漢族與非漢族之間的地理分野。然而，此時莫斯科認為，中國共產黨若要自救，可能有必要進一步向西部轉移。1934年9月中旬，中共駐莫斯科代表王明在共產國際的催促下致信中共領導人，敦促他們認真開展向西北轉移的行動方案，並要求中共鞏固四川、陝西現有的蘇維埃根據地，為打通新疆作準備。但王明的信未能及時到達。1934年10月至1935年11月間，中共中央與莫斯科的通訊也完全中斷。中共領導人甚至不知道中共在陝北的組織已經建立了根據地，直到1935年夏他們才在國民黨的報紙上讀到相關報道。[21]

與莫斯科通訊聯絡的中斷對中共的命運有着決定性的影響。當時中共領導層發生了嚴重的政策分歧，莫斯科卻因通訊問題無法干預協調。這次分歧直接導致了紅軍的分裂，張國燾麾下的紅四方面軍與毛澤東領導的紅一方面軍及部分中共中央委員會成員分道揚鑣。[22]雙方爭執的焦點，就是紅軍長征的最終目的地。1935年6月，中共中央在兩河口會議中決定北上。但很快，張國燾對會議決議提出反對意見，建議向西南行進。而在兩河口會議之前，張國燾就已經在四川北部建立了一個西北聯邦臨時政府。這個政府對所處地區的優勢是這樣描繪的，「西可收復西藏西康，北可底定新疆青海，南可進取雲南貴州，以與陝甘川黔蘇區打成一片」。6月底張國燾與其他中共領導人會面時，並沒有隱瞞南下的想法，但他表示願意退而求其次，按照莫斯科兩年前的建議向西部的青海和新疆轉移。在中

共中央選擇北上，建立一個連接四川、陝西、甘肅的邊區以後，張國燾雖然在會上表示同意中央的決定，但他隨後的行動卻表明會議決定對他沒有任何約束力。[23]

9月，即在紅一方面軍與紅四方面軍在川北會師後不到三個月，兩軍便分道揚鑣。紅一方面軍繼續向北行進，計劃於10月末到達陝北，紅四方面軍則揮師南下，準備於11月進入西康。1936年初，中共與莫斯科恢復了通訊，共產國際開始從中調停，並對中共中央的決定表示支持。但各路紅軍直到1936年10月才再次會師，而張國燾與中共其他領導人之間的政治分裂卻最終不可挽回。[24]

在對紅軍長征終點的爭執中，雙方使用了相似的罪名指責對方，如「右傾機會主義」、「退卻方針」、「軍閥主義」、「對蘇維埃運動的前途悲觀失望」、「逃跑主義」、「無組織的行動」、「分裂黨和紅軍」等等。[25]這種濫加罪名的做法在中共內部無數次的「黨內路線鬥爭」中已是司空見慣，但所謂「黨內路線鬥爭」的背後卻也隱藏了一個殘酷的現實：中共在被迫離開華東相對優渥的環境並失去莫斯科的指導之後，闖入了人地生疏的西部，因此對今後何去何從的問題產生了極度的焦慮。

也正是這種不安導致紅軍在地緣戰略的問題上發生分歧。既然是有關地緣戰略，也使得這次爭論有別於以往關於理論學說或政治策略的黨內鬥爭。在對西南、西北路線各自利弊的爭論中，張國燾和毛澤東對非漢族的看法是針鋒相對。因此，這場爭論不僅事關紅軍應該向何處去，而且事關紅軍應該與誰聯合。

中共戰略家在考慮一地是否適合作為革命根據地時，往往會密切關注當地的地理特徵、經濟情況、群眾條件、敵方狀況、以及同其他地區的政治聯繫。張國燾與中共中央分別就這些方面，強調各自主張的進軍路線的優勢。紅四方面軍對川西地區有利條件的描述如下：

86

松、理、茂是川西天險之區，有橫亙千里的岷山山脈以為屏
障，北臨陝甘，南威川西壩子，南則長驅直入成都，飲馬長
江，北則橫掃甘、陝，馳騁中原。兼之以松、理、茂出產豐
富，牛羊、糧食、藥材、金鐵等大批富源盡在一隅，不但敵人
無法「封鎖」，而且更是鞏固赤區經濟基礎的主要富源。在地
勢上，不特敵人無「險」可守，我們更是居高臨下。處處可以
集中兵力打敵人；且西方直通蒙古、新疆，根本無後顧之憂。
而且松、理、茂回番民眾，平日受盡漢官、帝國主義、國民黨
軍閥及奸商之壓迫剝削，鬥爭⋯⋯激烈，且人人尚武，兼習
騎射，更是擴大紅軍的最好根據。（原文無着重符號）[26]

8月，在毛澤東報告的基礎上，中共中央也發表了一份文件闡述
北上路線的優勢，語言雖不如張國燾的報告生動，但也同樣全面地
探討了問題的各個方面。這份文件與張國燾最大的歧異在於對「群眾
條件」的看法：

在工農群眾的條件上，這個地區〔陝西、甘肅〕，由於連年繼
續不斷的深洄的農業危機，饑荒、沉重的捐稅、土地的集中，
迅速的生長着偉大的農民革命的先決條件，並已開展着反捐稅
爭土地的農民鬥爭和游擊運動，這使我們在當地基本的漢族群
眾中，能夠給這種自發的農民鬥爭以組織領導，提高其覺悟程
度，而走上蘇維埃革命的道路，並便利於紅軍擴大與發展，這
給在這個區域居住的及其鄰近的非漢族群眾（回、蒙、番）的
民族解放，及建立他們自己人民共和國的運動，以大的激勵和
推動，並經過我們的幫助、發動、領導能夠迅速爭取這個運
動，匯流於蘇維埃的巨濤之中。[27]

這兩個文件的區別十分明顯，中共中央的策略以漢族為中心，
而紅四方面軍則傾向非漢地區。隨着爭論的繼續，問題越來越集中

於「少數民族地區」對中共革命運動的重要性。張國燾指責中共中央「空言鄙棄少數民族區」，而中共中央則堅稱「我軍處此區域，有消耗無補充」。[28]在紅四方面軍決然南下後，中共中央即向紅軍的廣大官兵發表〈告同志書〉，對紅四方面軍此舉可能帶來嚴重後果做了如下描述：

> 我們無論如何不應該再退回原路，再去翻雪山、走草地，到群眾完全逃跑的少數民族地區。……而且，南下的出路在哪裏？南下是草地、雪山、老林；南下人口稀少、糧食缺乏，南下是少數民族的地區，紅軍只有減員，沒有補充。……南下不能到四川去，南下只能到西藏、西康，南下只能是挨凍挨餓，白白的犧牲生命，對革命沒有一點利益。對於紅軍，南下是沒有出路的，南下是斷路。[29]

需要注意的是，雖然有關「少數民族地區」的分歧是毛張爭執的中心所在，但雙方的立場都不是出於對少數民族的關切。張國燾表現出一種對少數民族自發的革命性的盲目樂觀，毛澤東則誇大了紅軍與少數民族合作的困難。例如，如前文所述，少數民族地區的群眾並沒有因為紅軍的到來而「完全逃跑」。對雙方的主張可以歸納如下：毛澤東堅持認為，紅軍的力量有賴於保持同漢族地區的緊密聯繫；張國燾則主張，紅軍只能在國民黨勢力最弱的少數民族邊疆地區求生存。

當時毛澤東曾預言，紅四方面軍若進軍西康，有可能損失大半人馬。紅四方面軍的確未能在川西立足，而且正如中共中央所料，紅四方面軍被迫繼續轉戰到更加偏僻的西康地區。但是在西康，紅四方面軍不但沒有全軍覆沒，甚至沒有再遭受嚴重的損失。1936年中，張國燾撤銷自己任命的「第二中央」，開始北進與中共中央再次會師。此時，紅四方面軍是所有紅軍部隊中最強的一支人馬。[30]

紅四方面軍的倖存如同一個奇蹟，不論是張國燾還是中共中

央，似乎都無從解釋。根據最近在台灣解密的國民黨文件，紅四方
面軍得以在西康倖存其實是一種民族政治現象。紅軍長征不僅是國
共鬥爭的重要階段，同樣也波及中國西南地區的政治態勢。蔣介石
的追兵緊隨紅軍其後，首次將勢力擴展到西南地區。紅軍進入西康
後，更是給國民黨政權與西藏政府之間原本已經非常微妙的局面，
增添了一分不穩定因素。

　　清朝滅亡以來，西藏政府一直試圖脫離中國，而接替清廷的歷
屆中華民國政府對此卻束手無策。1933年12月，十三世達賴喇嘛去
世。國民黨政府趁機向拉薩以致祭的名義派遣代表團，真正意圖是
與西藏當局就相互關係展開對話。1934年8月至11月間，致祭專使
黃慕松在拉薩與西藏官員多次會談。這些會談表明，西藏當局對國
民黨政府對西藏的主權宣示持模稜兩可的態度，但首要的是堅持解
決雙方在西康的領土爭端。[31]當時，在多次軍事衝突之後，國民黨
政府與拉薩當局以金沙江為界，分別控制着西康的東、西部分。黃
慕松在拉薩期間，始終未能與西藏政府就現存問題達成一致。但開
啟對話本身，仍在某種程度上緩和了雙方的關係。

　　然而，1935年紅軍進入川西，對國民黨政府同拉薩的新關係形
成直接威脅。如果紅軍繼續西進，渡過金沙江，國民黨政權便不得
不考慮是否有必要緊隨紅軍進入西藏。6月，蔣介石命令國民政府駐
藏辦事處處長蔣致余要求西藏當局加強金沙江的防禦工作。[32]

　　西藏當局對此表現出極大的熱情，甚至超出蔣介石的預期。在
給蔣介石的回覆中，西藏政府不僅保證西藏東部的軍隊將與國民黨
軍隊通力合作，阻止紅軍西進，並且表示有意加強藏軍前線力量以
追擊敵軍。[33]拉薩的過分熱情讓蔣介石深感不安。蔣介石一方面致
電拉薩，要求西藏方面不得越過金沙江一線，另外，8月中旬，他又
給國民政府在西康的軍事指揮官劉文輝發電：

　　6月曾電藏方，藏軍應與中央駐康軍協力防剿共軍西竄，並非

徵調藏軍離防進剿，更非令藏軍加兵。現川西殘匪肅清不遠，
已無橫竄西康可能，更無庸藏軍遠動出動。已另電藏方仍應照
6月電，藏軍戒備防堵，毋得越過金沙江東岸，以免發生誤會。
請劉與青海馬步芳嚴密注視，對藏長官警告，勿使過江。[34]

　　顯然，此時蔣介石自信可以一勞永逸地消除中國的共產黨問
題。因此，相比紅軍的西進，他更擔心西藏向東推進。也許正是因
為蔣介石對西南的西藏更加戒備，並嚴令當地國軍密切注意西藏的
一舉一動，所以才在無意間給初到西南的紅四方面軍在西康留出了
一個避風港。張國燾後來回憶：

90

我們在西康停留的期間——1935年11月到1936年6月——
前線大致沒有戰爭。駐在康定的劉文輝部與我軍隔着多山對
峙，相安無事。我軍向西伸展到金沙江的左岸，西藏達賴喇
嘛屬下經英國訓練的少數軍隊則駐防右岸，彼此也從未向對方
射擊。[35]

　　與其他勉強臣服於蔣介石的地方勢力一樣，劉文輝未對入境的
紅軍展開攻勢，自有其理由，但有了蔣介石的命令，他與紅軍在西
康的和平相處就更加無可非議了。因此，紅四方面軍力量的保全，
成為歷史上中共因國民黨政府的民族政治而獲益的早期案例之一。
　　與此同時，中共自身剛剛啟動的民族政治也找到了在實際運用
中的支點。中共中央和毛澤東在同張國燾的爭論中提出了一個清晰
的論點：中國共產黨與紅軍，決不能在脫離自己在中國本土的社會
與民族根基的情況下，徘徊於懷有敵意的邊疆地區。「群眾路線」是
中共的生命線。通過在長征途中與非漢族民眾的接觸，中共領導人
第一次體會到民族人口構成的重要性。每當紅軍即將進入漢族不足
半數的地區，中共領導人便會格外謹慎。[36]因為在這樣的地區，中
國共產黨的「群眾路線」往往無從舉措。

不論在口頭上如何強調「少數民族」對中國革命的重要性，大多數中共領導人在與張國燾的爭論中都有意無意地承認，中國的革命運動其實仍然主要局限於漢族。中國革命的這種缺失遲早需要彌補，在紅軍長征止於中國西北民族文化的分界線的時候，這個問題就提上了日程。但是，即使在西北，紅軍首當其衝考慮也還是同當地的漢族民眾建立牢固的關係。換言之，在中共處在對漢族社會邊緣化的情況下，以漢族為中心的政治策略反而凸顯了重要性。

# 「大漢族主義」

91

這裏指出中共的政治策略一向以漢族為中心，並不是說中國的共產黨比俄國布爾什維克或其他任何國家的共產黨更固守民族本位。不過，中共在長征期間發展起來的民族政治，確與布爾什維克的做法有顯著不同。對俄國布爾什維克來說，解決國內「民族問題」就意味着，俄國的無產階級運動要安撫、吸收前沙俄帝國版圖內的其他民族，以求他們放棄各自獨立的政治訴求。而對於長征途中的中共來說，「民族問題」則是漢族農民組成的軍隊，在向非漢族地區尋找庇護所時遇到的一個問題。

換言之，俄國布爾什維克從來沒有對脫離自己民族文化區域的擔心，而中共卻面臨着同自己的社會根基脫離的危險。這是了解中國共產黨在1930年代的民族本位主義的關鍵。當然，中共信奉的是超越民族的馬克思主義，也從未明確承認中國共產主義運動的單一的民族基礎。然而，如前文論及的毛張爭論所示，帶有明顯漢族傾向性的群眾路線，以及對保持同內地政治的聯繫的強調，都暴露出中共的漢族中心傾向。在這個時期，只在互相攻訐時，中共領導人才比較坦誠地談到中國共產主義運動的民族特質。毛澤東及其他領導人在與張國燾爭論非漢族地區對紅軍的重要性時，都給對方扣上

了「大漢族主義」的帽子，指責對方對「少數民族」犯下了錯誤。[37]換個角度來看，「大漢族主義」的指控，其實暴露了中共領導人的一種邊疆心態：因為轉移到漢族社會邊緣，因此擔心割斷自己原本的民族文化紐帶。

雖然「大漢族主義」頻繁出現於中共的文獻資料中，但這一概念的起源卻不甚分明。在中國共產黨的形成階段，共產國際視其為東方民族革命的一部分。但中國共產黨更願意將自己「正確的無產階級民族主義」，與國民黨的「資產階級民族主義」切割。因此，中國共產黨並不反對中國的民族主義，關鍵是誰真正代表中華民族。這對於中共來說始終是個至關重要的問題。

例如在1920年代中期，瞿秋白曾在一篇文章中設問：「誰組成了中國的民族？」他給出了一個「粗淺的答案」：「漢人才是中國民族。」但瞿秋白又進一步表示，只有漢族「平民」才是中國民族的真正代表，才是民族革命的領袖階級。[38]這一思路順勢就將中國的「舊帝國主義」、「殖民壓迫」與「大中華民族的口號」推給了中國的統治階級，而不是歸咎於任何特定的民族群體。[39]然而，值得注意的是，當時中國共產黨也承認，中國的五族(漢、滿、蒙、回、藏)中的任何一族，都有可能壓迫其他弱小民族，成為「大……主義」者。[40]

在中國共產黨的文獻中最早提到「大……主義」，似乎是1930年批評「大蒙古主義的狹義民族觀念」。[41]但是這個「大蒙古主義」並不是指稱蒙古族壓迫其他民族，相反，中國共產黨使用這一概念是批評一些內蒙古人士針對中國的國家框架提出不合理的訴求。1920年代末的國共分裂，使中共得以公開攻擊以國民黨為代表的「漢族統治階級」。例如，1931年11月，中華蘇維埃政府的一份決議明確指出，漢族統治階級是壓迫中國其他民族的罪魁禍首，國民黨政府在孫中山的「民族主義」的宗旨之下，實行欺壓剝削少數民族的暴政。不過，此時中共還沒有把國民黨冠之以「大漢族主義」。[42]

中共文獻首次使用「大漢族主義」，是在反對立三路線的黨內鬥

爭中。1931 年初，王明在一次對李立三的猛烈抨擊中，批評他徹底忽視了「少數民族」工作的重要性，犯了「大漢族主義」錯誤，表現出「狹隘的傳統思想的殘餘」。王明將「大漢族主義」加用了引號，似乎表示他是這一詞語的原創者。[43]

此後，「大漢族主義」變成了中共的專用語。一年後，在批評中共四川省委對當地少數民族表現出的傲慢態度時，中共中央再次使用了「大漢族主義」一詞。有趣的是，中共四川省委在自我批評時，竟稱國民黨是「大漢族主義」的始作俑者，從而將自身的錯誤從簡單的「民族偏見」上升到了極其嚴重的政治問題。[44]之後，無論是抨擊國民黨政府對非漢族的壓迫政策，還是反省自身「民族工作」的失誤，或是批評漢族民眾對非漢族的偏見，中共文獻裏的「大漢族主義」標籤隨處可見。[45]總之，在中國共產黨的政治話語中，「大漢族主義」有極廣泛的含義，適用於一切在漢族與非漢族之間的負面關係或事件。

如果說「大漢族主義」指的是出於漢族本位的偏見，那麼以漢族農民為主要成分的紅軍，則帶有與生俱來的「大漢族主義」。在這一點上，紅軍的領袖人物也不能免俗。在中央紅軍穿過川西彝族地區時，毛澤東開玩笑說，如果他當上了中國的皇帝，彝族人民就要向他朝貢。「以天朝自居」的心態對待非漢族，在中共領導人中並不少見，這種思想多年前就已在黨內受到過批評。[46]

長征途中，張國燾與中共中央互相指摘對方的「大漢族主義」，揭示了中共黨內一些具體的政治分歧。張國燾口中的「大漢族主義」與王明的原意大致相同。他指責毛澤東及其他中共領導人「過低估計少數民族的革命作用」，堅持認為少數民族地區落後，從而否定、放棄民族工作。張國燾在對紅四方面軍的一個講話中暗批毛澤東，說有人認為西藏落後，但其實西藏有 24 個營的軍隊，裝備現代，比紅軍更先進；而所謂落後的外蒙比中國更早地進行了成功的革命。[47]

在所謂邊疆地區「落後性」的問題上，張國燾與毛澤東其實並沒

有實質性的分歧。他們爭論的焦點是中國共產主義運動是否適合西康乃至更遠的地區。在這個問題上，中共中央和毛澤東的立場其實也有過前後矛盾的時候。1935年7月3日，中共中央準備在四川西部打通去甘肅南部的道路，並在張國燾缺席的情況下通過了一份〈告康藏西番民眾書〉，呼籲西藏、西康以及四川西部的藏族人民發起自己的革命運動。這封〈告民眾書〉沒有採取當時中共針對苗瑤彝族的「上層路線」，也就是否定了西藏社會精英同中國革命合作的任何可能性。

與以往有關西藏的中共文件一樣，這封〈告民眾書〉稱達賴喇嘛是英帝國主義的走狗，號召西藏民眾推翻寄生的喇嘛政府。信中指出，「康藏的民族解放運動」必須「徹底的脫離英國和中國而獨立」，必須針對西藏社會的種種問題進行內部改革。同時，中共中央還表示，為了取得革命的勝利，康藏民族解放運動必須是中國蘇維埃運動與全世界無產階級革命運動中「不可分離的一個部分」。[48]

自然，當時在西康和西藏並不存在這種跨民族的階級鬥爭式的「民族解放運動」，中共也並不準備真的發起這樣的運動。採取「下層」方針的主要目的，只是為紅軍穿越藏區做好政治準備。這封〈告民眾書〉是否曾在藏族民眾中得到傳播，或如何傳播，如今已無從考證。不過，鑒於紅軍缺乏相關的語言專家，中共的專用詞彙又難以用藏語表述，中共在藏族人民中間進行任何宣傳活動，想必都會困難重重。[49]

然而，有一件事是肯定的：紅軍在藏區的艱苦經歷更堅定了中共領導人北上的決心。在1935年9月的一次中共政治局會議上，毛澤東提出，在北方，「漢蒙雜居，蒙古是我們的兄弟」，而在南方，中共與「番民關係太壞」，因此紅軍必須向北行進。[50]雖然中國共產黨發表了〈告康藏西番民眾書〉，在毛澤東眼裏，中國共產黨與藏族合作的可能性微乎其微。由此看來，張國燾用「大漢族主義」的字眼譴責毛澤東對藏族的規避，至少是有事實根據的。

當時，中共領導層內的爭論主要圍繞着一個實際的政策問題：
以漢族為主的中共革命運動是否可以在藏區生存發展。然而，一如
中共內部的政策分歧，爭論雙方是階級鬥爭的觀點立論。在中共話
語裏，「大漢族主義」的階級屬性性質是資產階級，這一階級標籤就
是壓制對方的大棒。在這樣的爭論中，相關政策的實際內容反而往
往顯得微不足道。尤其值得注意是，中共中央因紅四方面軍向藏區
的行動，反斥張國燾是「大漢族主義」的實行者，但紅四方面軍在藏
區的一些做法卻恰恰與中共中央的〈告康藏西番民眾書〉不謀而合。

# 「波巴人民共和國」

95　　　　紅四方面軍在西康藏族民眾中的民族政治工作，從1935年秋末
持續到1936年夏，這是當時中國共產黨與非漢族最密切的一次交
往。然而，這一經驗最終卻因為中共對所謂的國燾路線的批判，沒
有受到中共中央應有的重視。既然紅四方面軍的單獨行動執行的是
錯誤的國燾路線，那麼紅四方面軍與藏民的交往也必然是錯誤指導
下的實踐，沒有研究的價值。對這次經驗的忽視，無疑是中共的一
大失誤，因為紅四方面軍與非漢族交往過程中暴露出的一些問題，
在日後中共與少數民族的關係中仍將反覆出現。

在紅四方面軍的實踐中出現的一個問題是：中國共產黨對非漢
族的民族主義可以利用到何種程度？紅四方面軍在藏族民眾中感受
到強烈的排漢情緒，因而將「推翻漢官統治階級」作為群眾工作的重
中之重。紅四方面軍在政治宣傳中也讚美西藏過去的王朝帝國，並
承諾幫助西藏收復東部的「失地」。張國燾甚至明確表示，為了贏得
藏族的信任，中國共產黨必須支持建立「大西藏國」。[51]

然而，紅四方面軍的言行並不一致。在本質上，建立革命根據
地與其他形式的政治接管一樣，對居民的控制是基本要求。紅四方

面軍嘗試着建立了多個西藏革命政權，以實現對當地藏民的掌控管理，其中最重要的一個政權便是1935年5月於甘孜建立的「波巴人民共和國」。「波巴」是當地藏民的自稱，紅四方面軍以「波巴」作為共和國的名稱，造出了一個藏族獨立國家的模型。

實際上，波巴人民共和國自成立之日起，就處在張國燾的西北聯邦政府的密切控制之下。張國燾的安全保衞系統經共和國「授權」，設立了各級「政治檢查處」，以杜絕共和國境內一切「反革命」活動。共和國境內的16個藏族鄉鎮政府，無一例外都是「漢民自治委員會」的附屬品，而在當地佔人口少數的漢人卻能通過「自治」統治佔人口多數的藏民。這一現象為中共的「少數民族自治」的理念提供了一個極具諷刺意味的先例。為了取得當地人民的支持，紅軍掛在嘴邊的口號是「抗漢驅英」、「興番滅蔣」。但顯然紅四方面軍的領導層很現實，深知一個真正自發的藏族民族運動將難以控制。所以正如張國燾所說，紅四方面軍支持的大多數藏族自治政府都只是「一個空名義」。[52]

紅四方面軍在西藏的經歷還引出另一個問題：中共的階級鬥爭原則在民族政治中有甚麼實用價值。從民族政治入手進行宣傳鼓動並非紅四方面軍爭取當地民眾支持的唯一方式。紅四方面在藏區開展群眾工作時，也遵循了更加熟悉的階級鬥爭原則。然而，在實踐中紅軍的階級鬥爭常常出現自相矛盾的情況。紅四方面軍構想了一系列反封建的措施來解放下層群眾。按以往在漢族社會的經驗，紅軍以為重新分配土地可以最有效地獲得普通民眾的支持。可是在執行中，各鄉鎮組織對待當地上層的態度卻又互相矛盾。在某些地區，當地的傳統上層勢力統治階失掉了往日政治上的威風和社會上的地位。而在另一些地區，傳統上層卻絲毫不受影響，甚至成為中共幹部的依靠。這兩種趨勢在紅四方面軍的領導看來都是錯誤的，但張國燾等人除了強調政策要有「靈活性」以外，沒有提出任何明確的指導方針。[53]

96

　　此外，另一個影響民族交往的問題是當地現實條件。紅軍之所
以在階級政策上出現互相矛盾的情形，是因為這些並不是為了發動
社會革命，針對當地人民的情況而制定的經過深思熟慮的政策，而
是紅四方面軍出於自身利益，隨具體情形而定的權宜之計。實際
上，所有的宣傳、組織工作都只是為了滿足眼前紅軍溫飽的需求。
到底是進行社會改革還是保持現狀，是喊喊口號還是說幹就幹，這
些都不過是紅軍提供給當地人民的選項。紅軍只需要一種實實在在
的回饋，就是糧食。

　　紅四方面軍的四萬五千部隊驟然進入西康，給當地經濟造成了
巨大的衝擊。紅軍領導坦承，「少數民族仇視我們的最主要的原因，
是由於紅軍給養問題與群眾利益的矛盾」。[54]對給養的需求也迫使紅
軍放棄一些最初的改革承諾。起初紅軍抨擊當地舊政權橫徵暴斂，
並承諾廢除一切捐稅租賦。但很快，廢除賦稅調整為「減輕糧稅」，
隨後又變成「只收正稅」。紅軍急於向當地人民證明中共政權比以往
任何漢、藏政權都好，但對供給的需要卻往往使紅軍的宣傳工作徒
勞無功。事實上，紅軍的「正稅」比舊政權的賦稅只是略有減輕。[55]

　　由於紅軍時刻處於備戰狀態，不免也給當地民眾造成了一些非
常規的負擔。為了應急，紅軍常常依靠「收買、搜山、沒收」的辦法
收集糧食。例如，1936年4月，紅四方面軍準備攻打康定，並通過
「波巴人民政府」要求道孚地區人民在兩週內「借給」紅軍「戰糧」三千
石。這樣變相的強取注定使紅軍不得民心，類似民眾逃跑、藏糧的
事件屢見不鮮。雖然紅軍軍紀嚴明，嚴令禁止部隊魯莽行事，可是
饑兵搶劫的現象仍屢有發生。[56]

　　歸根到底，紅四方面軍與西康藏民的關係並不取決於在藏區是
推行民族自治還是開展階級鬥爭，而是取決於紅軍的糧食政策。當
地人常常對紅軍的行為感到困惑不解。對他們來說，紅軍的友好態
度與以往的漢族軍隊形成鮮明的對比，但他們「搜刮〔糧食〕超過了
劉文輝」。在這種情況下，紅軍絕無可能與藏族民眾建立起親密的友

好關係。張國燾後來回憶道，在藏區紅軍彷彿「身履異域」。[57]張國燾本人對藏人的態度就十分偏執且多疑。1936年夏，紅四方面軍終於決定放棄西南，揮師北上與毛澤東部會合。此時張國燾卻下令處決忠心效力於紅軍的藏民獨立師師長馬駿，而該藏民獨立師也在紅四方面軍到達陝北以後遭到遣散。[58]

　　既然紅四方面軍無法在藏族地區立足，張國燾與毛澤東關於藏族人民和中國共產主義運動是否相互適合的爭論似乎就此告一段落。但紅軍在藏區的經歷卻有着更加深遠的影響。賀龍、任弼時領導下的紅二方面軍並沒有參與紅四方面軍與中共中央之間的論戰。1936年夏，紅二方面軍成為最後一支穿越藏區的紅軍隊伍。紅二方面軍在隨後有關「民族工作」的報告中列舉了許多與藏民交往時遇到的問題。報告坦承，「我們在番區中是沒有得到甚麼經驗與成績的」。[59]因此，在中共在中國西南與藏族民眾的第一次密切接觸後，中共領導和紅軍部隊對藏區普遍持否定態度。雖然無從得知藏區民眾對紅軍的印象如何，但想必他們的感受也與紅軍相差無幾。後來在1950年代初期，中國共產黨準備再次踏入藏區時，對長征時期的歷史記憶將成為雙方關係中的一個重要因素。

　　中共的「北方化」對中共在中國「民族問題」上的認識影響至巨。這一經歷使中共切實地了解到，現實中的中國「民族問題」與蘇俄布爾什維克所面對的「民族問題」大不相同，列寧、斯大林關於「民族問題」的理論和實踐，無法引領紅軍解決中國的現實問題。1917年後，蘇俄布爾什維克面對的是兩種革命並存的狀況：一是以政治、社會目標為主的「在俄羅斯地域範圍內進行的俄國革命」；二是「受壓迫的非俄羅斯民族在所有非俄民族地域範圍內開展的，以民族、社會訴求為主要目標的反俄革命」。[60]

　　在俄國革命中凡是涉及「民族問題」的爭論及政策實踐，布爾什維克的對手都是來自不同派別和不同民族背景的社會主義者，問題的核心始終是圍繞俄國國內以及國際社會主義運動中的「正確」理論

98

與「正確」戰略。此外，不論是在奪取政權之前還是之後，布爾什維克對俄國的「民族問題」始終都保持着中心對邊緣的地位和態度。

相比之下，自從1920年代蘇聯通過外交將蒙古革命置於中國之外以來，中國共產黨基本上只在中國的漢族地域範圍內進行着單一的漢族革命活動。[61] 長征期間，隨着紅軍進入非漢民族地區，中共革命對漢族的地域和社會來說也愈益邊緣化。中共在邊疆地區的非漢族社會缺乏利用階級對立的條件，為之慣用的動員群眾的策略，也就無用武之地。在同非漢族的交往中，紅軍遇到的最有用的合作者往往是勞動群眾的「階級敵人」。隨着在地理、政治上逐漸遠離中國的政治中心，紅軍試圖找到一個可以立足的邊緣地位，結果非但不能以一種中心的姿態向邊疆民眾施以仁政，反而不時呈現出流竄、掠奪的形象。儘管日後中國共產黨與非漢民族在地理與政治上的關係將再度改變，但是中共對中國的「民族問題」的認識的歷史根源是長征期間的經歷。這段在遠非「正常」的情況下發生的民族交往，將在很長一段時間內影響中共的民族政策決策。

長征期間，中共中央與紅四方面軍對非漢邊疆民族分別採取了「迴避」和「交往」的策略。張國燾的實驗雖然最終歸於流產，但他在西康藏區推行共產黨政策的做法比較接近布爾什維克利用少數民族煽動革命的積極策略。然而，倘若歷史研究僅局限於探討「迴避」與「交往」的兩種策略與馬列主義在「民族問題」上的理論的關聯，那麼這種研究將勞而無功。原因是，布爾什維克的理論與經驗，對於紅軍長征時期的經歷沒有太大的參照意義。

對「迴避」與「交往」兩種策略更有益的探討，是從中國處理邊疆事務的傳統方式入手。「迴避」策略最卓著的代表莫過於長城；而從征戰到「羈縻」的一系列政策則屬於「交往」的範疇。雖然張國燾最終不敵毛澤東與中共中央，但並不意味着後者的「迴避」策略獲得了最終的勝利。正如長城從未曾真正把「蠻夷」擋在「中國」之外一樣，隨着紅軍轉移到北部邊疆的長城腳下，中共也難免需要學會與非漢民

族的「交往」。置身於漢族同回族、蒙族交叉相處的地區，中共不得不適應中國大西北的民族政治環境。當初中共從城市向農村轉移，農村的政治、社會環境對中共的觀念、政策都產生了長遠的影響。同樣，從漢族地區向少數民族地區的轉移也對中共產生了極其深遠的影響。這一影響的意義絕不是促使中共更加布爾什維克化，而是使中國共產主義運動與中國的民族政治歷史地與現實地聯繫起來。

第四章

# 民族化：國際化的表裏

　　紅軍到達陝北，在被黃河環抱的陝西、綏遠、山西交界地區找
到了新的立足之地。這片向被譽為「中國文明搖籃」的土地，在20
世紀已經變成遠離中國現代政治、文化、經濟生活的邊遠地區。中
國歷史上的另一個象徵性標誌——長城，也成為中共新根據地的北
界。1936年初，毛澤東以一首《沁園春·雪》抒發了他對當地山川
的感慨：「望長城內外，惟餘莽莽；大河上下，頓失滔滔。」也是在
這首詞中，毛澤東表達了他對中國歷史上改朝換代的英雄人物的不
屑，揚言唯有他這一班革命志士堪稱真正的「風流人物」。中國的中
共文藝理論研究將毛澤東的借詩抒懷稱為「革命的浪漫主義」。[1]毛澤
東面對黃河、長城的一番浪漫，卻是因為中共的事業正在邊緣化，
離中國的政治文化中心已經十分遙遠。歷史上只有兩種人曾穿越黃
河與長城——北上南下的征服者，或亡命人。在毛澤東寫下詩篇的
時候，紅軍只能算是後者。

　　紅軍在長征路上跋山涉水，經歷了重重艱難險阻。中共中央帶
領八萬五千人從江西出發，1935年底到達陝北時只有約四千人倖
存。接下來的幾個月裏，紅軍迅速擴大，軍隊人數增加到先前的五
倍有餘。1936年秋，紅二、紅四方面軍抵達陝北，中共的兵力恢復
到十萬人。[2]雖然當時身為紅軍主力的紅四方面軍在經歷了西康藏區

後得以保存，但紅軍對西北農民的號召力似乎證實了毛澤東以漢族為中心的民族戰略的正確性。

　　然而，雖然紅軍得到了增補，但比起蔣介石的三十萬大軍，仍然顯得勢單力薄。面對步步逼近、展開絕殺的國民黨軍隊，毛澤東等人必須決定下一步的行動。有兩種選擇，一是打回中國東部，重返中國的主流政治；二是打通西部或北部的國界，向蘇聯尋求物質援助。兩種辦法都不易行，但又都是不得已而為之。最終，中國共產黨的確是在西北重振旗鼓，但靠的並非是上述兩種策略。真正幫助中共重獲生機的，其實是因日本侵華而日益高漲的中國民族主義。

　　正因為如此，中共不得不採取一套全新的方略，即暫停反對國民黨政權的階級革命，而全力參與到中國的抗日民族戰爭中。這一變化的意義就在於，雖然中共時刻受到國內敵人國民黨趕盡殺絕的威脅，但日本侵華以後事態的發展，使中共得以避免依賴蘇聯的支持和走上國際化的道路。在日本侵略節節進逼中國的情況下，中共找到了一條以中國民族主義為決策中心，依靠自己的能力求生存的道路。既然全面擁抱了以漢族為中心的中國民族主義，中共也就必須對自己的少數民族政策作出重大調整。


# 「打通蘇聯」

　　對偏據中國西北一隅的中共來說，1937年中日之間全面戰爭的爆發，與自身的政策制定沒有直接關係。最初，紅軍到達西北後，中共領導人加強了對國民黨的鬥爭，同時積極尋求國際援助。在前此的國共戰爭中，中共曾因紅軍在武器上的劣勢而遭受重創。長征開始時以前，共產國際與蘇聯政府就已經開始考慮向中共提供物質援助的問題。但是如王明在1934年給中共中央的信裏所述，為取得援助，紅軍首先必須「打通」經新疆去蘇聯的道路。[3]

　　因此在長征期間，「打通蘇聯」成為中共決策中的首要目標。中共中央採取北上路線的同時也決定，紅軍在陝甘的新根據地鞏固之後，下一步就是積極建立同蘇聯的直接聯繫。[4] 在紅軍因國燾路線受到嚴重削弱後，中共中央更急於打通從蘇聯獲得軍援的通道。1935年9月，毛澤東在政治局會議上報告中指出，紅軍原計劃在西北建立蘇維埃地區，但自紅四方面軍違令南下後，中共必須採取「打到蘇聯邊界去」的「基本方針」。毛澤東認為，紅四方面軍近期內不會輕易與中共中央達成和解，因而「得到國際的指示與幫助」才是當務之急，同時還需「整頓修養兵力，擴大隊伍」。在會上，毛澤東試圖使士氣低落的同志們振作起來，但是他的措辭卻相當嚴峻：

> 我們總是可以求人的，我們不是獨立的共黨，我們是國際的一個支部，我們中國革命是世界革命的一部分，我們可以首先在蘇聯邊境創造一個根據地，來向東發展。不然，我們就永遠打游擊戰爭。[5]

　　在毛澤東作為「民族共產主義者」的政治生涯當中，這是一個少見的「國際化」時刻。以後的事實證明，毛澤東的此番預言是過於悲觀了。但在當時，這種想法大概在中共領導人中普遍存在：如果四面楚歌的中國共產主義運動必須仰仗蘇聯的援助，那麼中共就必須在地理上靠近蘇聯並完成「國際化」。如果後來的事態真的像毛澤東預言的那樣發展，那麼歷史上就不會出現中共在抗戰期間所實行的自力更生的「延安道路」了。

　　毛澤東的報告對中共的未來充滿了憂思，但此後不久，中共領導人便從《大公報》上了解到，劉志丹已在陝北建立了一個紅色根據地。這一消息對中共領導人來說無疑是個驚喜。劉志丹的根據地雖然僅有20個縣城，但在當時至少已經足以容納整支紅軍隊伍，從而使紅軍免於淪為出沒邊境地區的流寇的命運。[6] 然而，中共中央並沒有放棄與蘇聯建立直接聯繫的計劃。1935年11月底，毛澤東為紅軍

104 制定了新的任務，其中包括積極防禦國民黨的新的進攻，開闢聯結
晉陝甘綏寧的新蘇區，以及「完成與蘇聯及蒙古共和國打成一片」。[7]

要完成這些任務，中國共產黨不得不再次面對「民族問題」。囿
於中國民族地理的現狀，為獲得蘇聯的援助，中國共產黨必須穿過
北部及西北部回蒙等族聚居的邊疆地區。1935年11月底，中共中央
開始考慮向綏遠方向擴大現有根據地，其目的是為縮小紅軍與蒙古
人民共和國之間的距離。

由於綏遠省地處內蒙古地區，中共首先展開了一系列政治宣傳
工作以獲取內蒙古蒙族民眾的支持。[8]這與紅軍長征進入藏區前對藏
民的宣傳工作相同。1935年10月，由毛澤東署名的〈中華蘇維埃人
民共和國中央政府對內蒙古人民的宣言〉正式發表。宣言將日本帝國
主義和蔣介石稱為中共與「內蒙古民族」的「共同的敵人」，呼籲內蒙
古人民與紅軍共同戰鬥：「保存成吉思汗時代的光榮，避免民族的滅
亡，走上民族復興的道路，而獲得如土耳其、波蘭、烏克蘭、高加
索等民族一樣的獨立與自由」。該宣言還宣稱：「民族是至尊的，同
時一切民族都是平等的」。中共承諾支持內蒙古人民恢復固有版圖，
並保證內蒙民族有權選擇與其他民族結成聯邦，或者獨立自治。此
外，中共還表示工農紅軍絕無向草原進攻的意圖；並邀約內蒙的領
袖人物，無論貴賤，同紅軍締結同盟，共同抵抗日本帝國主義的侵
略與國民黨政權的剝削。[9]

在宣言發表兩週後，中共中央政治局通過了一項由毛澤東籌劃
的軍事戰略決議。該戰略包括三項政治措施和三個軍事步驟。政治
措施如下：一、把蒙回兩族反日反國民黨的鬥爭提升到武裝鬥爭，
並將他們的鬥爭與中國共產黨的鬥爭結合起來；二、利用敵人營壘
中的內部矛盾，將「我們營壘」同「第三營壘」(國民黨中的反日派)結
合成為「統一的民族營壘」；三、以反日的共同鬥爭為基礎，使蘇聯
105 紅軍與中國紅軍(首先從技術合作開始)逐漸聯結起來。三項軍事步
驟則詳細列出了接下來的七個月中紅軍在陝、晉、綏的具體武裝任

務，分別實行東進和北上向蒙古人民共和國邊境的推進。毛澤東堅信，這些措施即便無法達成中共與蒙古人民共和國的直接聯繫，也能顯著擴大中共現有的革命根據地，為革命創造新的機遇。[10]

與之前針對藏民的宣傳一樣，中共對內蒙古的民族事業雖然看似明確果決，但並不意味着中共此時已準備擱置自己的階級鬥爭原則，全力運用民族主義。相反，中國共產黨之所以承認蒙古民族主義的正當性，正是因為中共與國民黨之間的鬥爭進入了最為艱難的階段。在中共看來，這場鬥爭就是無產階級與資產階級之間的階級鬥爭。從這個意義上來說，中共對蒙古民族主義的支持其實只是權宜之計，是對蒙古族的策略性讓步。也就是說，此時的中共多少開始遵循列寧主義的戰略指導，將「少數民族」的民族主義作為「革命的酵母」，用以削弱資產階級的權力結構。[11]

可想而知，中共領導人對內蒙古民族政治活動的支持，將取決於後者在國共鬥爭中所發揮的作用。由於內蒙古也處於日本勢力的威脅之下，中共便將日本與國民黨政權一體對待，並要求內蒙古的民族主義按此認明「正確」的鬥爭方向。

現在看來，中共雙管齊下的反蔣反日方針，在政治上和策略上都極難實行。但在當時的中共領導人看來，這一方針完全順理成章：一方面，國民黨政權依然是對中共緊追不捨的內部敵人；另一方面，日本在內蒙古的滲透有可能妨礙中共的邊疆戰略。此外更重要的是，隨着毛澤東等中共戰略家越來越多地以蘇蒙勢力為背景來考慮紅軍的戰略定位，他們的看法自然也愈益與蘇、蒙接近，即將內蒙古作為對抗來自南部國民黨與來自東部日本兩大敵對勢力的潛在緩衝地帶。因此，中共對蒙古民族主義的立場是當時中共「國際化」戰略中不可或缺的重要部分。

從這個意義上說，中共制定的內蒙古方針與列寧的民族戰略，具有截然不同的背景。列寧主義戰略是立足「中心」設法解決「邊緣地區」的「民族問題」，而中共方針則恰好相反，是憑藉不折不扣的邊

106　緣策略，抗衡中國的政治中心。換言之，根據形勢發展，1930年代
　　中期中共領導人不排除這樣一種可能性：他們對內蒙古的政治訴求
　　的戰術支持，有可能進一步變成對蒙古民族主義的巨大讓步。

　　　當時，內蒙古顯然在中共的軍事計劃中佔有很重要的地位。按
　　毛澤東的説法，中共與內蒙古蒙族的關係比較薄弱但依然可為。這
　　與中共中央在同張國燾路線爭論時對藏民的不屑，形成了鮮明對比。
　　如前所述，由於中共與蒙古人民共和國在意識形態上一脈相承，因
　　此中共傾向於將蒙族視為自己的革命「兄弟」。加之，紅軍若想向北
　　「打通蘇聯」，內蒙古是必經之路，因此中共也必須對內蒙古持積極
　　態度。

　　　此外，內蒙古最近的事態發展，也在一定程度上幫助中共重新
　　建立了對「少數民族」工作的信心。1933年夏，蘇尼特右旗首領德
　　穆楚克棟魯普親王（德王）在內蒙西部發起自治運動。因不滿國民
　　黨政府在蘇聯手中規復外蒙古和在內蒙東部抵抗日本侵略問題上的
　　失敗，並反對國民黨政府強制實施同化政策，德王的自治運動建立
　　了統一的內蒙古政府，並以自保為宗旨要求在內蒙古實行「高度自
　　治」。[12]當時的內蒙古已經被分割成幾個省，因此德王的自治運動對
　　國民黨政府的行政權構成了直接的挑戰。

　　　於此同時，隨着日軍勢力從滿洲向內蒙擴張，德王的自治運動
　　成為關乎國家安全的大問題。國民黨政府試圖通過安撫政策解決危
　　機，於1934年春批准成立了一個只在名義上是政府機構的「蒙古地
　　方政務委員會」，以示對內蒙古的妥協。然而，「蒙政會」兩年後即遭
　　廢除。國民黨的僵化政策對內蒙的自治運動造成了破壞性的影響。
　　當「蒙政會」顯露出不過是一個騙局時，內蒙民族主義者內部開始發
　　生分裂。其中，有人繼續向國民黨請願，有人（如德王及其親信）開
　　始向居心叵測的日本人求助，也有人與中共及蒙古人民共和國結盟
　　以求中國的根本變革。[13]

107　　　與其他地區一樣，1930年代的內蒙古政治局勢處於一種分崩離

析的狀態。使內蒙局面更加複雜的是，內蒙古不僅與一界之隔的蒙古人民共和國在民族、政治上聯繫密切，而且還受到來自日本、蘇聯與共產國際等國際勢力的影響。1927年國共分裂後，成立於1920年代的內蒙古人民革命黨（內人黨）也隨之土崩瓦解。1920年代末至1930年代初，通過蒙古人民共和國，中共中央和共產國際分別試圖恢復共產黨在內蒙的影響。同時，殘餘的內人黨左翼也發起了幾次地方起義。其中較為著名的有伊克昭盟烏審旗的軍事政權，該政權於1926至1929年間與當地蒙古王公及漢族軍閥抗衡。起義的領導人是席尼喇嘛（烏力吉吉日嘎拉），他曾於1920年代初在外蒙接受過政治及軍事訓練，並於1925年成為內人黨和內人黨中央執行委員會的創始人之一。

與幾年前蒙古人民共和國的創始人在外蒙的做法一樣，席尼喇嘛在起事之初，首先在蒙民中建立了傳統形式的反抗組織「獨貴龍」（環形、圓圈之意，成員在呈文或請願中的簽名呈環形，故權力當局無法根據簽名排序認定反抗行為的領導者）。中國的一份官方記錄稱，在起義期間席尼喇嘛曾與中共在陝北的組織取得聯繫並尋求指導。但是席尼喇嘛的主要支持者一直是蒙古人民共和國。在1929年席尼喇嘛遇刺之前，外蒙一直向烏審政權提供武器及資金援助。1929至1931年間，另一場大規模「獨貴龍」運動在哲里木盟的科爾沁蒙古族人中爆發，領導者是嘎達梅林。與席尼喇嘛不同，嘎達梅林沒有任何政黨背景。他領導的運動的起因是蒙族與漢族當局之間的一個中心利益衝突，即反對漢族軍閥無節制地開墾草原。[14]

基於以上事件，中國共產黨認為內蒙民族具有極高的政治積極性，內蒙地區也具備進行民族工作的客觀條件。中國共產黨1935年的〈對內蒙古人民宣言〉，的確在蒙族民眾中留下了深刻的印象，多年後仍有迴響。但在當時，中共民族政治方略的實施，首先取決於能否與蘇聯建立直接聯繫。1936年初，紅軍的東進戰略以失敗告終，原定的下一步計劃，即向北打通蒙古邊境，也因此落空。[15]

108　　　然而，中共並沒有因為這些挫敗立即改變原定的戰略目標。4月底，中共中央在給莫斯科的電報中請求蘇聯政府向紅軍提供「步、炮、彈藥、輕、重、高射機槍，以及架橋設備，通訊器材等」。電報稱，如果莫斯科同意中共的請求，紅軍將於同年秋天全部開往綏遠接收物資。[16] 1936年5月中旬，中共再次嘗試接近外蒙邊境，不過這次是走一條毛澤東先前希望避免的路線，向西開往甘肅、寧夏、青海。[17]

　　甘、寧、青西部三省位於中國所謂的「可蘭經地帶」，聚居着大量的回族民眾。西征開始前，中共中央照常發表了〈對回族人民的宣言〉。這份宣言同樣由毛澤東簽署，措辭也與〈對內蒙古人民宣言〉相同。[18]這一次，紅軍終於能夠在西征中身歷其境，體驗宣言的成效。紅軍於1936年夏至1937年分階段展開西征，在渾然不知中捲入了一個國內、國際和民族政治交織的極其複雜的局面，後果是災難性的。

　　既然紅軍的主要目標是獲得蘇聯的支援，因而行動也必須配合莫斯科的計劃。然而，當時中共並不是蘇聯對華政策的重點。除了中國共產黨的問題，日本的威脅，與國民黨合作的可能，以及蘇聯在外蒙、新疆的長期利益都是蘇聯領導人考慮的問題。1936年春夏之間，面對日本在中國東北及北部的節節進逼，蘇聯領導人倍感焦慮。他們力促中共與蔣介石停火。而當時中共採取的是選擇性的統一戰線，拒絕在全國抗戰的旗幟下與蔣介石合作，莫斯科因此對中國共產黨提出批評。[19]對於蘇聯領導人來說，在目前情況下，中共在西北對國民黨軍隊發起進攻非常不合時宜。就在莫斯科為了自己的各項政策需要左支右絀時，中共的紅軍也因之頻頻受挫。

　　中共領導人視蘇聯的援助為中共重返中國政治舞台中心的最重要的先決條件，而對莫斯科複雜的政治權衡一無所知。在中共看來，令人擔憂的只是莫斯科在選擇援助路線問題上的猶豫而已。紅軍西征開始以後，莫斯科在決定援助物資的運送關口時，確實表現

109

出在外蒙和新疆之間的猶疑不決。1936年11月，莫斯科最終選定新疆為援助地點，而新疆當時在蘇聯的勢力範圍內。可是在是否允許紅軍進入新疆這個問題上，蘇聯再次舉棋不定。[20]

莫斯科的躊躇不定直接後果，是中共難以制定明確的軍事計劃。1936年11月，紅軍的「寧夏戰役」失敗，下一步該如何行動，中共領導層進退維谷。政治局會議上，毛澤東一反常態，游移不決。他對與會者説道：「現在我們的行動，都是腳踏兩邊船，最好是，向西的還是向西，向東的還是向東。如果向西不能達到目的，當然可以轉向東。」[21]在這種氛圍下，中共中央命令西路軍開始了向新疆進發的征程，直到西路軍被回族軍閥追殺於遙遠的西部荒漠，滅頂之災再也無法挽回。

西路軍主要由原紅四方面軍組成。1936年參加「寧夏戰役」時，西路軍共有21,000人。1937年5月，經歷了西征的慘敗後，全軍只剩437人逃往新疆，此時的新疆不再是中共接受蘇聯援助的關口，而是紅軍倖存者的避難所。[22]在莫斯科，共產國際總書記格季米特洛夫 (Georgi Dimitrov) 建議斯大林允許紅軍倖存者進入蘇聯接受訓練，卻遭到斯大林的外交部長莫洛托夫 (Viacheslav Molotov) 的反對。[23]顯而易見，在這一事件上，蘇聯的國家利益對莫斯科而言比國際共產主義精神更為重要。對中共來説，紅軍西征慘敗的實際意義，標誌着「打通蘇聯」戰略的終結。

# 失敗之源

西路軍的失敗使紅軍損失了約三分之一的兵力，中共所遭受的打擊無疑是巨大的。由於西路軍主要由紅四方面軍組成，中共中央乾脆將失敗歸結於國燾路線的結果。然而，張國燾並沒有參與西征。更具諷刺的是，西征期間，張國燾作為中共中央軍事委員會的

110 　　成員曾致電西路軍領導，勸其切勿懷疑中央的戰略決策，因為中央的決策是「一貫正確的」。[24]

　　西路軍的慘敗由多方因素造成，指揮問題只是替罪羔羊。中共在戰略上的游移不定才是導致西路軍慘敗的關鍵原因。莫斯科的意圖不明對中共決策影響深遠，與此同時，中共與國民黨協商組成全國抗日統一戰線，也影響了有關西路軍的決策。正是因為中共的猶豫，西路軍才會在關鍵時刻在西進、東撤、原地鞏固的方針選擇之間徘徊不定。等到錯失時機，西路軍已無計可施。史學界對於這一系列事件的看法中，有一派認為，其實是中共中央在無法利用西路軍打通蘇聯的情況下，決定改變其任務，以西路軍為誘餌，誘使國民黨軍大部隊離開紅軍大本營。但這一觀點並沒有切實的證據支撐。不過，如果事實確實如此，那麼就必須探究中共中央犧牲作為張國燾舊部的西路軍的目的。[25]

　　同時，西路軍的失敗也標誌着中共民族政治的挫敗。中共針對回教地帶的情況採取的種種做法，如發表民族政策聲明、制定部隊在少數民族地區的特別紀律、組織少數民族地方政府等，最終都只是表面功夫。紅軍既為「人民的軍隊」，其行動自然就始終有賴於群眾的支持。但隨着紅軍深入西部的穆斯林地區，其賴以生存的關鍵要素也就不復存在。相比之下，紅四方面軍早前在不毛之地西康所經歷的磨難也就堪稱幸運了。這一次，在寧夏、青海乃至更遠的地方，西路軍遭到了當地軍閥的兇猛抵抗。

　　按計劃，西路軍在西征途中本應「猛烈擴大紅軍」，但就西路軍致中共中央的報告看來，真實情況與計劃大不相同：「我方過〔黃〕河後人彈消耗極大，未得補充」；「傷亡共二千八百，掉隊約六百……擴紅共不到五十人」；「山丹城周八里漢人多……擴紅三十」。而報告中對敵方的描述又是一副不同的景象：「馬敵雖受重創，但仍能集新
111 銳之兵與我拼死戰」；「馬敵現傷亡已約五千以上，但能抽大批民團壯丁迅速補充」。[26]早前毛澤東曾預言紅四方面軍將在少數民族地區

全軍覆滅，如今終於在西路軍的身上得到了應驗。但這一回，責任不在張國燾，而在中共中央。

　　西征前，中共在對西北回族人民的宣言中，大力呼籲漢回人民團結一致，共同反對日本帝國主義和國民黨政府的反動統治，並且重申民族自治的原則，承諾尊重回族文化及宗教習俗。[27]這一政策在黃河以北地區有一些效果。例如，在1936年的「寧夏戰役」中，紅軍在寧夏的豫海、海原地區建立了回民自治政府，並堅持數月之久。[28]可是當西路軍沿甘肅河西走廊進一步西進時，同回民的合作就日漸減少。中共領導人並未意識到，隨着西路軍向伊斯蘭教地帶的深入，他們的行動會打破當地民族政治中微妙的權力平衡。

　　紅軍西征時，西北四馬（寧夏的馬鴻逵、馬鴻賓，青海的馬步芳，以及甘肅西部的馬步青）獨霸一方，並與蔣介石的國民政府保持距離。馬家一方面在名義上效忠國民黨政權與蔣介石本人，另一方面則組建私人軍隊以鞏固其家族在當地的勢力。蔣介石無法忍受在中國境內存在這樣的半獨立政權，曾試圖通過其他軍閥力量、國民黨組織、軍統特務及政治施壓等方式削弱馬家軍的勢力，然而直到紅軍西征開始時，蔣介石的努力始終未能奏效。[29]雖然馬家政權的統治殘暴專橫、剝削手段層出不窮，但他們篤信伊斯蘭教，堅持對國民黨中央政府保持自治。

　　馬家政權在普通回民中並不受歡迎，但他們以恐怖手段加之民族、宗教的紐帶，卓有成效地控制了對當地居民的控制。馬家以宗族身份、地域認同、宗教信仰為標準，挑選軍隊及政府官員。雖然回族以外的其他民族也能得到任命，但他們必須絕對效忠馬家。馬家領地上之所以仍有國民黨組織的存在，純粹是因為他們也在馬家的嚴格掌控之中。即便是戴笠手下令人膽寒、無所不在的軍統特務，也無法在當地與馬家勢力相抗衡。1936年，軍統特務在寧夏的行動曾一度活躍，但與馬鴻逵的私家「特警」幾次交鋒後，也被迫轉入地下。[30]

112

因此，西路軍在黃河以西打着反蔣反日的旗幟，試圖在回民中獲取支持的行動，實際上是對回馬政權及其軍事集團的直接威脅。回馬政權一直利用對當地民眾的有效控制，拼死抵抗、防範漢族勢力進入回族地區。與民國時期的其他軍閥不同，回族軍閥將其私利與當地人民的民族身份和歷史經歷相結合，宣揚所謂榮辱與共。而讓當地回民觸景傷情的歷史遺跡也的確比比皆是。比如靖遠、平藩、安西、武威、虎狼關這些地名，記錄的就是一部歷史上中國當局對邊疆人民的血腥鎮壓。

半個多世紀以前，馬家兄弟的祖父輩通過協助滿清朝廷鎮壓本族民眾的起義，為馬家在當地的統治打下了基礎。[31]此後，這些回族梟雄便以維護當地的穩定為藉口和對蔣介石的效忠表示，換取了中央政府對其統治的不干涉態度，由此成功地將中央與邊疆鬥爭的政治舞台，從當地轉移到了中樞。對回族人民來說，馬家暴政再壞，至少也是本族的暴政。

如今，紅軍的介入極有可能打破現有秩序。紅軍僅試探了一下爭取馬家兄弟加入統一戰線的可能性，而主要着力於推翻馬家政權。[32]紅軍的這兩種政策意向，都意味着馬家政權不能再繼續保持其在當地民眾和國民黨政府之間的制衡地位。因此，與西路軍交戰，馬家軍不僅是抵抗中共的入侵，同時也是通過反共戰役阻止國民黨勢力的趁機跟進。在馬家軍戰勝西路軍後，回馬政權便認為是維持和鞏固了與國民黨政權的現有關係。

1937年初，馬步芳在致蔣介石的一份報告中誇口道，正是因為馬家軍對西路軍的勝利以及馬家對蔣介石的長期支持，「〔國民黨〕中央對我們有了深刻的認識，現在不僅本軍名譽得了光榮，就是甘青民眾的地位，也便提高了許多」。[33]因此，除了紅軍的認識角度，河西走廊之戰也是歷史上當地民族衝突的迴響和現代中國軍閥戰爭的延續。

中共在事後也意識到這一戰役背後的複雜意義。西路軍政委陳

昌浩對回民的「民族之團結，民氣之野悍」尤其印象深刻。戰局失利後，他在黨內的「自我批評」中談到了導致西路軍潰敗的民族政治因素。關於失敗的「客觀原因」，陳昌浩總結如下：

一、馬步芳、馬步青曾得少數民族之回軍，然割據青省、甘北多年，借地勢之優越、剝削之〔經濟〕奇跡與頑強野蠻之回民之團結，懷歷史上漢族統治者殺戮之痛，挾十年來「剿赤」、「防共」〔政治宣傳〕，尤其對〔我黨〕「打通國際」嘖語之毒，其對我共產黨與紅軍視為深仇大敵，特別是我們侵入其地盤無異推翻其統治，其必然團聚一切民族的、政權的、軍事的及社會的各種「反共」力量以對我，實為意中之事，所謂二馬在日本帝國主義、親日派以至蔣介石策動與援助之下，積極蠻橫與我挤戰到底毫不為怪。

二、不能實現停戰與〔同馬家建立〕統一戰線之客觀性。回民的少數民族，甘北為其生命源泉，敵在地利，社會諸條件均對我不利。當時我們正為倡「和平統一」，「救亡抗日」，已經宣佈不得已之自衛戰。對回族則力言不侵犯其利益，聯回以抗日，然而我們甘北之行，都使回軍感覺我們是向他侵犯，是背棄和平，是背約爭進，是想取甘北而滅逐回軍。二馬這一狹隘政治觀點，並不理會我們向他的解釋，〔為〕聯合與統一戰線〔所做的努力〕，即決心以主力與我激戰。

三、……二馬騎兵在中國一般範圍說來並不算很多，也不算最強，然而他以割據之勢，自強之策……其意不只在對付我們，還想在「保持地盤」意志之下，借以對付〔國民黨〕中央，防範新、蒙。其力之足，的確出乎我們意外……其〔二馬〕輕裝，其作戰力，其運動之速，其地利之熟，其人物、資源之不竭……〔回族〕民族之團結，民氣之野悍，剛剛是甘北地區作戰之所必須。[34]

　　陳昌浩的總結報告是現在可以看到的唯一的一份，由中共高級
幹部從民族政治的角度對西路軍失敗做出的分析。顯然，在陳昌浩
看來，西路軍雖然打的是馬家軍，實際上卻被捲進了一場同回族交
戰的民族鬥爭。需要注意的是，儘管甘青寧的地方政治充滿了民族
特色，但回族不同於蒙藏，並沒有脫離中國自立的打算。自中華民
國成立以來，回族上層階級對現行中國制度始終採取了「融入」的
方針。[35]

　　不論陳昌浩就西征中出現的民族問題提出了怎樣的獨到見解，
中共中央都未予以重視，因為民族政治充其量也只是「客觀」條件之
一而已。毛澤東等人最為關心的是失敗的「主觀」原因，也就是說，
前紅四方面軍指揮官仍在執行所謂的「國燾路線」。1937年初中共黨
內開始了對張國燾的批判，目的是對張國燾在長征期間分裂紅軍的
「錯誤」做出結論。把西路軍潰敗的責任歸咎於張國燾，對毛澤東來
說也是順勢而為之。而民族問題在對張國燾的批判中並不佔重要地
位，只是略提了一下他在少數民族問題上的「錯誤」，即在時機尚未
成熟時以沙文主義的態度將聯邦制度強加於藏族。然而，張國燾與
毛澤東在藏民「革命性」問題上的真正分歧，此時已無人提起。[36] 在
這種情況下，中共對西征期間的民族政治失誤也同樣忽略不計。倒
是陳昌浩在自我批評中簡短地提到，自己未能對回族民眾的「群眾
工作」給予足夠的關注。[37] 但這也沒有引起中共中央對這一問題的深
思。在這裏只能推測，中共領導人在極大程度上錯誤地估計回民的
情況之後，他們與非漢民族交往時原本不足的信心，更隨着西征的
慘敗進一步削弱了。

　　幸而當時國共兩黨暫時休戰，否則西路軍的失敗會對中共造成
更為沉重的打擊。1937年初，國共兩黨就建立抗日民族統一戰線的
協商取得進展，但這一發展卻更凸顯出西路軍的不幸。國共合作的
前景沒能促使蔣介石出手制止馬家兄弟，任其將西路軍打得四處潰

散。中共中央反而受制於國共合作，延緩了對西路軍的救援行動，使其在河西走廊陷於孤立無援的境地。

國共休戰不僅使中國共產黨的生存環境發生了根本性的變化，同時也帶來了許多新的機遇。中共最困難的階段從此結束。以「打通蘇聯」為主題的鋌而走險的「國際化」方針，到此告一段落。此後，中共將目光轉向國內，試圖通過「民族化」的綱領，吸引廣大中國民眾的支持。

## 「民族主義的陷阱」

當西路軍仍在掙扎，企圖避免滅頂之災時，毛澤東電告西路軍將領，不要寄希望於在短期內獲得蘇聯的接濟，「目前全靠自救團結奮鬥，打開局面」。[38]此時的毛澤東大概已經有所預感，不僅西路軍要全靠自救，整個中國共產黨也只能依靠自己了。但毛澤東沒有預見到的是，中國共產黨在今後十年中都不能指望來自蘇聯的援助。在這段時間裏，中共不得不自力更生，走出一條生存自保的「延安道路」。也正是這種自力更生的精神與實踐，造就了一個對莫斯科來說是特立獨行的中國共產主義運動。

考慮到中國共產黨此前曾極力尋求蘇聯的援助與指導，或許可以問一個反事實的問題：假如中國共產黨成功地「打通蘇聯」，中國的共產主義運動將會是怎樣的不同？若真如此，或許中共在思想、政治、組織方針上會進一步「布爾什維克化」、「蘇維埃化」，同時也會在政治地理的意義上更加遠離中國的政治生活中心，與蒙古或新疆的聯繫也會更加密切。這種情況顯然無助於中共在1937年以後，重新進入民族主義高漲的中國政治生活。而歷史的實際發展是另一種情況。從1930年代末到1940年代中期，儘管中國共產黨在意識

116

形態上仍與蘇聯同氣連枝，但是已經學會自主決策，憑藉自身的力量成長為國民黨政權的一個強勁對手。就此看來，在更長遠的意義上，西路軍的失敗反而使中共因禍得福。

不過，將中共的西征敗績變成幸事的關鍵歷史因素是日本對中國發動全面的侵略。有些學者甚至將日本侵華稱為是中國共產黨的「致福之禍」。[39]雖然九一八以後，中共對日本在中國東北、華北的侵略行徑倍感焦慮和義憤，但所奉行的方針與蔣介石那套備受詬病的「攘外必先安內」的政策，其實是異曲同工。換言之，對於中共領導人來說，抗日必先反蔣，反對國民黨的革命戰爭優先於抗日的民族戰爭。用周恩來的話說：「為抗日固足惜蔣氏，但不能以抗日殉蔣氏。」[40]

早在1931年12月，即日本佔領滿洲的數月之後，中共中央坦承，由於害怕「落進國民黨民族主義的圈套中去」，中共未能在中國人民中間積極開展反帝鬥爭。當時的一篇黨內批評文章也反映出中共對中國民族主義的忽視。文章指出，在中國農村開展蘇維埃運動的黨組織「只知道土地革命，不知道民族革命」。然而，只要中共無法擺脫國民黨的武力威脅，那麼中共中央至多只能給北方組織下達一些指令，空談要為反對日本帝國主義、反對國民黨政權的「民族革命戰爭」做好準備工作。[41]中共以旨在推翻現政權為目標的革命性質決定了，反政府的階級戰爭無法與保家衛國的民族戰爭聯手。

最終，當中國面臨生死存亡的民族危機之時，國民黨不得不暫時放開中共。張學良、楊虎城於1936年12月12日在西安發動的兵變，成為國民黨政府改弦更張的契機。在解決事變的過程中，中共最後一次按照蘇聯的旨意，和平解決西安事件。[42]第二次國共合作由此成為可能，中國的全民抗戰也由此發端。

需要指出的是，「致福之禍」的說法並不能完全解釋國共兩黨向「外禦其侮」政策的改變。如果沒有中國共產黨向西北的轉移，沒有共產國際在1930年代中期以後的提出的「人民陣線」方針，情形又會

不同。如前文所述，中共轉移到西北，既沒有得到徹底的安全，也沒有獲得蘇聯的援助，但這一轉移卻改變了中共與國民黨、侵華日軍及西北非漢族人民的地緣政治關係。中共與國民黨之間在地理上距離的擴大，也就意味着中共與華北的侵華日軍之間距離的縮小。在此情況下，國民政府變得比較容易容忍與中共暫時共存的局面，以便首先抗擊日本侵略者。

此外，1935年夏，為了抵擋歐洲的法西斯浪潮，共產國際在歐洲各分部均採取了人民陣線的政策。西安事變在中國內外都引起震動，共產國際同樣力促中國共產黨尋求和平解決危機的辦法。這不僅促成了國共之間在緊要關頭的合作，而且還消除了中共黨內的一大疑慮：與國民黨合作並不意味着放棄馬克思主義的階級鬥爭。[43]

在接下來的數年抗戰中，中國共產黨與整個中國國家的關係發生了巨變。抗日戰爭以前，中國共產黨執行的是從共產國際進口的充滿教條的革命綱領，與國民黨治下的中央政府始終處於敵對狀態，對中國的非漢族進行反政府的民族自決鼓動。在抗戰期間，中共變為公開宣揚中國民族主義，與國民黨政府通力合作保衛中國的領土與主權完整，並且鼓勵包括漢族和非漢族在內的全體中國人民團結一致，共同抵抗日本的侵略。1937年抗日戰爭開始時，國民黨政府承認了中共以延安為中心的根據地的合法性。做為回應，中共領導人也基本上接受了國民黨官方民族主義的奮鬥目標。[44]

在與國民黨達成和解以後，中國共產黨同中國民族主義的關係，也順勢得到調整。1937年初，時為國民黨統治區中共工作負責人的劉少奇，致信中共中央，批評黨在過去十年裏不斷強調擁護、保衛蘇聯，卻忽略了中國人民自己的需求。[45]不久，毛澤東本人對劉少奇的意見表示了支持。到了戰爭期間，中共再也不曾放鬆強調自己的中國屬性。毛澤東對中國共產黨的民族根源及對中華民族的忠誠，做了最為權威的說明。戰時在接受一個美國記者採訪時，毛澤東被問道，是中國第一還是共產黨第一。毛澤東答道，這個問題

無異於問是先有孩子還是先有父親,「我們中國人必須以自己的頭腦來思想,並決定甚麼東西能在中國土地上生長起來」。[46]

中共「民族化」的新方針並不僅限於口頭。為了順應中國民族主義,中共對各項政策進行了大幅度調整,其中一項根本性的改變就是暫緩階級鬥爭。戰時中共的理念是,在一個獨立的民族中,各個階級為了各自的利益相互鬥爭,不存在「全體民族的共同利益」;但中國並不是這樣的民族,中國正處在「亡國滅種的緊急關頭」,整個中華民族的「共同利益」就是民族的生死存亡。[47]因此,為了民族團結,必須暫停階級鬥爭。這個尋求中國國內團結的新方針,直接影響到中共在國內民族關係問題上的立場。

中共暫緩階級鬥爭的做法既有1920年代國共第一次合作的先例,也有共產國際1930年代在歐洲實行「人民戰線」的榜樣,實行起來比較容易。相比之下,中共在民族政治方面的方針調整,不論在理論還是實踐上都是一項舉步維艱的任務。俄國布爾什維克在民族問題上的理論與實踐,再次顯示出對中共實際需要的無用。布爾什維克看重和利用的是「民族問題」對階級鬥爭的價值,而同階級和平的場景毫不相關。換言之,中共倡導民族化並以官方國家為先,於是第一次面對着一個徹底的理論困境,即在解釋自己的民族政策時,再也無法簡單地套用俄國布爾什維克的理論。中共必須發展出有關中國國家、中華民族、中國「少數民族」等基本概念的一套全新的定義,並且對國內各民族的關係做出全新的說明。

早先,中共在1935年底剛剛開始考慮民族統一戰線的時候,將「國家」定義為「蘇維埃人民共和國」,而「民族」則是不包括非漢族的「中華民族」。在此定義下,蘇維埃共和國既在反對日本侵略的鬥爭中代表了廣大漢族人民共同的「民族利益」,也為中國其他「被壓迫民族」反抗中國的中央政權樹立了革命的榜樣。雖然這個方針強調「民族」與抗日,但實際上仍然延續了中共反對國民黨的階級鬥爭與對國內民族間對抗的鼓動。[48]

這一方針到1937年就壽終正寢了。5月，時為中共中央政治局重要成員的張聞天（洛甫）發表文章，表示中國共產黨同意以孫中山的三民主義為基礎，建立民族統一戰線。文章進一步承認，中華民國而不是中華蘇維埃共和國，代表了中華民族團結的領土範圍。不久，中共中央在給共產國際的報告中解釋道，在當前的情勢下，民族主義原則實際意味着：不承認日本對中國華北、東北及內蒙古的佔領，保衞中國的領土完整及主權獨立，支持少數民族要求平等和自決的權利，以及在各民族自由聯合的基礎上重建中華民國。[49]

在報告中中共並沒有就非漢族對「民族平等」和「民族自決」的權利之間的關係多做說明，也沒有解釋為甚麼中共向來支持蒙古人民共和國獨立，如今卻認可中華民國包括外蒙在內的官方主權觀念。其實，那時中共對蒙古人民共和國的態度已經有所轉變。不久之前，毛澤東在與斯諾的一次談話中曾斷言，當中國成為民主共和國時，外蒙會自願加入中華聯邦。[50]

120

# 「中華民族」

雖然多民族的中華聯邦並非中共首創，並且帶有蘇聯模式的影響，但中國共產黨能夠以中華民國作為中華聯邦的領土原型，的確表明了一種新的承諾。中共理念從蘇維埃國家向中華國家的過渡相對容易，但如何定義「中華民族」卻是一個難題。1920年代初的中共領導人為了加入共產國際，曾經直接將布爾什維克的「民族」概念照搬到中國。現在地處延安的中共中央則面臨着不同的局面，需要找到一個中華民族的定義，既符合中國政治的需要，又不違背共產主義正統。

1938年的夏秋時節，中共領導人舉辦了一系列針對黨的高級幹部的講座，專門闡明這一問題。報告人楊松曾在蘇聯受過訓練，

並在這一時期頻繁出席政治局會議。[51] 由於國民黨如今已是中共的同盟，楊松便從日本的政治宣傳中選了一個主題作為批判的對象。根據日本宣傳的說法，中國從來不是一個民族，而是與日本同文同種。楊松秉持斯大林關於「近代民族」的觀點，認為一個近代中國的民族的確存在，這個民族便是中華民族。這一概念等同於政治上的所謂「近代中國人」，但在族義上並不是單指漢族。

根據楊松的說法，「近代的中華民族」形成於中國歷史上始於1840 年鴉片戰爭的「半封建半殖民地」時期，是一個不斷變化的實體。雖然中國相對落後，但「中華民族」具有斯大林定義的近代民族所應具備的所有基本特徵。也就是說，中華民族能夠滿足近代民族所必備的在語言、領土、經濟、文化心理上的所有要求。中華民族不應等同於漢族，因為中華民族還包括了長久以來已經漢化（楊松的原文為「與漢人同化」）的非漢民族，他們失去了原本的「種族」身份，但仍並未成為漢人，中華民族也就成為了這些族以及漢人的共同民族身份。因此，雖然「近代的中華民族」包括了歷史上的不同「種族」，但仍不失為一個統一的民族實體。然而，楊松並不主張將中華民國所有的國民就視為中華民族的成員。在中國，仍有許多少數民族和群體尚未達到斯大林關於「民族」的標準。因此，中國是一個以「中華民族」為核心的多民族國家。

那麼，在當前的民族危機之下，中國共產黨對少數民族又該採取怎樣的措施呢？楊松認為，雖然中共對民族自決原則的理解與詮釋，不能因為政治上的一時需要而動搖，但在當前的危機之下，不應在少數民族中實行民族自決的原則，而應避免少數民族的分裂傾向為日本所利用。楊松建議，在未來，中國不會像許多西方國家一樣，通過殖民佔領從單一民族國家變成多民族實體。由於中國從一開始就是多民族國家，中華民族既不會通過武力征服同化少數民族，也不會放棄其團結各少數民族組成獨立、民主的近代國家的核心作用。[52]

　　值得注意的是，楊松對「中華民族」的定義，始終恪守斯大林關於「民族」的標準，沒有大而化之地將中國境內的所有民族都包含在中華民族的概念之內。此外，他也盡量遵循布爾什維克的理論傳統，保持了民族自決原則與分離權在理論上的聯繫，堅持認為不能將民族自決權曲解為少數民族的「文化或地方的自治權」。[53]

　　這種理論上的條分縷析，在毛澤東看來就過於精緻和沉悶了。毛澤東對中國國內團結的鼓吹，使用了「中華民族」的概念，但他的手法卻是大刀闊斧式的。1938年10月中旬，毛澤東在中共中央委員會擴大會議上發言時，宣告「中華民族是站起來了！」在報告的後半部分，他將民族問題列為十五項「全民族的當前緊急任務」之一，在提出「中華各族」新概念的基礎上，主張就像要聯合各個黨派、各個階級一樣，要聯合國內各個民族加入統一戰線，使之足以抵抗日本分裂少數民族的陰謀詭計。

　　在政治上，毛澤東贊成非漢族實行自治，但沒有對自治的含義和內容明確說明。非漢族自治的前提是，必須與全國人民一道共同抗日，並聯合漢族統一中國。毛澤東認為，這樣的國家將會是一個民主共和國。此外，毛澤東還表示，與漢族混居的少數民族應當有權參與當地的行政管理，當地政府亦應設立委員會專事調節各族間的關係。在社會政策方面，毛澤東反對強制漢化，主張少數民族發展各自的語言文字與文化教育。漢族民眾必須糾正「大漢族主義」傾向，禁止一切有辱少數民族文化、宗教、習俗的言語及行為。[54]

122

　　這也就是金德芳所說的中共在民族問題上採取的「容納」手段的開端，與之相對的是國民黨的「同化」手段。[55]然而更值得注意的是，毛澤東的政策聲明與中國共產黨此前政策的強烈反差。顯然，毛澤東的一席發言首先是說給漢族民眾聽的，「中華民族站起來了」的宣言帶有強烈的漢族意識。中共的戰時民族主義，實際上是用漢族中心的救國運動取代了之前的勞動階級中心的社會革命。在過去的階級革命方針之下，中共鼓勵少數民族反抗中國當局的統治。而

在新的救國方針之下，中共拒絕容許少數民族採取任何有可能分裂中國的行動。毛澤東沒有採用楊松關於中國國內各族關係的模糊説法，而是直接將所有民族都囊括在「中華」的名義之下。

　　一年後，在一篇用於黨內教育的論文中，毛澤東對「中華民族」的概念做出了進一步的闡釋，他完全摒棄了斯大林對「近代民族」的定義，在中國歷史中將「中華民族」與漢族等量齊觀。至於其他民族的歷史、文化，毛澤東毫無論及，只提到它們是中華民族的一部分。[56] 如果按照共產國際的理論標準，楊松對「中華民族」的定義大概會比毛澤東的更站得住腳，但是在中國的實際政治生活中，毛澤東的説法顯然更有利於動員漢族群眾。果然，在抗日戰爭時期的群眾工作及軍隊政治教育中，中共採用了毛澤東的定義，利用中華民族的概念一箭雙鵰，不僅回擊了日本宣傳中對中華民族的蔑視，而且反對少數民族中任何威脅祖國的分裂傾向。[57]

　　綜上所述，1937年前後，中國共產黨的方針發生了巨大的改變，從階級鬥爭到救國圖存，從向蘇聯求援到以「中華民族」為力量源泉。新方針不能不對中共的民族政策產生巨大的影響。同時，民族問題在中共全局政策中的地位並沒有改變。中共的民族政策從來都不是為非漢族量身定製的，而從來都是為了配合中共自身戰略的需要。借用「喚醒中國」這句老話，中共會根據特定時期自身戰略中「國際」與「民族」問題的重要程度，適當調整其民族政策的刺激性，從而對政治上處於蟄伏狀態的少數民族產生適度的「喚醒」效果。抗日戰爭時期，中共對自身的戰略進行了大幅度的「民族化」調整，因此反而決不希望進一步喚醒少數民族的民族主義。當然，問題是，這些民族的民族主義是否會聽任中共或任何其他外力的喚醒或催眠。

　　中共的「民族化」並不意味着，抗日戰爭時期的中國共產黨與國民黨在民族問題上採取了完全一致的立場。民族自決的原則並沒有從中共有關民族問題的提法中徹底消失。不過，與戰前不同，中共在民族政治領域與國民黨競爭時，不再以民族自決作為自己的標誌

性原則。[58] 自決原則在政治上已不適用，因為它會改變中國民族關係的政治基礎。如今，作為這一政治基礎的捍衛者，中共只是在表述中國民族關係的現狀時，仍努力表明自身立場不同於國民黨。

因此，中共在抗戰期間繼續抨擊國民黨的民族政策，只是抨擊的焦點有所改變，民族自決的問題不再是兩黨的分歧所在。在戰時，中共對國民黨在民族問題方面的批評主要是圍繞「中華民族」的概念展開的。其任務有二，一是抨擊國民黨利用「民族第一」、「國家第一」的口號壓制中共及其他黨派；二是揭露國民黨否認中國非漢民族存在的大漢族主義。

這個論爭成為戰時中共向國民黨爭奪中華民族代言人的地位的重要步驟。中共在這個論爭中提出的名篇，是由毛澤東的秘書陳伯達署名，專門針對蔣介石的《中國之命運》一書的批評文章。爭論的焦點是中國的漢族與非漢民族到底是蔣氏書中所稱的「同一血統的大小宗支」，還是中共文獻一直主張的不同民族。蔣介石強調各個「宗支」的血親聯繫是中華民族形成的基礎，中共則認為此說為種族主義偏見，拒不認同，堅持主張中華民族的形成是所有相關民族長期交融、聯合的結果。因循毛澤東的論證思路，陳伯達聲稱，「中華民族」的真正含義其實是「中華諸民族」。[59]

然而，中共對國民黨的中華民族定義的批評也自有尺度。既然接受了國民黨民族主義的諸多政策目標，中共所構想的中國國家便不能與國民黨的理念相差過大。實際上，兩黨對中華民族的描述都具有以下特徵：中華民族這一實體的出現遠早於近代時期；漢族是中華民族的凝聚核心；中華民族是在其他族（「宗支」或「民族」）與漢族同化的過程中形成的；中華民國的正式疆界即涵蓋了中華民族的地域範圍；中華民族是中華民國所有成員的共同政治身份；民族平等，而非「民族自決」所包含的分離權，是中國所有民族所應追求的終極目標。

其實，國民黨與中共對民族平等的看法並不相同。孫中山以

124

後，國民黨一直主張，只要同等對待漢族與各族，並使各族逐漸趨同漢族，便可實現民族的平等。對此中共極力反對，認為以同化實現平等的觀點，正是國民黨拒絕平等對待各非漢族的根本原因。[60] 當然，抗戰時期，國共兩黨使用「中華民族」的概念主要是意在加強漢族內部的團結統一，漢族與非漢族的平等倒在其次。國共雙方都堅信，能在佔中國絕大多數的漢人中激起強烈抗日鬥志的，只有中國的民族主義，而不是四分五裂的中華民國的公民身份。中華民族所代表的是一個歷史悠久輝煌、文化內涵豐富的偉大民族的形象。[61] 相比之下，利用「民族平等」動員非漢族民眾，在中共的政治方針裏僅居次位，對國民黨而言更是無從談起。

125     在中華民族的概念與中國多民族的現實之間，存在着顯而易見的矛盾。從民族學上來看，中華民族的概念無法清楚地描述、解釋中國的族際關係，但社會科學的準確性並不是國共兩黨所關心的問題。對戰時中國的領導人來說，「中華民族」的概念具有異乎尋常的政治價值，必須日詠月頌。在國外，「中華民族」的形象不僅證明中國有權以民族國家的身份屹立於世界之林，也有助於中國贏得海外華僑的支持。在國內，漢族民族主義過於狹隘，無法包羅所有的文化、歷史、外交、民族政治信息；要使中國各族萬眾一心，「中華民族」的概念必不可少。

當然，在中國的政治語庫裏，中華民族並不是一個新名詞。但在抗日戰爭期間，中國的兩大主要黨派有史以來第一次就「中華民族」的定義達成了基本共識。從這個意義上來看，如果說「中華民族」的概念正式出現於中華民國早期，那麼正是在抗日戰爭時期，這個中國「想像的共同體」真正獲得了海內外的廣泛認可——由此在政治上保證了這一概念得以沿用至今。[62]

在本章的結尾，不妨思考一下上述討論動搖了學界的哪些定論。有人認為，中共對少數民族自決權的始終不變的承諾，與國民黨對少數民族的一貫壓迫，共同激發了中國非漢族的民族主義。[63]

這一看法忽略了抗戰時期國民黨與共產黨在民族政策上的共同點。如上文所述，1937年後中共以漢族為中心的「民族化」的過程，導致了中共綱領對非漢族的「拉力」的減弱。此外，中共雖然轉移到了西北，他們在邊疆地區對非漢族的影響力始終微乎其微。因此，在國民黨政府的政策繼續對邊疆民族產生「推力」和疏遠效果的時候，是日本、蘇聯、英國等周邊列強對內蒙、新疆、西藏施以拉攏，希圖造成它們同中國的分離。

　　還有一種觀點，認為在中國抗日戰爭期間，中共利用民族危機動員中國的農民群眾，由此產生的「農民民族主義」最終幫助中共在同國民黨的奪權鬥爭中勝出。[64]這一觀點雖然可以解釋中共迅速壯大的群眾基礎，但對中共戰時民族政治的解讀卻並不全面。如果將民族主義視為針對某一特定政治社會環境的「反對派政治」，那麼中共的戰時民族政治則進入了一個將「官方」民族主義與「大眾」民族主義合二為一的關鍵階段。[65]換言之，中共最終奪取中國政權，並不是依靠大眾民族主義粉碎了國民黨的官方精英民族主義。中共成功的關鍵恰恰在於能夠將二者融為一體，而這一點國民黨則始終未能企及。

　　不過，戰時的中國共產黨對官方中國民族主義的採納，是否意味着中共也與國民黨一樣，開始疏遠中國的非漢民族？下一章將就此問題展開討論。

第五章

# 邊區化：跨民族接觸

　　抗日戰爭時期，中國共產黨在陝甘寧的根據地正式稱為「邊區」。為何選取這個名稱，所謂「邊區」又是甚麼區域之邊，始終無從知曉。1937年，當國民黨政府終於放棄「攘外必先安內」的方針，開始與共產黨合作抗日的時候，極具諷刺意味的是日本這個「外敵」，已在中國疆域之內為患數年之久。在歷史上被外敵反覆逾越的長城，在現代戰爭中的意義更是微乎其微。長城所有重要的要塞、關口早在1935年中就已全部落入日軍之手。[1]

　　因此在一定意義上，北臨長城南連國統區的中共「邊區」，在日本的戰時帝國與國民黨的中華民國之間具有了一種邊疆緩衝地帶的作用。與帶有刺激性的「中華蘇維埃共和國」的名稱相比，「邊區」這個新名稱也讓國民黨政權更為放心。然而，這一名稱同時也承認了，與偏安一隅的國民黨「中央政府」遙相呼應，中共在北方有一片自治的天下。在中國歷史上，中共邊區正是處於「中華文明的搖籃」之中。

　　在中國幾千年的文化、政治發展過程中，黃河流域逐漸喪失了的中華文明中心的地位。[2]如今，中共又將此地作為其革命的「延安道路」的搖籃，重樹北方在中國事務中的中樞地位。多年後，隨着中共成功奪取中國政權，發源於中國西北的「延安精神」亦將成為共產

主義「新中國」最重要的道德支柱。然而,「邊區」還有一層始料未及
的意義。

對於那些關注中國發展過程中南北差異的學者來說,「南方」與
「北方」代表了中國文化與政治的兩種不同的特性與影響。但他們的
研究往往在文化意義上局限於漢族社會,在地域意義上側重中國的
東部。被忽略的是「北方」、「南方」各自與西部中國暨內陸亞洲的非
漢民族的不同關係。[3]縱觀中國歷史,北方部族所建立的王朝(例如
蒙元與滿清等)往往顯得比典型的中原王朝更善於處理與內亞軍事
政治集團的關係。誠然,「漢人」建立的唐朝也曾成功地處理了與內
亞、草原政權的關係。唐太宗李世民及繼承者實現了大規模的版圖
擴張,並制定了一整套管理疆域的制度。雖然李世民並不吝於使用
武力,但他在處理內亞邊疆事務時,實施了和平的羈縻政策。他對
自己的「民族方略」的總結是:「自古皆貴中華,賤夷狄,朕獨愛之
如一。」[4]這並不是儒學的普世主義。李氏皇族之所以能夠超越由來
已久的「夷夏之防」,很大程度上是因為他們也是有着鮮卑血統的北
方人。[5]

鑒於這些跨越族界的歷史先例,以及20世紀中國民族事務以漢
族為主的特徵,在評價中國主政者所制定的有關民族關係的政策與
做法時,有理由也有必要考察他們在民族混雜的邊疆事務中的個人
經歷。歷史證明,要想擁有能夠超越民族隔閡與偏見的遠見卓識,
對民族事務的個人經驗必不可少。國民黨領導層之所以不具備這樣
的遠見,正是因為其主要領導人沒有機會培養自身的「邊疆性格」。
在這方面,中共較有優勢,因為長征縮短了中國共產主義運動與中
國的邊疆民族在地理上的距離。

然而,對於毛澤東等中共領導人來說,階級屬性和民族屬性不
可同日而語。通過向馬克思主義的意識形態皈依和發動革命運動,
他們中的多數人完成了自身階級屬性的轉變,成為「無產階級」革命
者。但是對中國共產主義革命來說,既沒有轉變革命者的民族屬性

的理論根據，也沒有實際需要。因此對中共領導人來説，「民族」便成為一個長期存在的「問題」。中共與紅軍的核心領導人物大多是南方的漢人，他們必須努力與邊區建立感情，把它當做自己的第二故鄉。中共在邊區與西北蒙族、回族發生直接接觸，只會有非敵即友的兩種結果。在長征及西征期間，紅軍在同藏族、回族的接觸中頻受打擊，可想而知中共領導人效仿李世民「愛之如一」的困難。然而在抗日戰爭期間，在中共領導人中間確實出現了一種集體的「邊疆性格」。他們明白，要想在民族混雜的群眾中生存並發展壯大，幹部和軍隊都必須學會漢族以外的生活方式以及思維方式。總而言之，中國共產黨必須追隨唐、元、清統治者的先例，向「蠻夷」靠攏。

# 鄰里相親

　　中國共產黨的「群眾路線」之所以屢試不爽，秘密就在於要想贏得群眾，首先必須站到群眾一邊。中共依靠土地革命贏得貧苦農民的支持，箇中玄機就在於此。同樣，直到抗日戰爭之初中共決定停止與官方民族主義為敵以前，一直主張民族自決權，是中共所有關於少數民族政治議題的重中之重，並一貫宣稱支持少數民族的自決權。因此，中共至少在口頭上站在了非漢族的民族主義訴求一邊，而與中國民族主義對立。中共在長征途中對藏、回、內蒙民眾所發表的〈宣告〉，正是這一方針的具體表現。

　　雖然這些〈宣告〉將外國帝國主義作為藏、回、蒙和中國人民的共同敵人，但同時也將國民黨政府等漢族壓迫者一併視為欺壓少數民族的罪魁禍首。然而，抗日戰爭期間，隨着中共的「民族主義化」，無所不包的「中華民族」成為中共促進中國民族團結的中心理念。既然中國民族主義已在中共政治戰略中取代了階級鬥爭，中共的民族政策也隨之改弦易轍，轉而反對少數民族的往往是反漢的民

族主義。這個轉變給中共領導人提出的新問題是，在如今的「少數民族工作」中，群眾路線的新基礎應當是甚麼？

實際上，早在國共第二次合作以前，中國共產黨就已經開始考慮改變原來支持少數民族自決的立場了。1936年夏，在日本的協助下，德王領導建立了蒙古軍事政府。中共察覺到這是日本「奴役內蒙」的「惡毒陰謀」，對日本「打着內蒙獨立自治的旗幟」危害中國的行徑深感不安。在當時中共一方面繼續指控國民黨政府壓迫內蒙古人民，但同時也警告蒙族高層，日本絕不會幫助內蒙獲得獨立，反而會將內蒙變成第二個「朝鮮或滿洲」。與此同時，中國共產黨依舊將「外蒙」作為內蒙古人民「解放，建設，與民族興盛」的典範。不過，中共的態度也出現了一點微妙的變化。中共中央在對內蒙工作的指示中，禁止「過早」地組織內蒙古獨立政府或獨立軍隊。[6]中共一方面反對內蒙古在日本策動下取得「獨立」，一方面支持外蒙古在蘇聯保護下同中國分離。中共對待內、外蒙古的雙重標準也沒有堅持很久。隨着中共與國民黨的和解，這一立場便再難以為繼。

1937年初，中共採取了新的內蒙方針，也因此改變了在民族問題上的總體政策。中共中央在對內蒙工作的指示中強調，抗日是黨目前的「中心任務」，在此情況下，「宣傳蒙人的獨立或分裂，甚至與漢族的統治者對立，這是非常不妥當的」。因此，黨在內蒙的工作應當「化除漢蒙的對立」，促進漢蒙人民聯合抗日。[7]

隨着方針的改變，中共政治話語中的某些政治標籤的含義也發生了相應的改變。在漫長的抗日戰爭期間，勾結日軍是危及全民族的嚴重罪行，以「漢奸」論罪。「漢奸」中的「漢」字所代表的不僅是罪犯的民族身份，也是犯罪者所背叛的政治實體。顯然，「漢奸」這一標籤將背叛漢族等同於背叛中國，證實了以漢族為中心的中國民族主義在抗戰期間的高漲局面。中國共產黨在表述西北地區的政治局面時，也使用了「蒙奸」、「回奸」這樣的概念。然而，直到1936年，

這些標籤不僅指同日軍勾結的行為，也指與國民黨政府的串通。內蒙古的德王和甘青的四馬是中共名單上最著名的「蒙奸」和「回奸」。[8]德王與日本勾結，馬家與國民黨勾結，但二者之所以都被稱為是中國和本族人民的「叛徒」，這與中共抗戰前反國民黨的政治方針密切相關。抗戰開始後，中共對國民黨的立場發生改變，這些罪名的含義也隨之改變。

由於馬家軍在抗日戰爭中屬於中國一方，自然不能再稱之為「回奸」。但另一方面，馬家軍對邊區依然充滿敵意，中共也繼續動員回民成立群眾組織，與西北的軍閥勢力抗衡。[9]然而，在抗日戰爭期間，儘管中共與一些其他地區的回族軍事力量達成了合作關係，卻始終無法滲透馬家的勢力範圍。在這方面，日軍也未能成功。1939年，綏遠的日軍計劃在綏西及寧夏一帶建立「回回國」，作為向西推進的政治準備。但次年傅作義、馬鴻賓聯手挫敗日軍，使日本的計劃落空。[10]在接下來的抗日戰爭中，回馬的政治態度基本趨於平穩，既不向中共示好，也沒有脫離中國的傾向。

相比之下，德王在內蒙的所作所為明確表達了對中國分離傾向，他與日本公開合作更是罪惡昭彰。然而，1937年以後中共竟然不再將德王列為「蒙奸」。1937年7月7日的盧溝橋事變發生，中日戰爭正式打響。數日後，中共中央制定方針，配合國民黨政府對內蒙古的政策。中共一改先前以階級、民族對立煽動革命的做法，努力「消解」各旗之間的衝突，「調解」蒙人與國民黨政府之間的矛盾。為了吸引盡可能多的蒙族首領加入抗日陣營，中共中央決定摒棄「打倒蒙奸德王」的口號，以「上層統一戰線」的策略爭取德王抗日。[11]中共領導人將德王視為日本對蒙政策的王牌，因而也對爭取德王的工作給予了高度重視。他們拒絕將德王當作日本傀儡的「溥儀第二」，相信德王「曾經代表着蒙古民族獨立解放的意向」，在內蒙民族中仍有「廣泛的信仰」。中共相信德王是真正具有民族意識的領袖人物，他與日本勾結也只是在國民黨政府壓迫下的無奈之舉。[12]

　　就德王而論，中共對內蒙古問題的理解非常接近拉鐵摩爾的判斷。拉鐵摩爾是當時對蒙古事務最了解和最具敏銳觀察力的西方學者。1936年中，拉鐵摩爾將他的觀點陸續發表在英國《皇家亞洲學會學報》(*Journal of the Royal Asiatic Society*) 上。當時的中共領導人大概還不知道拉鐵摩爾這號人物。1937年，在國共合作的氛圍之下，他來到延安，向中共領導人詢問了中共少數民族政策的情況。拉鐵摩爾對他在延安的所見所聞「驚歎不已」，但是中共不准他用蒙語和蒙人交談，多少減損了他對中共的印象。拉鐵摩爾的觀點與中共政策之間的不同之處就在於，拉鐵摩爾認為德王與日本的合作敗壞了內蒙上層的信譽，因此終止了中蒙抗日統一戰線的可能性，而中國共產黨卻依然試圖改變這種局面。[13] 不過，中共雖然扮演着糾正國民黨錯誤政策的角色，但除了改變對內蒙民族的政治宣傳，並沒有多少可以根本改變局面的具體計劃或辦法。

　　中共在內蒙的工作有許多具體障礙，常因文化、語言上的隔閡一籌莫展。比如參與內蒙工作的中共幹部在報告中反映，他們在同蒙古喇嘛談話時，譯員無法傳譯、解釋中國共產黨的政治方針，這使他們十分氣惱。[14] 然而，這絕不是中共對德王等人進行上層統戰工作的最大障礙，因為當時很多內蒙古上層精英都已熟知中國的語言和文化。中共政策所面對的更為嚴重的問題是，當時中共、共產國際及他們在內蒙的代表，互相之間步調不一，無法協調。

　　直到1937年抗日戰爭開始時，中國共產黨的地下組織仍散佈於內蒙古各處，大多數都未能與中共中央建立直接聯繫。部分地下組織從蒙古人民共和國的共產國際代表處接受指令。以雲澤 (即雲時雨、烏蘭夫) 為中心的一個小組十分活躍，但是直到1938年才與中共中央建立聯繫。在中共黨史上，雲澤屬於在莫斯科接受訓練的「歸國留學生」。但與王明、博古等在1930年代初參與中共領導權鬥爭的「歸國布爾什維克」不同，雲澤回到了他在土默特旗的家鄉，從無到有「幹革命」。

　　1931年夏，王若飛作為「中共西北特別委員會」書記，從莫斯科出發經蒙古人民共和國抵達內蒙古。王若飛指示雲澤組建一個中共的外圍組織「內蒙古人民革命黨」。中共當時仍在南方深陷圍剿努力求存，這一提議顯然不是中共中央的意思。王若飛很有可能是希望通過雲澤組建秘密國際交通站，與蒙古人民共和國及蘇聯保持聯繫，一方面加強共產國際指導下的內蒙古工作，另一方建立起中共與莫斯科聯絡的新渠道。數月後，王若飛被國民黨當局逮捕。[15]此後，雲澤只能在與中共中央毫無聯繫的狀況下，直接受命於共產國際，繼續開展工作。1933年冬，雲澤依照共產國際的指令，開始在內蒙上層進行反日宣傳，目的就在於防止德王與日本勾結。[16]

　　1935年3月，雲澤得到與德王會晤的機會，但未能勸阻德王向日本求援。雲澤明白無法改變德王的想法，因而接受了包括親戚雲繼先和中共秘密黨員朱實夫在內的德王保安隊軍官們的建議，在百靈廟發起軍事暴動。1936年2月末百靈廟發生暴動，一千多名官兵脫離德王。然而，這一事件並沒有產生長期的軍事或政治影響。[17]德王不知道中共與這一事件的聯繫，認為是國民黨駐內蒙古地區的軍隊長官傅作義的煽動所致，於是在日本顧問的鼓動下向傅作義發起軍事攻擊。[18]百靈廟暴動對中共的內蒙工作也產生了負面影響：隨着中共秘密黨員脫離德王的組織，在1937年中共決定爭取德王時，已經失去了在德王陣營內部進行活動的機會。[19]

　　因此，中國共產黨雖然在1937年後作出了巨大的政策調整，卻對改變西北民族政治關係的基本局面收效甚微。抗戰期間的民族政策至多也只是幫助中共與鄰近的蒙回民眾維持相對穩定的關係。最初，紅軍剛到達西北時，當地原本緊張的民族關係變得愈發尖銳。隨着紅軍進入西北地區，國民黨政府不得不一改原來對西北地區的忽視，大力加強在當地的國家建設舉措。對當地回蒙民眾來說，這意味着新的壓力。

　　不過，在兩者之間，蒙古旗人受到的影響更為嚴重，因為他們

沒有像回馬那樣的本族軍事強人的庇護。國民黨政府試圖改蒙旗為
縣制，並要收回清朝或更早的王朝所頒賜的官印，這使內蒙古的統
治階層感到十分不滿。此外，國民黨軍隊還從草原徵收了數以千計
的馬匹，使蒙古人民不論貧富都憤恨難平。這些事件使得中共有機
會向內蒙民眾展現一個新「漢人」的形象。通過批判國民黨政府干涉
「蒙古內政」、損害內蒙人民的具體利益，中共於是在民族自決原則
之外，發現了一些可用以團結內蒙人民的新題目。

　　的確，比起1935年毛澤東號召內蒙本着成吉思汗精神爭取獨
立，對內蒙人民日常生活的關切，更能有效地使來自「口裏」八路贏
得支持。[20] 1936年中期，中共從當地漢人政府手中成功地奪取了位
於伊克昭盟鄂托克旗與陝西交界處的一個鹽池。之後，中共幹部特
地向蒙古各旗首領表示了將鹽池交還給蒙旗的誠意。這樣的事情可
謂前所未有，在過去的漢蒙關係中，漢人一方始終扮演了強取豪奪
的角色。這類舉措使中共贏取了蒙人的信任，也為雙方展開政治、
商業合作提供了更多的機會。[21]

　　不過，凡是關乎中共根據地安危的地區，中共中央也會毫不猶豫
地下令佔領。橫山位於長城以北，沿陝西、伊克昭盟邊界綿延五百餘
里，歷史上，蒙人將橫山視為內蒙領地的一部分。1936年中，紅軍
佔領橫山一線，作為中共根據地的屏障和聯通蒙古人民共和國的門
戶。後來，中共向蒙人承諾，在打敗日本及中國反動勢力後，必定
將該地區歸還內蒙。[22]雖然沒有歷史文獻可以顯示蒙人對中共的軍
事佔領或承諾歸還的反應，中共顯然是希望與相鄰蒙旗和睦相處。

　　在對蒙人在鹽稅、老印、馬匹等問題上對國民黨政府的抵抗的
支持中，中共也改變了自己此前在南方農耕社會的漢人政治特徵，
開始適應西北民族政治中的蒙族游牧元素。在完成了由城市到農村
的轉變以後，這是中國共產黨第二次重要的文化、政治變身。這
種新的邊疆面貌顯然有助於中共同鄰近蒙旗保持和平甚至合作的關
係，但這只是中共戰時民族政策的最低目標。他們的終極目標是在

抗日戰爭中達到「各民族的大團結」。沒有國民黨政府的配合，這一目標無法實現。不過，可想而知，國民黨的配合並非唾手可得。

統領當地國民黨軍隊的傅作義是中共在內蒙地區難以迴避的人物。1931年8月，傅作義首任綏遠政府主席，隨後一直總攬國民黨政府在內蒙地區的軍政事務。就在中共試圖鞏固陝北根據地的時候，傅作義已在長城沿線成功地展開多次對日行動。在之後的戰爭中，傅作義致力於對內蒙地區的有效統治，並在當地進行了一定的社會經濟改革。在軍事上，他也在綏西成功地遏止了日軍的擴張，與日軍進入相持階段。中國共產黨完全有理由與這位較為實幹、堅定抗日的國民黨官員保持良好的關係。在抗戰的最初兩年，傅作義也同樣歡迎中共幹部在他管轄的區域內展開工作。[23]

然而，就他在西北民族政治的立場而言，傅作義作為「封疆大吏」，忠實地貫徹國民黨政府的各項政策，為內蒙人民所深惡痛絕。按照中共的標準，傅作義對內蒙人民的政策反映出國民黨典型的「大漢族主義」。[24]但如果中共無法使傅作義改弦更張，那就只能對其容忍。1938年秋，中共中央決定在內蒙西部的大青山建立游擊根據地，並由此向處於傅作義部隊和日軍之間的前線地區擴大中共勢力。毛澤東向相關的負責幹部強調，「綏遠問題須處處照顧到與傅作義的統一戰線」。毛澤東希望「以我們正確的少數民族政策來改變中國過去傳統的錯誤政策，我們做成模範來推動影響國民黨，首先是傅作義的改變」。但實際上，中共領導人不得不承認，在綏遠的中共組織應「在傅作義之下來統一蒙民工作」。[25]

抗戰期間，不論是在1939年以前中共與傅作義合作的時期，還是以後，中共的「正確模範」沒能改變國民黨，也沒有對內蒙古人民產生明顯的效果。中國共產黨在大青山的行動就是一個例子。大青山北臨蒙古人民共和國，南接綏遠兩大城市包頭和歸綏(今呼和浩特)，戰略地位十分重要，因此受到各路勢力的激烈爭奪。在該地，某些縣區的蒙族人口極少(蒙族僅佔固陽縣人口1%)，某些又很多(蒙族佔武

136

川縣人口34%）。不過，從民族政治的角度來看，蒙族人口雖比漢人少得多，但更重要的事實是大青山地區的每縣每村都有蒙族人家。[26]因此，中共在當地的活動也不得不呈現出民族政治的特徵。

對於綏遠的許多內蒙人士來說，中日戰爭是他們人生中的重大事件，但並非因為外國勢力侵略了他們的土地——在他們眼裏，這片土地早已被漢人剝奪——而是因為日本給了他們一次報復漢人壓迫者的機會。對於當地的漢人來說，日本人一來，規矩全亂了。當時，漢人中廣為流傳的一種說法是：「蒙人當偽軍，滿人幹小差，回人做敵探，漢人受罪。」中國共產黨駐大青山地區的領導幹部李井泉也注意到，「不少的蒙民自以為今天是蒙民的世界，可以對漢人採取報復侮辱」。日軍通過煽動蒙漢對峙大獲其益，而國民黨軍「抗日必先滅蒙」的口號更是火上澆油。[27]根據中共在綏遠地區收集的情報，日軍一反國民黨政府對待內蒙的消極政策，自稱是幫助蒙人自治獨立，以達到操縱內蒙古民心的目的。儘管中共努力揭露日軍假意支持內蒙獨立、「欺騙麻醉」蒙人，但也無法通過對蒙古民族主義的「切實」支持，將內蒙人民從日軍的陰謀中喚醒。[28]

這就是中共所面臨的問題的關鍵。中共幹部在反對國民黨的策略方面經驗老到，日軍的手段對於他們也實在似曾相識。但如今，中共與國民黨政府站在一邊，要想從當前的民族政治立場出發，確定一個對蒙人具有號召力的方針就沒有那麼容易了。大青山根據地建立四年以後，一份中共文件承認：「我黨我軍雖在少數蒙古人中有些好的政治影響，但還不普遍與不深入。我們黨在群眾中沒有深厚的基礎，群眾沒有大量發動與組織起來。」[29]中共中央在延安批評國民黨政府放棄了內蒙人民，錯誤地將所有日佔區的內蒙人視為蒙奸。但與此同時，中共在綏遠的特派員也難免認為，當地蒙人處於「日本人的卵翼之下」。他呼籲「親愛的蒙古同胞們」「反正過來」。[30]

中國共產黨的民族政策在綏遠整個地區，尤其是大青山地區收效不大，有以下幾個原因。其一，中共幹部對蒙語及蒙古文化缺乏

了解。中共黨組織僅在土默特旗取得了一定進展，主要就是因為土默特旗的漢化程度較高。他們鄰近歸綏，自清朝以來便在文化、經濟生活方面逐漸漢化，以致蒙旗的許多居民本身都已不會説蒙語。[31]

其次，中共幹部中的「大漢族主義」思想是民族政治工作的另一大障礙。他們在遭受了最初的挫敗後，往往認定「綏遠人落後，沒辦法」。中共中央要求各級幹部以理勸服蒙族群眾，但部分幹部卻訴諸武力，並在事後吹噓「三句好話不如一馬棒」。這類行為在黨內被批評為是犯了「殖民地政策」的錯誤。[32]

此外，中國共產黨在這一地區的軍事力量薄弱，造成中共的民族政策缺乏説服力。從一開始中共中央就有意避免大青山根據地引起外界過多的注意。大青山行動的戰略目標是在當地建立中共據點，一旦蘇日戰爭爆發，中共便可由此輕易地聯通蒙古人民共和國。「長期生存」、「不要過分刺激敵人」是中共中央指導大青山行動的一貫政策。為避免冒犯傅作義部或招致日軍的攻擊，中共從未打算擴大在大青山地區的軍事及政治影響。因此，中國共產黨只用一支一千人左右的騎兵支隊，機動地維持當地的游擊戰爭。毛澤東甚至希望將這支隊伍建成一支「游牧性質的騎兵游擊支隊」。如此一來，中共在綏遠的「政府」設施便也始終處於游動作戰的狀態。[33]中共在這一地區的軍事實力不敵傅作義部與日軍，在政治上自然也就對內蒙人民沒有太大的説服力。

當然，在民族政治中，實力強弱並不總是最重要的因素。歸根到底，中共在處理內蒙問題時，其實是受到了戰時中國民族主義綱領的牽制。日本軍事當局之所以能在綏遠及察哈爾成功操縱內蒙人士，主要依靠的並非軍事力量，而是他們的民族政治策略。[34]中共從未停止對國民黨政府壓迫內蒙的政策的批評，並且也十分清楚日本在內蒙手段成功的原因。無奈的是，由於中共與國民黨的戰時合作關係及其抗日衛國的基本民族立場，中共實在拿不出足以贏得蒙族支持的民族政策，以與日軍抗衡。

138

一個明顯的例子便是「蒙地」問題，這是蒙人仇漢的基本原因之一。在1935年毛澤東的〈對內蒙古人民宣言〉中，中國共產黨承諾歸還漢人侵佔的蒙地。但在1937年以後，隨着中共的政策目標從爭取內蒙民眾「親紅」，轉變為鼓動蒙人「抗日」。中共在「蒙地」問題上的態度也隨之改變。中共中央的新的說法是，「蒙人的土地要歸還蒙民，這並不是一部公式，只能看具體情形決定」。雖然中共仍然主張「收復內蒙失地」，但現在這句口號指的是中國收復日軍最近侵佔的內蒙領土，而非漢人在歷史上侵佔的「蒙地」。[35]

在抗戰期間，綏遠蒙地的「具體情形」是，在日本的煽動庇護下，蒙民已經採取行動將漢人侵佔的土地收回。中共在大青山地區的領導人向延安報告這一情況時，建議用「賄賂」蒙民的方法遏止事態進一步發展。於是中共中央同意嘗試一項新的政策，要求凡是涉及蒙漢土地爭端的漢人，都要向蒙民賠償損失。然而，在實際工作中，不同民族的黨員對這一政策又有不同的理解。一些蒙族中共黨員，例如負責土默特旗中共工作的劉卜一(即奎璧)就認為，這一政策肯定了調整綏遠漢蒙民眾土地所有權的必要性。而他在綏遠的漢族上級則認為，調整土地所有權對黨中央緩和漢蒙衝突的目標並無幫助，當前最好的辦法是維持現狀。[36]顯然，在土地問題上，漢族與蒙族之間鮮有調和的餘地。雙方之間的分歧不僅存在於中共內部，也是整個社會的現實。

# 多事之秋

顯然，中國共產黨在抗戰時期的民族政治立場之所以顯得尷尬，並不僅僅因為作為合作夥伴的國民黨不太配合，也因為中共本身的政策在鼓動中國民族主義與安撫非漢民族的願望之間搖擺不定。雖然毛澤東有意「團結中華各族」加入「抗日民族統一戰線」，但

想要找到一個國民黨政府與各少數民族都能欣然接受的綱領，這對中共來說並非易事。[37]

　　不僅是中共希望的跨民族統一戰線難以成形，中共與國民黨的跨黨派統一戰線也是每況愈下。抗戰時期的國共聯姻，不過是將兩黨帶入了一場充滿血腥「事變」的「冷戰」之中。兩黨關係的破裂比大多數人預計的來得更早。1939年12月，蔣介石的心腹胡宗南帶着蔣介石的指令來到西安：「東禦日寇，北制共匪，西防蘇俄，內懾回馬。」[38]大約一年後，震驚中外的「皖南事變」爆發，中共在華南地區的軍隊遭到了蔣介石部隊的嚴重打擊，坐實了海內外關於國共合作只是一種假象的猜疑。

　　與此同時，在國民黨政府的民族政策下，「各民族的團結」即使只是以一種假象的方式，都絕無可能在中國出現。抗戰時期，中國的民族衝突非但沒有平息，反而日益加劇。其中最著名的莫過於1944年反國民黨和反漢的新疆伊犁事件。1937至1942年間，中國共產黨曾在迪化（今烏魯木齊）設立辦事處，與當時親蘇的新疆軍閥盛世才建立「特殊的統一戰線」。但延安方面的真正目的仍是將新疆作為聯繫蘇聯的通道。按照這一方針，中共駐迪化辦事處的使命並不包括在新疆地區進行革命活動。1942年，盛世才倒向蔣介石，中共在新疆的全體人員首先受到迫害。因此，1944年伊犁事變發生後，中共在新疆的勢力已經蕩然無存。直到抗日戰爭結束，中共始終無法與伊犁的起事者建立直接聯繫。[39]

　　另外亦有兩起不那麼為人熟知的民族衝突，但由於這兩起事變發生在與中共邊區毗鄰的地區，並且突出了中共在抗戰時期左支右絀的民族政治立場，因而於本文更加切題。其中一起事件是1938至1941年間甘肅南部海原—固原地區（今寧夏）的三次回族暴動。1938年冬，回民暴動在漢回衝突的一貫模式下發生：回族民眾因不滿當地國民黨軍隊及官員對回族宗教、飲食習俗的侮辱行徑，首先向當局發起抗議，而後逐漸演變為武力鬥爭。國民黨政府也延續一貫作

140

141

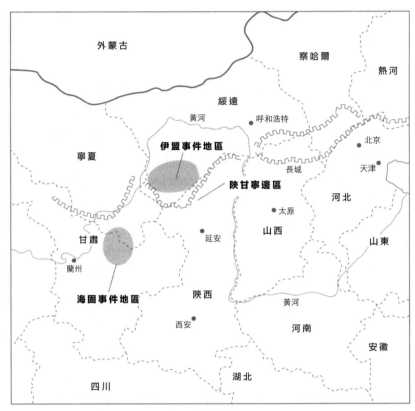

地圖3.　1937–1945年的邊區及回族、蒙族的暴動

風，殘暴鎮壓暴動的回民，不僅調配常規部隊「恢復秩序」，更在暴動平息前數次集體處決暴動參加者。

　　隨着事件的發展，海固暴動逐漸演變為一場大規模的群眾軍事鬥爭，參與暴動的民眾比中共在抗戰期間所組織的任何回民支隊的人數都要多。暴動的最後階段延續了六個多月，起義人數超過兩萬。1939年後，為了獲得其他民族及政治團體的支持，暴動領導者以其敏銳的政治智慧，將這場原本僅限於回民的起義描述成為了一

場反蔣反日運動，並提出了「回漢人民是一家」、「五族共和，打倒蔣幫」等口號。[40]鑒於這種種特徵，海固暴亂似乎成為了延安的意外收穫，中共終於有機會在回族民眾中發展一批追隨者，與反共的回族軍閥相抗衡了。

然而，沒有資料可以證明中共領導人為此作出了認真的努力。1939年春，回族暴動的發起人同延安聯繫，中共也派遣回族幹部楊靜仁前往海固地區。不過，在這些接觸之後，雙方並沒有進一步合作。在接下來的兩年中，起義的回民仍然繼續孤軍奮戰。最終，延安方面僅為回民做了一件事：在暴動被國民黨軍徹底粉碎後，約200名倖存者獲准進入邊區避難。[41]

延安的謹慎或許只是純粹出於軍事上的考慮，擔心回族暴動可能危及中共在西北的戰略地位。為了鎮壓回民暴動，國民黨政府調動了在西北的幾個師的正規軍。鑒於蔣介石向有以連續的軍事行動攻擊不同目標的習慣，這次蔣介石也有可能將鎮壓回民的行動擴大成為對中共邊區的進攻。再者，附近的日軍或許會利用回民與國民黨軍隊的「內戰」，趁機加強對這一地區的軍事壓力，這對延安來說是另一種危險。[42]總之，海固暴動有可能成為打破西北地區的脆弱均勢的催化劑，並使中國共產黨陷入險境。因此，中共自然也就無意於鼓勵回民的暴動，希望避免後繼的危險事態。

此外，雖然海固起義者採取了反蔣反日的行動方針，但他們並沒有因此就成為中共的天然盟友。事實上，在是否應與中共結盟的問題上，起義軍中也有不同意見。到1941年5月，起義軍從兩萬人銳減到不足七千人。但即便如此，當時也只有約兩百人願意前往中共邊區。剩下的人選擇留在家鄉，最終被國民黨軍隊盡數殘殺。紅軍在1936年的西征途中曾途經海固地區，當地回民在那時已與中國共產黨有過一次接觸。1941年海固起義軍不願與延安結盟，說明這一地區的回民仍然普遍對中共持懷疑態度。[43]對延安來說，紅軍西征的慘敗也還歷歷在目，想必對回民也仍存戒心。大概是因為中共

與海固起義軍最終未能達成合作，直到最近，1938到1941年的海固暴動在中共對抗日戰爭的歷史敘述中沒有得到應有的重視。[44]

不過，中國共產黨之所以對海固暴動回應遲緩，究其根本，還是因為中共與國民黨政府在抗戰時期的政治休戰。中共在海固暴動的三年中所表現出的消極被動，與毛澤東在1936年關於組建「獨立的回民抗日軍」、爭取「回族的獨立與自由」的大聲疾呼形成了鮮明的對比。[45]在為數不多的有關回族問題的解密中共文件中，只有幾處簡略地提到「海固事變」是國民黨「大漢族主義」政策導致的結果。換言之，延安方面似乎刻意避免利用這一事件大肆進行政治宣傳。[46]由於中國共產黨向來不放過批判國民黨政府的少數民族政策的機會，對於海固暴動的寥寥數言，實在不尋常。只有一個可能的原因：這一事件不符合中國共產黨政治宣傳的戰時標準。

抗日戰爭爆發以來，就非漢民族與國民黨政府的關係而言，中國共產黨已經不再鼓動非漢族的反政府行為。現在，中共只是站在一種「體制內」的立場上，批評國民黨政府的政策沒有給予非漢族應有的法律地位，並加深了各族在中國國家體制內部的社會經濟困境。中共在抗戰期間的宣傳文件常常引述伊斯蘭月刊《突崛》的內容。《突崛》經常對國民黨政府的對回政策提出批評，曾公開要求政府承認回民作為一個民族的地位。[47]既然中共將自己對國民黨的批評限定在法律層面上，海固起義的宗旨就顯得過於激進，不適宜於中共的公開支持。同時，對於拼死作戰的回族起義軍來說，延安方面對回族民族地位的關切，也只是理論上的空談而已。

那麼，如果起義軍主動尋求中國共產黨的支持，延安方面就會對海固起義做出更積極的回應嗎？對此，中共中央對待「伊盟事件」的態度或許借鑒意義，因為在「伊盟事件」中，內蒙古方面的確曾向中共主動求援。伊克昭盟位於綏遠西部，緊鄰邊區北界。在包頭和歸綏於1937年末被日軍佔領後，伊克昭盟是內蒙境內唯一尚未被日軍侵佔的盟。伊克昭盟境內的蒙族雖然人數較少 (245,000人中僅佔

37.2％），但在當地的政治生活中仍佔主導地位。伊克昭盟共有七旗一縣，蒙人在當地的政治優勢可見一斑。此外，由於成吉思汗的陵墓位於伊克昭盟，這一地區對於蒙族來說更有非同一般的象徵意義。

抗戰期間，伊克昭盟盟長沙克都爾扎布親王（沙王）以其嫻熟的政治手段與勇氣抵禦來自日本的壓力，並對中國政府始終保持忠誠。不過，他也盡力遏止國民黨政府在這一地區建立縣制的計劃。不可避免，伊克昭盟成為了日本、國民黨、中共甚至傅作義和回馬等多方勢力錯綜複雜的角逐場所，沙王自然成為各方競爭的對象。[48]

抗戰時期，密切觀察內蒙政局的拉鐵摩爾就內蒙古的民族主義與軍閥政治做了一個比較：前者始終「反對王公和僧侶勢力」，後者則往往「誇大王公和大喇嘛的權力」以求達到控制土地和民眾的目的。[49]根據這種觀察，抗戰時期日軍、國民黨、中共競相爭取蒙古王爺的做法其實還是舊軍閥政治的延續。1938年初，張聞天在中共政治局會議上發言説：「蒙民是一個弱小民族，怕日本來了，他們不能回去，如果能爭取一個王爺出面是好的，但王爺不一定願意來，許多王爺只要能決心向我們，表面上掛日本旗，與德王敷衍是可以的……對王爺不要有過高的要求。」[50]按照這個標準，沙王遠遠超出了所謂的「要求」，是中國方面在抗戰時期能夠爭取到的最有價值的蒙族人物之一。

有鑒於此，國民黨政府對沙王籠絡備至，封給他各種官銜。除了伊克昭盟盟長，沙王還被任命為伊克昭盟「保安」長官、綏遠省內蒙古政治委員會委員長、綏遠省政府及國民政府委員等等。然而，國民黨政府在優待沙王的同時，在具體政策上繼續漠視了蒙人反對漢化的集體意志。1943年3月，國民黨最終自食惡果，引發了伊克昭盟蒙人的武裝暴動。

1941年，蔣介石派出兩萬軍隊進駐伊克昭盟，加強國民黨政府在當地的軍事地位，與日軍及中共對抗。但是這個出於軍事利益的考慮，很快卻給國民黨政府造成了政治上的嚴重損失。國民黨軍隊

144

抵達伊盟不久，司令陳長捷便在當地強制推行土地開墾政策，引起
了一系列民族衝突。

　　1942年12月，陳長捷守備軍總部要求伊克昭盟各蒙旗在十天內
繳糧三萬石。而後，1943年2月，經蔣介石批准，陳長捷設立「屯田
督辦公署」，計劃開墾伊盟土地30萬畝。這一數字固然可怕，計劃
執行起來對蒙人所造成的威脅卻比數字還要可怕：國民黨軍隊將大
量漢族農民引入伊盟，並不時以槍口逼迫蒙人放棄土地，甚至連成
吉思汗陵墓周圍的土地也被劃為墾地。在向國民黨「中央政府」的請
願信中，沙王表示，墾地計劃就是「取吾蒙地，斷吾蒙命」。[51]

　　起初，沙王及其他蒙官希望通過請願、談判等和平方式，說服
國民黨當局放棄原定的墾地計劃。但陳長捷毫不妥協的態度很快引
起了蒙古「保安隊」士兵的武裝抵抗。保安隊暴動開始於1943年3
月底，既沒有周密的計劃，也沒有相互協調。國民黨政府的兵力遠
非保安隊可以抗拒，不久便將各蒙旗的暴動逐個撲滅。數日之內，
沙王家鄉扎薩克旗的暴動即被鎮壓。沙王被迫逃離王府，開始了短
暫的流亡。[52]歷史上值得一書的是，此時沙王並沒有投入日軍的懷
抱，而是求助於同是中國力量的中國共產黨。沙王及其從屬向南逃
奔了兩個月後，到達了位於西烏審旗的中共根據地。沙王的一名部
屬在給他在中共根據地的一位熟人的信中，將他們渴望獲得中共援
助的心情比作「大旱望雨」。沙王同樣也向中共派去使者，請求中共
「協助我們反擊國民黨」。[53]

　　面對這場暴動，中共方面的心情十分複雜。直到那時，中共對
蒙族上層的工作毫無進展。早在1937年，中共就已經開始在伊克
昭盟展開軍事宣傳，號召蒙古王公與中國共產黨建立抗日聯盟。當
時，中共認定沙王是召集內蒙與中共合作的最佳人選。但1939年，
國民黨政府開始加緊對邊區的包圍，中共在內蒙的努力也就被迫中
斷。[54]如今，1943年，沙王主動提出合作的意向，這為中國共產黨

重續內蒙工作、建立以沙王為中心的親共的蒙古運動提供了絕佳的機會。然而，延安表現得十分謹慎，唯恐一旦捲入國民黨與蒙人的衝突之中，國共之間原本脆弱的休戰有可能歸於破滅。

收到沙王的求助後，延安方面向沙王的衛隊補充了槍械彈藥，並鼓勵沙王堅持與國民黨政府鬥爭下去，直到國民黨同意廢止其在伊克昭盟的現行政策。此外，中國共產黨還指示地方黨委要用「通俗動人」的口號，鼓動伊盟的蒙族民眾加入游擊戰，與日軍及國民黨「頑固派」作鬥爭。[55]

然而，當時沙王所需要的並不止這些。他希望延安能夠立即直接出兵援助，或者至少公開承諾表示支持，以此阻止陳長捷對蒙旗的進一步軍事攻擊。[56]在給所屬地方組織的秘密指示中，中共西北局解釋了延安無法答應沙王全部請求的原因。這個解釋大致也同樣可以說明延安對1938至1941年間回民暴動的冷淡態度。按照西北局的說法，伊盟事變不能簡單地視為純粹的民族衝突。中共懷疑陳長捷別有企圖，伊盟暴動只是藉口，背後的目的其實是侵犯邊區。

此外，西北局對沙王也是半信半疑，認為日軍為了增強在伊盟的影響，肯定協助策劃了蒙旗的反國民黨暴動。中共領導認定，決不能落入陳長捷與日軍分別設下的圈套。在延安看來，與沙王合作唯一可行的辦法，是進行一場由蒙旗發動、中共暗地支持的游擊戰。因此，中共向蒙旗提供的任何援助都必須有所限制並且絕對保密；所有反國民黨的口號也必須制定得彷彿是出自蒙人之手。同時，蒙旗對國民黨的抵抗不可發展成為反漢暴動，以免兩敗俱傷，使日本坐收漁利。[57]

看不到繼續與對國民黨對抗的出路，大失所望的沙王只好暫居中共根據地，伺機與國民黨和解。沙王最初南下進入中共根據地的目的是為了尋求中共的援助，如今卻變成了要脅國民黨政府讓步的步驟。蔣介石自然不願讓中共在政治上獲利，於是在1943年10月下

146

令中止伊盟的墾地計劃,並將陳長捷召回。此時,雖然中共再三挽留,沙王仍然決定離開邊區,接受國民黨政府修好的表示,回到伊盟重任舊職。[58]

伊盟事件給了國民政府一個深刻教訓。抗戰結束以後,董其武接替傅作義就任綏遠長官時。為了避免民族衝突,董其武始終恪守一條政策:「蒙人不奪地,漢人不開荒。」這與中共在抗戰時期維持土地現狀的方針異曲同工。[59]伊盟事件也成為中共民族政策史上的一個案例。雖然中共對國民黨和蒙旗衝突的對策並非為了事變的平復,但其謹慎做法卻達到了這樣的效果,使西北的抗日統一戰線得以維持。中共也因此失去了與內蒙增進友好關係的良機,「極力爭取沙王」的政策最終一無所獲。[60]

在中共的得失之間,「合法性」也是一個極具爭議的問題。當國民黨政府任由其軍隊對伊盟蒙人施以暴行時,國民政府在蒙人眼裏已失去正當性。沙王南下進入中共邊區,其實意味着對伊盟蒙旗來說,中國的中央權威已不再是國民黨,而是中國共產黨。然而,延安卻拒絕了蒙旗自願與中共聯合的意向,因為當時的中共並不希望與國民黨的國家處於對立狀態,而是要在國民黨的政權之下保持自身的「合法性」。

因此,不論是海固暴動,還是伊盟事件,中國共產黨都以相同的處理方式,試圖減少國內的民族衝突,同時維持中共在國民黨國家體系之內的政治、戰略現狀。抗戰期間,中共與國民黨雖然常生嫌隙,但他們公開宣揚的抗日統一戰線和對非漢民族心照不宣的約定卻也始終安然無恙。1935年,毛澤東在〈對內蒙古人民宣言〉中宣稱「民族是至尊的」,但在實際上,中共從未認可任何國內民族自身的至尊地位。在1935年,對中共來說真正「至尊」的是與國民黨的「階級鬥爭」。在抗日戰爭期間,「民族」的確成為中共的至尊理念,只是這僅限於中華民族。

# 近觀「少數民族」

　　與其他輸誠中央的蒙古王公一樣，沙王信守忠義，通常視國民
政府為正當的權力當局。他對中共短暫的示好，只能理解為絕望之
舉。不過，這也在一定程度上說明，中共在蒙民中培養好感的努力
有所成效。1941年春，邊區派「蒙古文化調查隊」前往伊克昭盟，
隊員聽到當地蒙民在情歌與對蒙古英雄的讚歌之外，也會唱《永遠
追隨八路軍》之類的歌曲。[61]也就是說，在中共與內蒙比鄰而居數年
之後，在北方民族與來自南方的中共之間產生了一定的密切關係。
當然，在這一過程中，中共成員既沒有改變自己的漢文化，也沒有
將關注重點從漢族轉移到少數民族。這些年間發生的只是北方邊疆
民族事務同中國共產主義運動的交織，成為中共運動的一個有機部
分。而這一過程又涉及了某些人員、組織和觀念的發展。

　　1937年，為了滿足中國共產黨在西北民族工作的需求，中共
中央在中央黨校開設了一個培訓班，專門培訓非漢族的黨員幹部。
1941年9月，中共中央又設開辦了延安民族學院，展開更為系統的
民族幹部培訓工作。到民族學院1948年停辦為止，共招收了約500
名學員，參加時間長短不同的培訓。超過半數的學員來自六個少數
民族，剩下的是漢族學員。在少數民族學員中，蒙族和回族人數最
多，分別為150人和60人。學院的課程以教授中共的共產主義理
念為主，目的在於加強學員的「政治覺悟」。[62]大多數學員都是年輕
的底層幹部。結業後，他們的任務不是給中共中央提供政策上的諮
詢，而是被派往各地進行黨的民族工作。因此，從跨民族交流的角
度來看，邊區的民族培訓班進行的是單向的思想灌輸，未離中國歷
史上文化同化的窠臼。唯一的區別是，培訓課程的內容在理論上是
所謂「超民族的」。

　　的確，在延安時期，有一小部分少數民族幹部參與了中共民族

148

政策的制定過程。但是他們只起輔助作用，從來都沒有能夠真正為
各自的民族發聲。半個世紀以後，參與抗戰時期中共高層對少數民
族政策研究的牙含章回憶，當時參加回族問題研究的幹部，沒有一
個是回族。作為參與研究的漢族幹部之一，牙含章承認，「對於回回
民族的民族意識，民族感情，以及他們的宗教信仰，我們沒有也不
可能有親身體會」。這句評價大概也適用於中共在抗戰時期對內蒙問
題和其他少數民族問題的研究。[63] 顯然，由於中共領導層未能從民
族文化的角度找到到達「另外」一邊的辦法，自然也就無從深入了解
少數民族的「意識」、「感情」與「宗教信仰」。

抗日戰爭結束前夕，蒙族幹部雲澤（即烏蘭夫）開始對中共對內
蒙的政策有所影響。雲澤來自綏遠土默特旗的一個蒙古農民家庭。
1920年代初，雲澤在北平蒙藏學校讀書期間開始受到共產主義的影
響，並於1925年正式加入中國共產黨。[64] 1926至1929年間，雲澤在
莫斯科中山大學學習，同時為共產國際工作。1929年9月回到綏遠
後，他在共產國際的指示下從事地下革命工作。直到1938年，雲澤
才與中共中央建立直接的組織聯繫。1941年夏，雲澤結束了他在伊
克昭盟的軍事工作，前往延安。

在接下來的幾年中，雲澤首先經歷了中共的「整風運動」，而後
迅速在中共組織內扶搖直上。1945年夏，雲澤在中共七大當選為中
共中央委員會後補委員。[65]雲澤進入中國共產黨高層，是中共民族
政治歷程中的大事。抗日戰爭結束後，雲澤的工作極大地推動了中
共爭取內蒙民眾的努力，對中共在東北和內蒙同國民黨的爭奪中發
揮了關鍵作用。不過，在抗日戰爭期間，雲澤施展身手的時機尚未
到來，而中共民族政策的制定也還是由漢族幹部一手操辦。

抗戰時期，中共制定民族政策的正式部門是邊區政府屬下的民
族事務委員會。中共在1941年10月設立民委，與國民黨政府的蒙
藏委員會相對應。民委的命名已經表明，中共承認非漢族的「民族」
地位，並以此與國民黨相區別。但兩者之間的差別卻並不像聽起來

那樣明顯。根據邊區政府1937年下達的一份組織綱要，「少數民族（蒙回）有自由組織自治政府及自由加入或退出邊區政府之權。」[66]也就是說，蒙回兩族有權自由退出邊區政府，而非中國。這樣的處理既巧妙地賦予少數民族以自決權，又壓縮了民族自決原則的適用範圍。在抗戰期間，中共關於國家統一的目標和迄今在「民族問題」上的「布爾什維克」立場之間的矛盾，由此得到調和。

　　民委包括以趙通儒為首的20名工作人員。趙通儒畢業於北大，參加了陝北早期的蘇維埃運動。他是中共幹部中具有從事蒙族工作經驗的少數幹部之一，但他在中共組織裏只算中級幹部。這也說明民委的設立雖有助於營造邊區政府的公眾形象，但在中共的決策機制中只處於次要地位。[67]

　　不過，為了消除部分歷史研究對這一時期的誤解，這裏有必要特別提到民委工作中的一個方面。民委的責任之一是在邊區範圍內，貫徹少數民族的「自治」。有些研究者因此認為，邊區的這一做法是中共在1949年以後實行的「民族區域自治」政策的前身。[68]事實上，在邊區「自治」以前，中國共產黨曾在不同地區建立了十來個「民族自治」政府。這些「民族自治」政府以及邊區的「自治」政策，在當時的中共文件中都被統一稱為「區域自治」。而這一概念也在1949年以後繼續沿用。但中共在抗戰之前及抗戰期間所實行的「區域自治」，與1949年後的「區域自治」截然不同，因為後者（至少在理論上）是非漢族的「領土自治」。中國共產黨第一次認可的「領土自治」始於1947年，即在中共支持下成立的內蒙古自治政府。[69]

　　在延安時期，雖然「區域自治」是中共邊區政府的政績之一，但當時的「區域自治」在中共民族政策的發展過程中，並不代表任何重大進展。邊區的回民人口總數不足1,300人，在一些鄉鎮中參與到「區域自治」的回民人數就更少了。[70]此外，這種「自治」的適用範圍也很有限。這點從民委的任務中便可見一斑。一方面，民委有責任貫徹「邊區境內回蒙等各民族區域自治事宜」，但另一方面，這些所

150

謂「自治區」的「政治、自衛、經濟、文化、教育、衛生等建設事宜」
都歸民委負責。[71]

　　實際上，邊區的「區域自治」並不是一種原則性制度，而是根據
不同情況，可行可止的辦法。例如，1942年5月，邊區政府決定合
併定邊、鹽池兩縣，建立「回民自治區」。這一決定是為響應此前邊
區政治委員會的一項決議，針對「西北地域遼闊民族複雜，管理既感
慨鞭長莫及之苦，法令又難以實施」的情況，建立回民自治區或可
「提高行政效率」。[72]

　　在戰時中共民族政策的發展中，遠比邊區民族事務委員會更加
重要的，是建立了一系列專事研究「民族問題」的工作委員會。這些
委員會中有黨的高級幹部參加，委員會的工作直接影響政策制定。
1935年8月，尚在長征途中的中共政治局常務委員會設立了一個「少
數民族委員會」，政治局委員何凱豐（即凱豐、何克全）為負責人。
但是這個委員會僅維持了不到一年的時間，也沒有留下任何值得紀
念的痕跡。到達陝北後，中共領導人作出了一系列組織上的調整，
希望找到一種合適的組織結構，既能為中共中央的政治決策提出建
議，又能迅速開展黨在地方的民族工作。[73]

　　到了1939年初，中共的探索有了結果。在一次中央會議上，毛
澤東將民族問題列為「全民族的緊急任務」。此後不久西北工作委員
會成立，張聞天任主任，委員會成員均為中共高級幹部。在接下來
的幾年中，西北工作委員會成為中共的民族工作和在西北六省（陝
西、甘肅、寧夏、青海、新疆、綏遠）的秘密活動的中樞。 西北工
作委員會的工作，啟動了中共歷史上第一次對中國「民族問題」的系
統思考。[74]

　　正如毛澤東不可能在江西的稻田中寫下《沁園春·雪》的詞句，
中共也唯有在陝北的窯洞裏，才能對邊疆民族進行實證性的研究。
延安時期的中共依然沒有找到自己的像斯大林那樣「了不起的格魯吉
亞人」。這個時期對「民族問題」的研究，主要是由西北工作委員會

151

下設的民族問題研究室進行的。這與1920年代的中共民族問題研究
有很大的不同，那時的中共的主要志趣在學習了解馬列主義關於民
族問題的理論。如今，毛澤東樹立了在中共黨內無可爭議的領導地
位。用張聞天的話說，中國共產黨也在努力將「組織工作中國化」，
用民族的形式實現國際主義的內容。[75] 在這一背景下，中共對「民族
問題」的探索已在很大程度上擺脫了以往「布爾什維克」和「蘇維埃」
的陳詞套語，直面西北地區的民族政治現實。

　　從一開始，民族問題研究室的工作就注重務實，着力研究回蒙
民族的具體情況，而不是理論探討。研究室集結了一批熟悉回蒙民
族情況的幹部，包括負責人劉春在內的一些成員在大學期間學習過
中國的邊疆事務，研究室的其他成員要麼本人就來自回蒙民族，要
麼有在西北從事民族工作的經驗。[76] 無可避免的是，研究必須在中
共戰時關於「民族問題」的「理論」框架下進行。但是研究的過程必然
涉及實地考察，以及對有關回蒙民族的出版資料的收集工作。由於
大部分研究須在國民黨的統治地區進行，研究人員通常需要喬裝隱
蔽，危險可想而知。在一次對馬鴻逵統治區的實地考察中，數名中
共研究人員就不幸遇難。[77]

　　最終，研究室完成了幾項研究。其中最重要的是兩份關於回族
和內蒙問題的〈提綱〉。西北工作委員會對〈提綱〉的初稿進行了討
論，然後上交中共中央審批。中共中央委員會書記處於1940年春夏
批准了兩份〈提綱〉，並通過內部刊物《共產黨人》在黨內傳閱。[78] 由
此這兩份〈提綱〉成為指導中共回蒙工作的依據，同時也反映出中共
在對西北民族事務了解上所取得的新進展。

　　在中共中央已經決定了戰時對「民族問題」的方針的前提下，由
黨內一些知識分子研究者提出的對回、蒙問題的結論，自然不可能
與既定政策相左。相反，這些指導性文件只是鞏固且論證了當前黨
的路線，並成為中共在西北的黨組織衡量各自政策實踐的標準。同
時，這些文件也確實豐富了中共對一般「民族問題」的理解與描述。

就政策內容而言，〈提綱〉努力將「六中全會精神貫徹到具體步驟中」。為了平復回、蒙民眾的怨忿，增進漢人同回、蒙兩族的關係，〈提綱〉列舉了一系列政治、經濟、文化、宗教上的措施。但是，引人注目的是，〈提綱〉對少數民族的自決權隻字未提。此時中共的方針是，少數民族只能在中華民國的體制下「正確」地要求「與漢族平等的權力」。

153

在這兩份文件中，中共對歷史上「華夷」關係的「辯證觀點」也告終結。現在中共對非漢族的民族主義使用的詞語是毛澤東提出的「狹隘民族主義」。在中共歷來對「民族問題」的討論中，非漢族的民族主義第一次遭到了完全的否定；即使非漢族只是對國民黨政府的「大漢族主義」表現出情緒上的不滿或採取政治上的行動，這也都屬於狹隘民族主義的範疇。[79] 在認定了「狹隘民族主義」與「大漢族主義」這樣兩種消極因素後，中共便不再認可任何非漢族民族主義的正當性。在中共這一立場的背後，有一種不言而喻的自信：只有國民黨的大漢族主義才會挑起少數民族的狹隘民族主義；而在中共的公正體制下，狹隘民族主義沒有存在的理由。然而在抗戰期間，中共要求少數民族克服自己的民族主義並不是因為中國已經有一個「公正的體制」，而是因為中華民族的抗日鬥爭才是當務之急。

〈提綱〉坦率地承認，中共的意願和回、蒙民族的政治意向仍然相差甚遠。〈提綱〉認為，回、蒙民族對於抗戰抱着「動搖」、「被動」、「觀望」的態度，因此是抗戰中的「嚴重問題」。除了將這種局面歸罪於國民黨與日本的政策以外，〈提綱〉還詳細討論了回、蒙民族的「性格」特徵，認為這也是兩族對抗戰態度曖昧的原因。

〈提綱〉的一個中心論點是在回、蒙民族都屬於「落後民族」，依據是三項標準。第一個標準是馬克思主義關於人類社會線性發展的歷史觀。根據這樣的觀點，回族農業經濟中所謂的「封建」關係以及蒙族的游牧生活與八旗制度，都成為回、蒙社會落後的證據。[80] 第二個標準是這些民族的漢化程度。按〈提綱〉所述，蒙族的漢化程度

低於回族，因此也更加落後，更缺乏經濟、政治的活力。〈提綱〉的
作者們對歷史上「自然」的和「強迫」的漢化做出區分，聲稱自然的
漢化是有益的，而強迫同化只會加深非漢族的仇恨。不過在他們看
來，即便是人為強迫的漢化也並非一無是處。比如，中國當局對回
族的暴力鎮壓激發了回民的「反抗精神」，而這也正是中共最為珍視
的品質。[81]

　　相比之下，在過去的一個世紀中，中國的中央政府一直對蒙古
採取安撫政策，將蒙族變成了各種（滿清、國民黨、日本）帝國主義
的附庸。〈提綱〉反映出中共對蒙族在抗日戰爭中的表現失望透頂，
認為如今的內蒙民族「缺乏朝氣」、「墮落腐敗」，在抗日戰爭中表現
出「頹廢軟弱與依賴性」。在對蒙族做了這樣一番黯然的描述後，〈提
綱〉斷定內蒙民族比回族更加缺乏自我解放的能力，他們的民族解放
必須依賴外部革命力量的援助，也就是必須與中國革命結合起來。

　　決定回、蒙民族落後性的第三點標準是宗教。中共奉行無神
論，認為蒙古的藏傳佛教和回族的伊斯蘭教都是阻礙回蒙人民進步
的「黑暗勢力」。不過在抗戰時期，從務實的角度中共對兩種宗教
採取了不同的態度。中共認為「喇嘛教」是毒害蒙古民族的精神「毒
藥」，因此採取了全面、堅決的反對態度。相比之下，中共認為伊斯
蘭教有兩面性。一方面，伊斯蘭教是阻礙回族「民族覺醒、階級覺
醒的障礙」。另一方面，伊斯蘭教又是團結回民同殘暴壓迫作鬥爭的
「神聖旗幟」。因此，雖然〈提綱〉建議回族阿訇和蒙族喇嘛都應接受
訓練，提高他們的「文化政治水平」，但是在抗戰時期伊斯蘭教可以
作為「抗日宗教」加以發揚。於是，為了將回族的宗教變成「團結回
族抗日的旗幟」，〈提綱〉明確表示回民應該有「宗教的自由」，但對蒙
族卻沒有類似的表述。

　　對回、蒙民族的不同政策，表明中共的「民族工作」比以前更
加精緻和老練了。中共放棄了戰前的支持少數民族自決權的立場，
在抗戰期間針對回、蒙社會的情況，量體裁衣，區別對待，用內容

不同的政治宣傳去爭取兩族的支持。正如內蒙有「老印」、土地所有權、馬匹等問題，回族的突出問題是「地位」。而這一問題正好使中共有機會採取與國民政府的政策對立的立場。

在清朝，滿清政府以「生回」或「夷回」稱呼新疆的穆斯林，以「熟回」或「民回」指代中國內地的穆斯林。中華民國初期，這些名稱被分別改為「纏回」與「漢回」。但當時新疆王公和內地回民在與中國政府溝通時，均自稱「回族」。1935年，盛世才在新疆頒佈法令，將本省主要族群的名稱由「纏回」改為「維吾爾」，此後新疆和內地的回民在中國的官方語彙中有了明確的區分。[82]然而，國民黨政府堅持不承認內地回民具有「民族」的地位。關於這一問題最權威的官方表述來自蔣介石1943年出版的《中國之命運》。該書聲稱，回民「其實大多數皆為漢族信仰伊斯蘭教之回教徒」。[83]

雖然當時的中國社會對回民的民族身份沒有共同認識，中共卻始終承認回族作為「民族」的地位。自建黨以來，中共一直將回族作為中國的少數民族之一。大量1920至1930年代間的中共文獻表明，當時的中國共產黨和共產國際都將中國內地的回民視為「回族」的一部分。[84]不過，直到1940年，中共始終受到「回疆」這一概念的影響，未能將內地與新疆地區的穆斯林區別開來。例如，中國共產黨於1936年以毛澤東的名義發表的〈對回族人民的宣言〉，就將寧夏、甘肅、新疆的穆斯林統稱為「回族」。[85]只是在經過西北工作委員會的研究之後，中共才第一次將內地的回民視為一個特定的民族群體，與新疆的穆斯林相區別。

值得注意的是，在長征結束以後，雖然中共中央要求各地方黨組織運用馬克思、列寧、斯大林的理論中同「民族問題」相關內容指導各自的民族工作，西北工作委員會的調研工作遵循的卻是中共戰時的實用主義精神。[86]1940年，西北工作委員會秘書長李維漢撰文釋疑，解釋了中共對回族問題的看法與斯大林有關「民族」和「自決」的定義之間的矛盾之處。李維漢認為，斯大林判定「近代民族」的四

個標準並未否認回族及中國的其他少數民族是正在成型的民族。李　　156
維漢還指出，由於日本對中國的侵略，民族與自決權之間的關係問
題必須暫時擱置。因此，中共雖然承認了回族的「民族」身份，但並
不意味着也承認了回族的民族自決權。至於自決權的前景，李維漢
未做任何明確的推論。他只是希望中國在戰勝日本侵略者以後，不
要像第一次世界大戰後的一些東歐國家一樣，重蹈分裂的覆轍。[87]

# 邊疆性格

　　如果說西北工作委員會的兩份〈提綱〉對中共「邊疆性格」的心態
有所表露，那麼這種心態也一定是以中國為中心的。正如〈提綱〉所
示，中共在抗戰時期面對非漢族的文化或政治訴求的時候，總是以
維護中國的政治利益和文化價值為出發點。雖然中共領導人宣稱他
們對「民族問題」的看法符合「科學」，但是〈提綱〉對回、蒙問題的
分析卻常常從主觀出發，並曲解了一些重要事實。例如，中共將非
漢族社會的進步程度等同於他們的漢化程度，這點就不符合西北的
社會現實。客觀的來看，甘肅、寧夏地區的漢族與回族的確極易辨
認：回民通常體格健康強壯，居所也十分乾淨整潔；漢人在這些方
面則往往截然相反。造成這種強烈反差的原因之一是當地漢人普遍
吸食鴉片，而大多數回民則杜絕了這一惡習。在這方面「漢化」的惡
果，可以見於當地的藏民。許多藏民因仿效漢人，對煙毒成癮，結
果與漢人「同陷於難拔的深淵」。[88]

　　不過，抗戰時期中共之所以對回、蒙民族在社會、經濟、文化
上的「落後」深感失望，主要還是出於一個壓倒一切的政治考量：
回、蒙民族對關乎中國生死存亡的抗日戰爭似乎漠然置之。在批評
回、蒙民族對抗中國當局的「狹隘民族主義」的同時，中共並不認為
此類民族訴求代表了任何「積極」的政治活力。中共在抗戰時期有關

157 蒙族「政治麻木」的結論，尤其反映出中共對少數民族自身訴求的偏見。抗戰剛剛結束，內蒙古就爆發了一場規模宏大的自治運動。這種似乎違背內蒙民族性格的事態發展，使得中共領導人驚詫不已。[89]

因此，正如上文牙含章所言，中國共產黨雖然在抗戰時期作了許多工作，卻從未真正了解西北邊疆民族的「民族意識、民族感情，以及他們的宗教信仰」。總之，從1935開始中共在西北經營了十數年之久，但是依然沒有克服自身的漢族性與鄰居各族之間在民族政治、文化心態上的障礙。這並不是說中共的「邊區」歷程沒有培養出一種獨特的政黨「邊疆性格」。拉鐵摩爾認為，美國歷史與歐亞大陸歷史上的邊疆的「首要區別」，在於前者是兩個原本毫不相關的社會(歐洲人與「印第安人」)的相互碰撞，而後者是「人類大潮無止境的漲落流動」。[90]作為人類大潮的一部分，中國的北部及西北邊疆不僅見證了非漢族的漢化過程，也接納了漢族遷徙者的「蠻夷化」過程。中國共產黨轉戰西北，並沒有簡單地重演歷史上「漢化」和「蠻夷化」。惟此，中共的西北經歷成為人類流動大潮中一朵獨特的浪花。以往的漢族遷徙者在邊疆地區進行文化、經濟活動，有意無意地充當了「漢化」的媒介或「蠻夷化」的對象。中國共產黨是與以往不同的一個「邊疆化」群體，他們的思想武裝是所謂超民族的意識形態，對待邊疆各族的文化、經濟困境採取的是主體意識，來到西北地區暫居完全是出於「政治游牧」的目的。

在據守中國國內民族邊界地區的十數年中，中國共產黨最大的收益，是學會了以實際經驗為基礎，理解「民族問題」並制定相應政策。但在抗戰時期，中共在中國國內民族政治舞台上採取的立場卻難免尷尬：一方面，由於中國的抗日戰爭，中共無法按照列寧主義的策略，使少數民族的民族主義為己所用；另一方面，國民黨執掌政權又使得中共難以緩和回、蒙民族對中國國家的敵意。因此，正如國共兩黨貌合神離的戰時聯盟，中國共產黨與西北各族雖然形同鄉里，卻無共同利益可言。不過，歷史證明，不論是國共合作，還

是「邊區」與回、蒙各族為鄰，最終都注定成為中國共產黨通往權力
道路上的關鍵步驟，也是中共填補中國漢族與非漢族社會之間裂隙
的重要環節。

結語

# 從「中華民族」到多民族的中國？

中國共產黨的民族政治歷程當然沒有因為抗日戰爭的結束而終
止。1945至1949年，中國共產黨在同國民黨的鬥爭中取得最後的勝
利。在中共通向權力之路的最後一程，複雜、激烈的民族衝突與協
商頻頻上演，其中牽涉了中國的對立政黨、外國勢力以及在中國北
疆、西疆尋求自治或獨立的民族群體。這一過程對於理解1949年以
後的中華人民共和國多民族制度至關重要，尚需另做研究。本書對
中國共產黨在1921至1945年間的民族政治的考察，當足以說明，單
從馬克思主義意識形態的角度解讀這一現象，太過於局限。馬克思
主義範式重視源於蘇聯的理論與實踐，而對紮根於中國歷史、文化
及20世紀政治情勢的其他變量關注不足。

類似的研究往往疏於對中國共產黨在中國特定的民族政治環境
中的行為做實證分析，而滿足於對馬克思主義有關「民族問題」理
論的解讀。以往研究的主要問題通常是中國共產黨如何將馬克思主
義應用於中國的「民族問題」，卻極少探究中共是否如此行事。事實
上，最初中國共產黨對馬克思列寧主義和中國「民族問題」都不太了
解。後來，隨着中共越來越了解中國的民族政治狀況，他們的民族
政策也隨之開始了「去布爾什維克化」和「中國化」。關於中國共產黨
「創造性」地將馬克思主義應用於中國的陳詞老調，遮蔽了事務的另

一個方面：中國共產黨同樣創造性地借馬克思主義的名義，沿用了中國歷史上的傳統做法。毛澤東的農村游擊戰略源於中國歷史上無數的農民起義，同樣，中國共產黨的民族政策也是中國民族政治文化的延續。從秦始皇到中華民國的歷代邊疆政策，都是中共民族政策借鑒的先例。

以馬克思主義對中共的解讀中有一種偏重文化的觀點，將「民族問題」視為中共政治策略的一環。郝瑞 (Stevan Harrell) 將中國共產黨的民族工作實踐與一些本着儒家思想或基督教精神的歷史先例進行比較，認為在歷史上一系列「文明化工程」(civilizing projects) 中，中國共產黨的民族政策是其中的一个環節。這些作為「文明中心」的儒家、基督教和共產主義工程分別以「文化」、「種族」、「政治經濟」為標準，界定需要「開化」的人群，區分「文明中心」與「邊緣群體」。用這種方法檢視中國共產黨的民族政策，確實可以超越馬列主義的解説框架，展示中國多族交往的歷史延續。然而，郝瑞的文明三部曲與馬克思主義的政治學範式有着相同的弊端。郝瑞承認，三大文明工程雖然理論各異，在實踐上卻大同小異。特別是在儒家與共產主義之間，有諸多共通之處。他最終仍將中國共產黨的政策歸類於馬克思主義，因此未能揭示在中國的所謂「文明化」過程中，有一個民族主義階段。[1]

出於本書的研究，對於郝瑞迴避中國民族主義可以提出兩點質疑。第一，從1921年到1945年，在中共自身尚處於中國的政治、文化邊緣的情況下，是否可以將中共視為中國的文化中心？第二，由於中共的共產主義意識形態尤為明顯地採取了民族的形式，並且在中國從族類文化王朝向民族國家的轉型過程中，延續了儒家思想的某些要素，因此20世紀中國的政治理念呈現出「雜交」的現象。這樣看來，比起研究「儒家」、「基督教」和「共產主義」工程這樣「純粹」的形式，直接檢視20世紀中國的「民族的文明工程」豈不是更有價值？

# 關於「成熟」

20世紀，一場主要由中國國民黨與共產黨大力推進的民族的文　　161
明工程在中國展開。這場工程受到了儒家、西方國家以及共產主義
的強烈影響，但也發展出了自己的顯著特徵。這場工程以儒家族類
政治傳統為源頭，將漢族與邊境民族分別視為中心與邊緣，同時在
政治話語中採用了「民族」、「進步」、「現代」、「自治」、「平等」、「少
數民族」等一系列西方及共產主義概念。

換言之，這項工程以現代語彙重新定義了中國文明進程的內
容，並從政治、社會、經濟發展的理念出發，將漢族放在中國多民
互動的「領導地位」之上。1920年代初，國民黨與共產黨同在蘇聯
的影響下開展各自的民族事務。兩黨尤其是中國共產黨都不得不吸
收、消化馬列主義中有關「民族問題」的觀念。但是，國共兩黨都沒
有完全照搬蘇聯的做法。最終，從中華民國到中華人民共和國，蘇
聯對中國的民族政治最為長久的影響，僅限於關於各民族在社會、
政治方面平等的理念。

郝瑞把他的三部曲恰如其分地定義為「文明化」工程，因為在
理論上講，儒家、基督教和共產主義都是超越民族的理念。相比之
下，國民黨與中國共產黨的民族政治事業則都是高度民族主義、高
度國家本位的，並且始終對外國勢力的干涉充滿戒心。因此，他們
的事業必須歸類為「民族化」工程，其目的是將中國從傳統的多族類
王朝國家轉型為現代多民族的「民族國家」。[2]

同樣，本書的研究認為，1921至1945年間的中國共產黨的民族
政治，不是遵循馬克思主義理論對中國「民族問題」的理解逐漸「成
熟」的過程。相反，在這一時期，通過對蘇聯在「民族問題」上的理
論和實踐的有限了解，被迫在中國的文化、族群版圖上作出戰略轉
移，同中國民族主義重新接軌，並與部分邊疆的非漢民族建立直接
聯繫，這一系列經驗使得中國共產黨為自己的「民族化」工程獲取了

目標、觀念與初步實踐。如果撇開中共領導人在相關政策討論和聲明中所使用的共產主義語彙，馬克思主義和蘇聯對中共民族政治行為的影響其實遠遠小於人們通常的想像。與此同時，以漢族為中心的傳統族類文化主義、中國的民族人口與民族地理狀況、外國勢力對中國民族邊疆的入侵、抗日戰爭、以及中共長期處於中國政治生活邊緣的狀態，這些因素都在塑造中共民族政治行為的過程中扮演了至關重要的角色。

在這樣的情況下，中國共產黨對中國的「民族問題」的認識和處理，絕不照搬蘇聯。至於布爾什維克對「民族問題」的「解決辦法」和中國共產黨之間的關係，人們通常認為中國共產黨始終遵循列寧主義戰略，並愈發熟練地將馬克思主義運用於中國的實際。然而，從1921至1945年的趨勢來看，事實恰好相反：隨着中國共產黨的日趨「成熟」，他們的「馬列主義」屬性也就越來越弱。毫不奇怪，由於中國共產黨與國民黨所面對的情況大同小異，到抗日戰爭結束時，兩黨雖然在具體做法上仍有不同，但他們對中國民族政治的目標在本質上已經趨於一致。

當然，在中華人民共和國成立以前，中國共產黨並不僅僅是「文明化」或「民族化」的推動者，它首先是一場革命運動。馬克思主義、列寧主義以及布爾什維克的革命經驗構成了中共政治策略的基本參照。另一方面，中共的民族政治策略卻與布爾什維克相去甚遠。正如理查德・派普斯（Richard Pipes）所言，布爾什維克在掌權以前，並未「解決」「民族問題」，而是對其大加「利用」。[3]

在中國共產黨成立後的第一個十年，中共的「民族政策」與中國的民族政治沒有直接關聯。中國共產黨在1920年代初採取了共產國際對「民族問題」的立場，主要是為了符合共產國際對各國共產黨的要求。1930年代初，中國共產黨正式宣佈中華蘇維埃的民族綱領，又是為了使自己的「雛形國家」與國民黨政權相對抗。長征期間，中共開始同一些少數民族發生接觸，因此第一次將「民族問題」提到了

政治決策的首位。但從張國燾與毛澤東的政策分歧可以看出，中國共產黨自身相對中國社會中心的邊緣化，導致黨內對布爾什維克利用「少數民族」反中心傾向的革命策略的懷疑。

顯然，不論作為「民族化」的推動者還是革命黨派，中國共產黨都必須與自己的社會及民族文化基礎，也就是漢族民眾，保持穩固的聯繫。革命黨派的「中心」地位是列寧主義民族戰略的絕對前提，但中國共產黨在前16年裏都是處於中國政治生活的邊緣。八年抗戰，中國共產黨通過領導華北民眾的抗日運動回到中國政治的中心舞台。但與此同時，中國共產黨也接受了國民黨的官方民族主義。這就決定了，面對日軍侵略下日益嚴重的中國的民族危機，中國共產黨只能選擇與國民黨的中央政府站在同一陣營，共同「解決」中國的「民族問題」，而不是利用少數民族問題與國民黨政府為敵。

此前針對中國共產黨民族政策的研究，往往錯誤地將關注點放在中國共產黨的政策與列寧主義「民族自決」原則之間的聯繫。首先，多年來中共文獻關於「民族自決」原則的說法前後並不一致。此外，這種聯繫最多只能表明中共在其民族政治方面有所調整，但是對調整的原因和背景並沒有提供任何線索。實際上，中國共產黨人在遭遇自己的民族政治難題時，所面對的情況與所持的立場都與蘇聯布爾什維克黨人大相徑庭。

雖然中國共產黨沒有就中國的民族事務形成一套獨特的理論學說，但按蘇聯的標準，中共的民族政治實踐和毛澤東的農村革命一樣不合正統。布爾什維克在獲得政權以前採取的是革命的民族政策，既利用非俄羅斯民族的民族主義作為破壞沙俄舊政權的毀滅性「酵母」。相比之下，抗戰時期已有長足發展的中共民族政策則是以協調合作為基礎，通過政治批評與勸服防止非漢民族脫離中國，並利用文化、經濟、民族政治改革的手段贏得非漢民族對中國共產黨以及中華民國的忠誠。

日本投降後，中國共產黨與國民黨再次成為中國政壇公開敵對

的兩派，分別向對方進行「解放戰爭」與「戡亂戰爭」。1945至1949年的中國內戰雖然看似是共產主義與民族義之間的鬥爭，實際卻是在兩個中國「民族化」工程之間的武裝競爭。換言之，雖然中國內戰與日益尖銳的美蘇冷戰迫使中國共產黨不斷調整自己的民族政治策略，中共民族政治的主要動因卻始終保持不變。儘管中國共產黨通過向少數民族提倡社會、經濟改革得以保持針對國民黨的一定的政治優勢，但其政策的中心理念始終堅持認為，少數民族的「解放」只有通過中國革命才能完成。在接下來的幾年中，中國共產黨不僅成功地將國民黨政權逼退到海島台灣，而且還將同中國疏遠多年的民族邊疆併入了中華人民共和國，從而完成了國民黨執政二十餘年來所未能完成的任務。[4]

## 「歷史性的自決」

1949年10月，中華人民共和國的成立標誌着共產主義政權在中國的開端。中國共產黨的綱領從此成為了中國的國家政策。中華人民共和國的官方文獻將這一進展稱為「中華民族歷史性的自決」，既指中華民族對中國共產黨領導權的認可，也指「少數民族」以中華人民共和國為祖國的選擇。[5]倘若接受中國政治歷史中的「天命」論，那麼中國共產黨的崛起與掌權的確可以理解為中國人民的「選擇」。但如果說1949年中國所有具備政治自覺意識的民族群體都享有並行使了「民族自決」權，那就是對歷史的歪曲。

1949年9月初，周恩來在對人民政治協商委員會的講話中承認，「任何民族都是有自決權的，這是毫無疑問的事」。但他又補充道，由於外國帝國主義者圖謀分裂西藏、台灣與新疆，中國共產黨決定建立統一的共和國，而不是多元的聯邦制。[6]一個月後，中共中央向各地委下達指示，對黨的決定作出說明：

關於各少數民族的「自決權」問題，今天不應再去強調，過去
在內戰時期，為了反對國民黨的反動統治，曾強調過這一口
號，這在當時是完全正確的。今天新中國已經誕生，為了完成
國家的統一大業，為了反對帝國主義及其走狗分裂中國民族團
結的陰謀，在國內民族問題上，就不應再強調這一口號，應強
調中華各民族的友愛合作與互助團結。[7]

　　周恩來的講話與中共中央的指示都很直接坦率，無意曲解民族
自決原則以掩蓋黨的真實意圖。也就是說，中國共產黨在中國國家
建設中充分扮演了剛剛取得的領導角色，為這片土地上的所有民族
做了一個「決定」。西方評論中有一種觀點認為，蘇聯終結了民族自
決權的「事實」(facts)，但依然保持了自決的「幻象」(ficiton)。[8]顯
然，中共領導人認為無論是「事實」還是「幻象」，都對中國沒有益
處，因此同蘇聯模式保持了距離。

　　1949年，中國共產黨明確否決了多民族共和國聯邦的蘇聯模式
和列寧主義對民族自決的理論，這既表現了中國共產黨作為中國執
政黨的自信，也凸顯出中共對於中國的國際環境的憂懼。[9]但除了
直接坦率以外，中國共產黨1949年以後的民族政策與其在抗戰時期
的民族政治立場其實並無二致。正如本書所示，民族自決曾是中共
民族政策的主題之一，但在1930年代後期就已被中共擱置一邊。為
了抗日戰爭，中共的綱領經過了民族化的調整，以後中共再也沒有
真正收起至關重要的「民族旗幟」。也就是說，1949年後，郝瑞提
出的那種超越民族的「共產主義文明工程」(Communist civilizational
project)，從未在中國出現。成為執政黨的中國共產黨，只是繼續着
自己的「民族化」使命。

　　因此，對中華人民共和國時期的民族政策與實踐來說，中國共
產黨早年經歷最重要的遺產，便是以漢族為中心的中國民族主義，
也就是中共領導人常說的愛國主義。1949年以後，隨着中國共產黨

定都北京，也就不再是一個北方化和邊緣化的政黨。不過，即便進入了「城市化」和「中心化」的階段，中共的民族政策也不會重新踏上布爾什維克化或蘇維埃化的道路。以漢族為中心的「民族化」將始終是這個政策的核心內容。

在毛澤東時代，馬克思主義的階級鬥爭理論的確深植於中共思想之中。但即便毛澤東在1949至1976年間連續發起數次「階級鬥爭」，也不能證明中國共產黨在這一階段的民族政策是超越民族或族群的。在毛澤東的「繼續革命」中，民族衝突與人為製造的「階級矛盾」相互交織。中國共產黨於1957年發起「反右運動」，在內地知識分子對黨的批評受到打壓時，邊疆非漢民族的批評者也受到迫害。後者的罪名不是「右派」，而是「地方民族主義分子」。

1966年後，毛澤東發起駭人聽聞的「無產階級文化大革命」，使中共黨內、政府內的大量人員在各種政治標籤下受到清洗。同時，在內蒙古發生了針對蒙古族的「挖肅內人黨」的運動，大批蒙族幹部、民眾中深受其害。[10] 自然，內蒙古的「挖肅運動」的名目，是反對資產階級民族主義傾向的無產階級革命行動。然而，毛澤東逝世數年之後，身受文革之害的烏蘭夫又有不同的說法：

> 有些同志不免還帶着大漢族主義的思想，那主要是封建專制主義的精神遺產。封建時代貴華夏而賤夷狄的傳統觀念，在我們有些同志的思想深處尚未絕跡。奇妙的是，這類陳腐的觀念竟會和「左」傾錯誤思想一拍即合。有些同志總是不大信任少數民族的幹部和群眾，不大尊重少數民族的自治權利，因此他們雖然口頭上也講民主區域自治，實際上卻往往虛應故事，或者搞包辦代替。[11]

1980至1990年代，人們普遍將毛澤東時代的過火歸結為「左傾主義」。烏蘭夫則另有見解，他對於漢族幹部的「包辦」傾向的批評一語中的。但他沒有看到，或者不願承認的是，中國共產黨的民族

政策作為中國「民族化」工程的一部分，終究無法避免以漢族為中心的趨勢。這種趨勢當然與中國傳統的族類文化主義有關，但同時也是由20世紀中國的國內國際政治歷程所決定的。

其實，中國共產黨從未在根本上反對過漢族中心主義。1949年前，中國共產黨曾堅持認為，少數民族只有作為中國革命的一部分才能獲得「解放」。毛澤東逝世後，中國共產黨繼續強調，所有的少數民族都必須「趕上或接近漢族的發展水平」。[12] 這些觀點無疑都是漢族中心論。1980年代初期，在胡耀邦總書記的領導下，中共中央似乎有意重新開始。為了改進在西藏的民族關係，中央採取了一套新的方針，強調「一切決定和措施，必須首先確實得到藏族幹部和藏族人民的真心同意和支持，否則就要修改或等待」。在這一方針下，一系列有利於西藏的政策得以實施，大量漢族幹部也從西藏調回。[13]

好景不長。1989年天安門事件後，李鵬總理在對國家民族事務委員會的講話中提醒大家提防「少數分裂主義分子」「破壞中華民族大團結」的陰謀。他強調，「我國有幾十個民族，漢族人口佔絕大多數，一般來說漢族的發展水平也比較高，所以，講民族平等、團結，就全國來說，漢族同志負有更重大的責任」。[14] 在當今的中國，「漢族同志」在民族事務中的主導地位顯然不容爭辯。

## 「新時期」

20世紀的最後20年裏，中國共產黨的工作重心從革命轉到了改革和發展經濟。隨着階級鬥爭淡出視線，中國共產黨也放棄了毛澤東關於「民族鬥爭說到底是階級鬥爭」的主張。[15] 1980年代以來，在中國大陸，「民族問題」的「階級特徵」已經被各民族間的「人民關係」所取代。

在「新時期」，中國所有的民族間的不和睦，都被認為是來自先

進民族 (漢族) 和由於歷史原因造成的落後的其他民族之間的「事實
上的不平等」。基於這一思路，中國共產黨如今將非漢民族的經濟發
展作為維持中國多民族結構穩定的關鍵。雖然軟性的社會經濟措施
比硬性的政治壓制在當前成為更重要的手段，政治壓制仍然是中國
共產黨消滅「處於萌芽狀態」的民族分離傾向的不二舉措。[16]

　　無疑，與抗戰時期一樣，當前中共民族政策的重中之重仍然是
維護「中華民族」的團結統一。抗戰時期，國共兩黨雖然分別秉持着
「同一血統的大小宗支」與「中國各民族」的理念，但兩黨殊途同歸，
都支持以「中華民族」為中心的政治觀點。1947年初，國民黨政府將
新修訂的憲法在中華民國全面推行。新憲法規定：「中華民族各民族
一律平等」。[17] 此後，兩黨政策在表述上的差異也不復存在。

　　其實，中華民族這一概念的根源可以追溯到更久以前。20世紀
初，為了抵禦外國勢力對中國的蠶食，中國民族主義者在清帝國提
出了「中華民族國家」(Chinese nation-state) 的概念。中國民族主義內
在的矛盾就在於，從國民黨到共產黨的中國民族主義者都堅信，如
果不能擁有對過去大清帝國版圖的全部主權，中國就沒有完全擺脫
外國侵略帶來的恥辱，因為國恥與割地都自清朝而始。

　　然而，要在現代世界的秩序之下奪回大清帝國的全部版圖，首
先必須設想一種現代的政治立場。國民黨和共產黨一度分別採取了
「五族共和」的理念和「各民族自由聯合」的辦法，但最終都未能在一
個多元復合的體制下收得成效。因此，通過一系列的政治手法與文
字調整，到抗戰開始時，國民黨和共產黨已協力將「中華民族」從針
對漢族的「民族通稱」，擴大成為對中國境內所有民族群體無所不包
的政治身份。[18]

　　西方語言中從來沒有「中華」一詞的對應翻譯，這說明「中華」概
念主要是對國內有意義。二戰期間，蔣介石礙於日語中「支那」概念
的貶義，要求外交部考慮修改「中華民國」的英文慣譯為「Republic of
China」。一番考量之後，外交部建議仍保留現有譯名，原因有三。

首先，如果將「中華民國」譯為「Central Glorious Republic」，這一「頗為自大」的名稱極易引起西方同盟國家對中國擴張主義抬頭的懷疑。其二，英文中「China」一詞的詞源可追溯至古代的梵文、希臘文與拉丁文，而「China」在這些語言中並無貶義。其三，外交部指出，在日語中「支那」表示「我國最輝煌時期的領土範圍，其中包括東北及蒙古」。實際上，自1920年代以來，正是日本在其政治宣傳中以「中華」或「中國」取代了「支那」，目的就是要將滿洲和蒙古從「中華民國」的政治概念中分割出去。

169

蔣介石對這些説法並不滿意。他指示外交部做好準備，於適當的時機在對外通訊中使用「Republic of Zhonghua」的名稱。[19]但蔣介石所青睞的這個英文譯名卻從未得以採用。因此，時至今日，英文中依然沒有一個詞語可以表達抗日戰爭以來「中華」這一概念在中國政治生活中的支配地位。

中國國內最近一次對「中華民族」的定義，來自社會學家費孝通，他將「中華民族」定義為「多元一體」。這個定義看似新穎，其實表達的仍是一向就有的宗旨。「多元」只存在於文化層面，「一體」依然以漢族為中心的政治統一。[20]雖然用「中華民族」表述中國的多民族現狀時不免尷尬而且不夠坦率，但歷史證明了這一詞語在團結廣大漢族民眾的政治功用。

中國經過幾十年的經濟改革，已經變成一個「類資本主義」社會。共產主義思想正逐漸消退。這些趨勢愈發加強了「中華民族」在中國政府政治宣傳中的重要價值。比如，在2001年南海撞機事件中，中國政府就使用了這一概念。當時中國政府扣留了24名美國諜機機組人員，中美僵持了11天。在釋放美方人員以後，《人民日報》宣告中國取得了道義上的勝利，表示「中華民族」在面對唯一的超級大國時保持了公正而無畏的態度。同時，《人民日報》還對「中華民族」的各族人民在中美僵持中表現的「強烈的愛國主義精神與高昂的鬥志」表示讚揚。[21]

# 「祖輩的足跡」

歷史學家黃仁宇在他對中國的「大歷史」的研究中說:「我們所享有的任何選擇自由,都源於腳下祖輩所留下的足跡。」[22]從這個意義上說,中國共產黨在處理中國的民族問題時,理所當然地拒絕了蘇聯模式而選擇了漢族的民族政治方法。俄國布爾什維克面對的是長達幾世紀的沙俄帝國主義傳統,中國共產黨背負的是中國兩千年的「大一統」觀念。以兩者的區別為起點,我們可以對不久的將來稍作推測,也可以就中國當前民族政治體系的前景提出問題。如果說蘇聯的解體可以為這種推測提供任何有用的線索,那就是蘇聯的先例與中國的情形風馬牛不相及。

同中國共產黨相比,列寧等人的歷史包袱看似較輕。這裏絲毫沒有貶低他們在處理俄國「民族問題」時的革命創造力的意思。布魯貝克(Roger Brubaker)在其對冷戰後歐洲民族主義的研究中,極其敏銳地考量了布爾什維克的民族政策的深遠意義。布魯貝克認為,在羅曼諾夫王朝的遺跡上,布爾什維克以明確界定的「亞國家族群民族」(sub-state ethno-national groups)所構成的聯邦為基礎,構建了蘇維埃的多民族性。在理論上,這些民族的平等不僅表現在憲法規定的同蘇聯分離的權利,而且表現在作為蘇聯公民的任何群體,都不得享有特權或中心地位。當然,在蘇聯的鼎盛時期,「聯邦」與「分離權」的確只是幻象。

但正如布魯貝克指出的,這些制度化的結構和權力始終都有從幻象變為現實的潛在可能。最終,它們的確決定了蘇聯終結的方式。1990年代初,莫斯科放鬆了對整個國家的控制,各民族的加盟共和國終於有機會行使各自的自決權,最終決定脫離蘇聯。因此,自從蘇聯、南斯拉夫和捷克斯洛伐克這樣的多民族結構解體以來,歐洲並沒有進入所謂「後民族」時期,而是步入了「後多民族」時期。第一次世界大戰結束後,歐洲一些帝國的「繼承國」曾通過「民族化」

重新組合自己的政治空間。隨着蘇聯等國的解體，歐洲又再次走上了同樣的道路。[23]

　　如果說這是歐洲歷史的自身循環，中國從未涉足其間。中國共產黨既然否決了列寧主義的各民族的「聯邦」和「分離權」，也就沒有打算將中華人民共和國變成一個能夠「解決」「民族問題」的超民族結構。相反，通過堅持「中華民族」的概念以及建立一體化的民族政治體系，中國共產黨緊密追隨着「祖輩的足跡」。中國共產黨在1949年後所實行的「民族識別工作」與「民族區域自治」的確看似中國歷史上的創新。在中國，標準的中共文獻都將這些舉措列為中國共產黨運用馬列主義應對中國「民族問題」的創新實例。

171

　　然而，一旦看出中共民族政策的實質是漢族民族政治，那麼也就不難發現這些舉措其實並沒有脫離中國的歷史傳統。「新時期」的中國政府也不想代表中華人民共和國標榜創新。中華人民共和國成立50週年之際，國務院發表題為《中國的少數民族政策及其實踐》的政府白皮書。文件將中國描述為一個「統一的多民族國家」，但就這點而論，中國是由「秦朝的開創、漢朝的鞏固與發展」而來，並非由中國共產黨於1949年首創。[24]

　　人們常用「熔爐」或「沙拉碗」來比喻美國混合的種族、族群關係。對蘇聯多民族體制的比喻是層次分明的「多層蛋糕」。這些比喻雖不盡科學，但都非常生動形象，易於理解。同樣，中華人民共和國的多民族制度可以比喻為中國特色的「餃子」。「中華民族」是一張餃子皮，各個民族則是包裹在內的各樣餡料。如果說前蘇聯的憲法依然給蘇聯的「多層蛋糕」留下了分離的可能性，中華人民共和國的創始人顯然不希望，1949年包好的餃子在以後發生破裂。

　　不過，中國也有各朝各代分分合合的歷史循環。清朝覆滅後，中國陷入了分裂的亂局。自那時起，中國便走上了追求完美「大一統」的征途。借用布魯貝克用於衡量歐洲國家的標準，今天的中國或許可以視為一個「尚未實現的民族國家」，不過當然遠比歐洲各國更

為龐大複雜。[25]中國對於國家主權的高度敏感、對於民族邊疆動亂的持久擔憂以及堅決主張台灣回歸的抱負，都愈發凸顯了這個國度所體現的老到的文明和稚幼的「民族國家」之間的悖論。

畢竟中國以全球四分之一的人口締造了世界上最豐富、最悠久的文明之一。「不成熟」並不是一個適用於中國的形容詞。在過去的一個世紀中，中國一直在工業化、民主化、「民族化」的道路上努力前行。這個古老而新興的國度正以這樣的方式與現代世界磨合並存，而不是依照源於西方的共產主義或資本主義標準追求「成熟」。中國一舉一動所參照的正是中國自己悠久的歷史與文明。對中國的認識如果是根據過往的共產主義或者是將來的現代化或西方化，那就難免狹隘乃至誤解。

就中國的經歷而言，到19世紀末為止中國完成了從一個自我的世界到外在世界一員的歷史性的轉變。對中國人來說，這是一個情非得已、迷惘不堪、備受挫折和外力所逼的過程。到了下一階段，為了在20世紀的世界格局中爭取應有的地位，中國通過積極有力和富有自覺意識的奮鬥，構建了「中華民族」。然而，從某種意義上說，中華民族在統一和邊界清晰的政治版圖中繼續維持漢族中心主義，也使中國的世界獲得了更新。

「中華民族」在將來會被一個各民族共享的中國所代替嗎？作為一份歷史研究，本書無必要也不可能回答這個問題。不過，似乎可以明確的是，只要「中華民族」的現狀不變，孫中山的「天下為公」便仍然只是一種理想。

# 中文版跋

　　多年前，曾打算寫一本有關二戰後中國內戰時期的邊疆民族政治的書，尋求解決心中的一個困惑：中國以往的歷史表明，凡逢中國以漢人為主體的社會和政治體系發生嚴重內鬥之際，處於邊緣的非漢族政權或勢力便有了異動甚至分立的機會；可是為何中國在抗日戰爭慘勝之後又浴內戰之火，卻在1949年開始重新取得領土、政令、各族「大一統」的局面？現在看來這一設問並不嚴謹，並且至今也沒有提出一個完整的回答。但是由此開始的研究，首先導致了本書的完成。原本只是想為計劃中的書寫一篇前言，根據前人的研究成果，對中國共產黨民族政策的形成過程做一簡述。然而越看前人成說，越覺有話要說，不期之中將一篇前言變成了一本書。本書首先以英文版在十幾年前面世，現在有機會以中文出版，作為著者，自然是喜不自勝。欣喜之餘，又有些對本書中文讀者的歉意。首先，本書研究的是中國歷史的題目，但卻未能在殺青之際，就奉至理所當然是最重要的中文讀者。其次，一項歷史研究的生命力終歸有限，《邊緣地帶的革命》歷經十數載已是車轍馬跡，恐難再有拓新之功。換句話說，本書英文版是十幾年前在西方學界氛圍裏完成的，學術對話範圍原本有限。至今，國內外對20世紀中國邊疆、民族關係的歷史研究已經是曲徑通途，成為21世紀的學術熱點之一。

而現在讀者手中的中文版僅完成了語言的切換，對近期的學術發展
並無反映。最後，此書是我的學術關注從東亞外交史領域，轉向20
世紀中國邊疆民族問題研究的第一個結果，優劣與否，已是覆水難
收。儘管如此，本書仍算是一家之說，可以對今天關於中國邊疆、
民族問題的爭論做些許貢獻。為此，要特別向香港中文大學出版社
對出版本書的設想與策劃致謝。編輯葉敏磊和楊彥妮兩位博士及她
們的同事們在這方面居功至巨，萬芷均小姐在短時間內完成了高質
量的翻譯，劉曉紅博士在對譯文的校對過程中鼎力相助，又有熱心
讀者隨時對中文表達提出高見，在此都表示衷心的感謝。

劉曉原

2017年初秋於北美

# 注釋

## 緒論

1. 在這些體制瓦解所帶來的暴烈的餘波中，捷克與斯洛伐克的和平解體
   是個特例。
2. 劉寶明：《民族問題與國情教育讀本》（北京：中央民族學院出版社，
   1992），頁2。
3. Nadia Diuk and Adrian Karatnycky, *The Hidden Nations: The People Challenge the Soviet Union* (New York: William Morrow, 1990), p. 25.
4. 對於這一問題的不同意見，參見A. Doak Barnett, *China's Far West: Four Decades of Change* (Boulder: Westview Press, 1993), pp. 592, 611–614; Melvyn C. Goldstein, *The Snow Lion and the Dragon: Tibet, and the Dalai Lama* (Berkeley: University of California Press, 1997), pp. 100–131; Justin Jon Rudelson, *Oasis Identities: Uyghur Nationalism along China's Silk Road* (New York: Columbia University Press, 1997), pp. 167–175; John Anderson, *The International Politics of Central Asia* (Manchester: Manchester University Press, 1997), pp. 196–197; Graham E. Fuller, "The New Geopolitical Order," in Ali Banuazizi and Myron Weiner ed., *The New Geopolitics of Central Asia and Its Borderlands* (London: I. B. Tauris, 1994), p. 41.
5. 依中華人民共和國的官方認定，中國共有56個「民族」。1954年，中國境內有數百個自我認定的民族群體，兩年後，政府在「民族識別」調查後將這一數字減少到51。1983年，國務院最終確定「少數民族」共有55個。1953年第一次全國人口普查顯示，共有10個少數民族的人口在百萬以上，其中包括蒙古族、回族、藏族、維吾爾族、苗族、彝族、壯族、布依族、朝鮮族和滿族。參見羅廣武：《新中國民族工作大事概覽（1949–1999）》（北京：華文出版社，2001），頁154–155、197。
6. June T. Dreyer, *China's Forty Millions: Minority Nationalities and National*

*Integration in the People's Republic of China* (Cambridge: Harvard University Press, 1976), and Walker Connor, *The National Question in Marxist-Leninist Theory and Strategy* (Princeton: Princeton University Press, 1984) 是西方研究1949年前中國共產黨民族政策及其後續影響的兩部開山之作。最近的一些研究顯然都受到了這兩部作品的影響，例如 Dru Gladney, *Muslim Chinese: Ethnic Nationalism in People's Republic* (Cambridge: Council on East Asian Harvard University, 1996), and Colin Mackerras, *China's Minorities: Integration and Modernization in the Twentieth Century* (Hong Kong: Oxford University Press, 1994) .

7.  Dreyer, *China's Forty Millions*, p. 60.

8.  Dreyer, *China's Forty Millions*, p. 91.

9.  Connor 和 Gladney 在這個問題上見解一致。見 Connor, *The National Question*, p. 38; Gladney, *Muslim Chinese*, p. 90.

10. W. J. F. Jenner, *The Tyranny of History: The Roots of China's Crisis* (New York: Penguin Press, 1992), pp. 210–211.

11. Benjamin I. Schwartz, "The Maoist Image of World Order," in John C. Farrell and Asa P. Smith ed., *Image and Reality in World Politics* (New York: Columbia University Press, 1967), pp. 92, 98.

12. Anthony D. Smith, *The Ethnic Origins of Nations* (Oxford: Basil Blackwell, 1999), p. 16. Smith 將種族滅絕 (genocide) 與族類文化滅絕 (ethnocide) 排除在正常的變遷之外。這裏將史密斯的「ethnie」翻譯為「族類」，是因為中國古代即有「非我族類，其心必異」的理念。

13. Smith, *The Ethnic Origins of Nations*, p. 32.

14. 胡適：〈試評所謂「中國本位的文化建設」〉，原載於《獨立評論》第145號 (1935年3月31日)，重載於羅榮渠：《從「西化」到「現代化」：五四以來有關中國的文化趨向和發展道路論證文選》(北京：北京大學出版社，1990)，頁417–421。

15. Connor, *The National Question*, pp. 29–30, 96 中指出，在當今世界的132個國家中，只有12個國家 (9.1%) 可以是單一民族國家，而絕大多數都是多民族國家 (multi-national states) 而非民族國家 (nation states)。按照如此嚴格的標準，中國顯然不是「民族國家」。不管是在今天還是任何歷史時期，中國都由多個族類 (ethnie) 或民族 (nation) 組成。同樣，中國也達不到西方對於民族 (nation) 定義的民主標準。因此，中國的「民族國家」身份只存在於兩種層面上：一，19世紀初以來，中國已逐

漸融入源於歐洲的民族國家國際體系並因此改變了國家形式和國際行
為；二，20世紀初以來，中國的主要政治力量都公開地或是實踐上以
民族主義為驅動力。或許將中國稱為「民族性的國家」(national state)
更為恰當。但根據Charles Tilly的意見，「民族性的國家」通常代表的
是16世紀歐洲出現的一種抵抗歐洲一體化的政治趨勢。相比之下，
中國並沒有拋棄歷史上形成的天下一統觀念，而是帶着這種觀念加入
了現代國際關係體系。參見Charles Tilly, "Europe and the International
State System," in John Hutchinson and Anthony D. Smith ed., *Nationalism*
(Oxford: Oxford University Press, 1994), pp. 251–254.

16. Smith, *Ethnic Origins of Nations*, pp. 50–53, 55.

17. 張傳璽：〈中國古代國家的歷史特徵〉，載於國家教委高校社會科學發
    展研究中心編：《中外歷史問題八人談》(北京：中共中央黨校出版社，
    1998)，頁395。

18. Ezra F. Vogel, ed., *Living with China: U.S.-China Relations in the Twenty-
    First Century* (New York: W. W. Norton, 1997), p. 19.

175

19. 戴逸：〈中國民族邊疆史研究〉，《中外歷史問題八人談》，頁210、
    221、225–229。戴逸認為中國大一統狀態經久不衰有五大原因：一、
    經濟相互依存；二、各族之間的和平來往與武力交戰；三、兼收並蓄
    的中國文化；四、中國的地理特徵；五、鴉片戰爭以來來自西方的
    壓力。葛劍雄在《統一與分裂：中國歷史的啟示》(北京：三聯書店，
    1994)中充分駁斥了「中國在過去兩千年裏多數時候是個統一國家」的
    觀點，據他統計，如果「統一」是以中國在歷史上最大的領土範圍為
    準，那麼中央王朝對這一最大領土範圍的控制，只有清朝的短短81年
    (1759–1840)；如果「統一」指的是恢復前朝的統治範圍及對中國本土的
    有序治理，那麼歷史上的「統一」時期合計為950年，或者説只佔西周
    以來有案可考的中國歷史的35%。

20. R. Bin Wong, *China Transformed: Historical Change and the Limits of
    European Experience* (Ithaca: Cornell University Press, 1997), pp. 76–77.

21. Morris Rossabi ed., *China among Equals: The Middle Kingdom and Its
    Neighbors, 10th–14th Centuries* (Berkeley: University of California Press,
    1983) 中收錄了11篇關於這一問題的論文。

22. 儒家經典《禮記》、《大學》、《孟子》中均有相關論述。

23. 陳連開：〈中國‧華夷‧蕃漢‧中華‧中華民族〉，載於費孝通編：
    《中華民族多元一體格局》(北京：中央民族大學出版社，1989)，頁

72–113。劉再復、林崗：《傳統與中國人》(合肥：安徽文藝出版社，1999)，頁354–372。

24. 《禹貢》為《尚書》中的一部分，《尚書》成書於公元前5世紀至3世紀的戰國時期。

25. 范秀傳：《中國邊疆古籍題解》(烏魯木齊：新疆人民出版社，1995)，頁182–183；陳連開：〈中國‧華夷‧蕃漢‧中華‧中華民族〉，頁83；劉再復、林崗：《傳統與中國人》，頁360–361。

26. Prasenjit Duara, "Historicizing National Identity, or Who Imagines What and When," in Geoff Eley and Ronald G. Suny ed., *Becoming National* (Oxford: Oxford University Press, 1996), p. 155.

27. S. A. M. Adshead, *China in World History* (New York: Saint Martin's Press, 1988) 初版時，這一領域尚無其他研究。但當第三版於2000年出版時，學界至少已有三部相關著作：Warren I. Cohen, *East Asia at the Center: Four Thousand Years of Engagement with the World* (New York: Columbia University Press, 2000); Joanna Waley-Cohen, *The Sextants of Beijing: Global Currents in Chinese History* (New York: W. W. Norton, 1999); and Valerie Hansen, *The Open Empire: A History of China to 1600* (New York: W. W. Norton, 2000).

28. Adshead, *China in World History*, p. 172.

29. Wong, *China Transformed*, pp. 88–89.

30. 趙雲田：《中國邊疆民族管理機構沿革史》(北京：中國社會科學出版社，1993)，頁3–4、14、69。

31. John King Fairbank, *China: A New History* (Cambridge: Belknap Press of Harvard University Press, 1992), p. 25; Smith, *Ethnic Origins of Nations*, pp. 22–31.

32. 歐達偉 (David Arkush) 指出，在中國高層的價值觀與宗旨同中國農民的正統觀念之間，存在着根本的差異。見 David Arkush, "Orthodoxy and Heterodoxy in Twentieth-Century Chinese Proverbs," in K. C. Liu ed., *Orthodoxy in Late Imperial China* (Berkeley: University of California Press, 1990), pp. 311–335. 關於中國民眾思想各個方面的研究，請參考歐達偉：《中國民眾思想史論》(北京：中央民族大學出版社，1995)。

33. Malcolm Anderson, *Frontiers: Territory and State Formation in the Modern World* (Oxford: Polity Press, 1996), p. 4.

34. 「四夷」是中國歷史經典中常用的概念，但這個詞的意思並不是四個夷

族，而是四方的各個夷族。

35. Owen Lattimore, *Inner Asian Frontiers of China* (London: Oxford University Press, 1940), pp. 276–278.

36. 關於中國農業擴張中的「非中國人」或「尚非中國人」，與在草原上遏止中國農業擴張的「非中國人」之間的差別，請參考 Lattimore, *Inner Asian Frontiers*, pp. 324–326。Magnus Fiskesjo 認為這些分類基本都是中國為了證明自己「文明使命」的合理性而創造出來的，並不一定能反映這些部族的真實情況。參見 Magnus Fiskesjo, "On the 'Raw' and 'Cooked' Barbarians of Imperial China," *Inner Asia*, 1: 2 (1999), pp. 139–168.

37. Wong, *China Transformed*, pp. 89–90.

38. 趙雲田：《中國邊疆民族管理機構沿革史》，頁 134–136。這類行政機構的數量一度曾超過 850 個。

39. 申友良：《中國北方民族及其政權研究》(北京：中央民族大學出版社，1998)，頁 333–334。顯然，在這些非漢王朝統治漢地之前，這一所謂的國家制度就早已存在了。

40. 例如，中國政府宣稱西藏自古以來就是中國的一部分；而達賴喇嘛卻堅稱「兩千多年來，西藏一直都是一個明確獨立的存在」。

41. Lattimore, *Inner Asian Frontiers*, p. 246.

42. Thomas J. Barfield, *The Perilous Frontier: Nomadic Empires and China* (Cambridge: Basil Blackwell, 1989), pp. 49, 63.

43. Duara, "Historicizing National Identity," pp. 154–156.

44. 張傳璽：〈中國古代國家的歷史特徵〉，頁 363；陳連開：〈中國‧華夷‧蕃漢‧中華‧中華民族〉，頁 80–81。

45. Fairbank, *China*, p. 11; 趙雲田：《中國邊疆民族管理機構沿革史》，頁 4–5。唐朝李氏皇族有鮮卑血統。

46. 張傳璽：〈中國古代國家的歷史特徵〉，頁 403；范秀傳：《中國邊疆古籍題解》，頁 145–146。

47. 引自喻希來：〈新興世界大國的成長之旅：光榮與夢想——20 世紀中國歷史總成績的回顧〉，《戰略與管理》，1999 年第 6 期，頁 8。

48. 毛振發、曾岩：《邊防論》(北京：軍事科學出版社，1996)，頁 105。

49. 周恩來：《周恩來選集》(北京：人民出版社，1984)，卷 2，頁 262。

50. Anderson, *Frontiers*, p. 34.

51. Anderson, *Frontiers*, p. 2.

52. 范秀傳在《中國邊疆古籍題解》，第 3–4、10–14、40–41 頁討論了宋朝

至清朝的幾部重要地理著作。曹婉如的《中國古代地圖集》三卷(北京：文物出版社，1990–1997)收錄了許多有趣的圖片。關於這一主題，Richard J. Smith, *Chinese Maps: Images of "All under Heaven"* (Hong Kong: Oxford University Press, 1996) 也是一部極有價值的小書。

53. 拉鐵摩爾認為，中國統治者修長城是為了建立線型邊界，將中國的世界與蠻夷的黑暗外界隔離開來，但最終卻以失敗告終，見Lattimore, *Inner Asian Frontiers*, p. 238. 林霨 (Arthur Waldron) 認為長城是「靜態防守」策略的一部分。當相對軟弱的中央王朝無力維持對外緣的制約時，便以這種方法保衛疆域內緣，見Arthur Waldron, *The Great Wall of China: From History to Myth* (Cambridge: Cambridge University Press, 1990), chaps. 5–6。這些觀點與筆者關於中國歷史上的所謂邊界具有「單方」的特徵的看法，並不矛盾。不過確實也有例外。陶晉生提到在11世紀初，宋朝與北邊的遼國通過協商，一度解決了邊境糾紛，見Tao Jing-shen "Barbarians or Northerners: Northern Sung Images of the Khitans," in Rossabi, *China among Equals*, p. 71. 柯嬌燕也提到明朝與女真 (後為滿族) 之間於1608年簽訂的邊境條約，根據條約，女真仍需繼續向明朝進貢。這些邊境安排是雙邊的，但是從中國朝廷的角度考慮，它們依然是「內部」界線，見 Pamela Kyle Crossley, *A Translucent Mirror: History and Identity in Qing Imperial Ideology* (Berkeley: University of California Press, 1999), p. 169.

54. Crossley, *Translucent Mirror*, pp. 30, 118–119.

55. 的確，滿族入關後，中國舊有的「內」「外」概念也互換了位置；中國人口變成了「外」部，而滿族及其追隨者也就成了「內」部。參見Crossley, *Translucent Mirror*, p. 108.

56. 毛振發、曾岩：《邊防論》，頁104、130。

57. Laura Hostetler, *Qing Colonial Enterprise: Ethnography and Cartography in Early Modern China* (Chicago: University of Chicago Press, 2001), pp. 75–76, 79, 208–209.

58. Benedict Anderson, *Imagined Communities: Reflections on the Origin and Spread of Nationalism* (London: Verso, 1991), p. 173.

59. 戴逸：〈中國民族邊疆史研究〉，《中外歷史問題八人談》，頁240–251。國史館：《中華民國史地理志 (初稿)》(台北：國史館，1980)，第40–52頁總結了晚清邊界劃定的過程。

60. 「邊界國家」的概念來自Jeremy Adelman and Stephen Aron, "From

Borderlands to Borders: Empires, and the Peoples in Between in North American History," *American Historical Review* 104: 3 (1999), pp. 815–816. 然而，需要指出的是，雖然清朝在最後一百年裏也曾修製地圖、界定邊界，但西方卻在很久之後才將中華帝國視為一個政治領土的統一體。例如從John F. Davis到L. Richard，慣常的做法都是將中國的15或18個省作為中國本土 (China proper)，而將滿洲、蒙古、新疆、西藏及其他區域作為中國的屬國，見John F. Davis, *The Chinese: A General Description of the Empire of China and Its Inhabitant* (NewYork: Harper & Brothers, 1836); L. Richard, *Comprehensive Geography of the Chinese Empire and Dependencies* (Shanghai: T'usewei Press, 1908) ; 該英文版譯自同一出版社1905年法文版)。

61.  Fang Weigui, "The Conceptions of 'Civilization' and 'Culture' in Modern China," East Asian Department, Gottingen University of Gottingen, China Group TU Berlin.

62.  毛振發、曾岩：《邊防論》，頁88–89。

63.  陳連開：〈中國‧華夷‧蕃漢‧中華‧中華民族〉，頁86。

64.  趙雲田：《中國邊疆民族管理機構沿革史》，頁299–308。

65.  范秀傳：《中國邊疆古籍題解》，頁216–218。例如，法國、荷蘭、美國都與高麗、日本、琉球一併列為東夷。

66.  茅海建：《天朝的崩潰》(北京：三聯書店，1995)，頁28，注15。

67.  吳福環：《清季總理衙門研究》(烏魯木齊：新疆大學出版社，1995)，頁2–3、11。

68.  Iwo Amelung and Joachim Kurtz, "Researching Modern Chinese Technical Terminologies: Methodological Considerations and Practical Problems," paper presented at an international workshop at the University of Gottingen, Gottingen, October 24–25, 1997. Earl Swisher, *China's Management of American Barbarians: A Study of Sino-American Relations, 1841–1861, with Documents* (New Haven: Far Eastern Publications, 1951), pp. 468–469 中收錄一條很有意思的備忘錄，從中可以看出清朝官員在不同場合會有意區分選用「夷務」或「外交」這兩個詞。

69.  趙雲田：《中國邊疆民族管理機構沿革史》，頁383–384。1960年代以後，俄國事務就不再受理藩院管轄。

70.  馬汝珩、馬大正：《清代的邊疆政策》(北京：中國社會科學出版社，1994)，頁85–91、431–432。

178

71. 葛劍雄等：《簡明中國移民史》(福州：福建人民出版社，1993)，頁 474–478；馬汝珩、馬大正：《清代的邊疆政策》，頁 97–101、110–123、445–446。新疆於 1882 年編制為省，內蒙古也原定於 1902 年劃分為三個省。清政府還一度討論西藏改省的問題，但這一問題在 1907 年以後被擱置。

72. 馬汝珩、馬大正：《清代的邊疆政策》，頁 445。

73. 這句話來自儒家經典《禮記正義》，清朝統治者也基本遵循了這一原則。參見馬汝珩、馬大正：《清代的邊疆政策》，頁 61–62。

74. Pamela Kyle Crossley, *Orphan Warriors: Three Manchu Generations and the End of the Qing World* (Princeton: Princeton University Press, 1990), pp. 223–224.

75. John Breuilly, *Nationalism and the State* (Chicago: University of Chicago Press, 1994), p. 234.

76. Mark C. Elliott, *The Manchu Way: The Eight Banners and Ethnic Identity in Late Imperial China* (Stanford: Stanford University Press, 2001), pp. 2–13.

77. Crossley, *Translucent Mirror* 討論的主題就是清朝的「分類意識形態」及其做法。

78. Crossley, *Translucent Mirror*, pp. 338–339. 亦請參考 Frank Dikötter, *The Discourse of Race in Modern China* (Stanford: Stanford University Press, 1992).

79. 孫中山曾宣稱中國的「固有領土」當屬於中國，有關資料參見 Sun Yat-sen, *San Min Chu Yi: The Three People's Principles* (Chungking: Ministry of Information of the Republic of China, 1943), pp. 33–35. 蔣介石在《中國之命運》中語氣相對溫和，但仍然宣稱清朝的全部領土屬於中國，參見 Chiang Kai-shek, *China's Destiny* (New York: Roy Publishers, 1947), pp. 36–39.

80. Anderson, *Imagined Communities*, p. 86.

81. Crossley, *Translucent Mirror*, pp. 337–338.

82. 關於中華民國在外交上的積極作為，參考 Bruce A. Elleman, *Diplomacy and Deception: The Secret History of Sino-Soviet Diplomatic Relations, 1917–1927* (Armonk: M. E. Sharpe, 1997); John W. Garver, *Chinese-Soviet Relations, 1937–1945* (New York: Oxford University Press, 1988); William Kirby, *Germany and Republican China* (Stanford: Stanford University Press, 1984); Xiaoyuan Liu, *A Partnership for Disorder: China, the United States,*

*and Their Policies for the Postwar Disposition of the Japanese Empire,*
*1941–1945* (Cambridge: Cambridge University Press, 1996).

83. Crossley, *Translucent Mirror*, p. 262.

84. John Fitzgerald, *Awakening China: Politics, and Class in the Nationalist*
*Revolution* (Stanford: Stanford University Press, 1996), p. 122.

85. Ernest Gellner, *Nations and Nationalism* (Ithaca: Cornell University Press,
1983), pp. 24–25.

86. 陳連開：〈中國・華夷・蕃漢・中華・中華民族〉，費孝通編：《中華民
族多元一體格局》，頁104–111。

87. Eric J. Hobsbawm, *Nations and Nationalism since 1780* (Cambridge:
Cambridge University Press, 1991), p. 66.

88. 1913年，十幾位內蒙古八旗官員舉行會議，拒絕外蒙古成為獨立國家
的要求。陳連開：〈中國・華夷・蕃漢・中華・中華民族〉，費孝通
編：《中華民族多元一體格局》，第112頁中引用了這一會議的最終文
件，以此作為非漢族主動要求成為中華民族一員的實例。據當時組織
會議的中國政府官員蔡匯東所述，在會議上政府官員對蒙古王公進行
了持續的游說工作。因此，這次會議並不能真正算作內蒙古愛國的「主
動覺醒」，而是中國政府為謀取內蒙古的支持而安排的一次事件。中文
資料參見西門王公招待處編：《西盟會議始末記》(哈爾濱：黑龍江教育
出版社，2014)。

89. 關於國民黨政府的民族政治的詳細討論，見筆者兩篇文章，劉曉原：
〈冷戰和中國邊疆：中、英、美三國秘檔研究〉，《近代中國史研究通
訊》第27期(1999年3月)，頁88–107；Xiaoyuan Liu, "The Kuomintang
and the 'Mongolian Question' in the Chinese Civil War, 1945–1949," *Inner*
*Asia* 1: 2 (1999), pp. 169–194。

# 第一章

1. 中共中央文獻研究室：《毛澤東年譜》(北京： 中央文獻出版社，　　180
1993)，卷1，頁24。1915年1月，日本政府向中國政府秘密提出《二十
一條》，要求一系列政治、經濟特權，這些條款在中國政府「洩露」後為
公眾所知。

2. 中共中央文獻研究室：《毛澤東早期文稿》(長沙：湖南出版社，1995)，
頁503–508、530–533。

3. 中共中央文獻研究室：《毛澤東早期文稿》，頁571–572、553–555。

4. Arif Dirlik, *The Origins of Chinese Communism* (Oxford: Oxford University Press, 1989), pp. 12–14.

5. Walker Connor, *National Question in Marxist-Leninist Theory and Strategy*, p. xiii; Hugh Seton-Waston, "Russian Nationalism in Historical Perspective," in Robert Conquest ed., *The Last Empire: Nationality and the Soviet Future* (Stanford: Hoover Institution Press, 1986), pp. 23–24.

6. 關於馬克思主義文獻於1919至1927年間在中國逐步出現的現象，詳見 Alexander Pantsov, *The Bosheviks and the Chinese Revolution, 1919–1927* (Honolulu: University of Hawaii Press, 2000), pp. 29–31.

7. Michael Y. L. Luk, *The Origins of Chinese Bolshevism: An Ideology in the Making, 1920–1928* (Hong Kong: Oxford University Press, 1990), pp. 5–6.

8. Hélène Carrère d'Encausse, *The Great Challenge: Nationalities and the Bolshevik, 1917–1930* (New York: Holmes & Meier, 1992), p. 2.

9. d'Encausse 在 *The Great Challenge* 中探討了蘇聯帝國形成的理論和實踐過程。相關文件見 *Marxism and Asia*, ed. Hélène Carrère d'Encausse and Stuart R. Schram (London: Allen Lane The Penguin Press, 1969), pp. 32, 174–175, 182–183。

10. 中共中央文獻研究室：《毛澤東年譜》，卷1，頁184。

11. Dirlik, *Origins of Chinese Communism*, p. 270.

12. 〈中國共產黨第一個決議〉，《中共中央文件選集》，卷1，頁6–9。

13. 關於這場從第二國際持續到俄國布爾什維克革命的爭論，d'Encausse, *Great Challenge*, 第1、2章有詳細分析。

14. 陳永發：《中國共產革命七十年》（台北：聯經出版社，1998），卷1，頁48。

15. 鄧恩銘是中共第一次全國代表大會上唯一的少數民族（水族），不過，他並不是以少數民族代表的身份參加會議的。無疑，中共早期在中國東部、南部各省的部分活動曾涉及當地的非漢族，但這些活動只是中共鼓動農民運動的一部分。中共在成立之初，並未發起任何「少數民族工作」。對此不同的說法，見《中國民族問題的理論與實踐》（北京：中共中央黨校出版社，1994），頁102–103。

16. 張國燾：《我的回憶》（北京：現代史料叢刊出版社，1980），卷1，頁138、184、196、235–236；《民族問題文獻彙編》，頁62，注2；周文琪、褚良如：《特殊而複雜的課題──共產國際、蘇聯和中國共產黨關

係編年史（1919–1991）》（武漢：湖北人民出版社，1993），頁22–23、33–34；Allen S. Whiting, *Soviet Policies in 1917–1924* (Stanford: Stanford University Press, 1968), pp. 78–86. 張太雷時任共產國際遠東書記處中國科書記，可能他對提高中國共產黨對「民族問題」的意識也有所貢獻。

17. 〈中國共產黨加入第三國際決議案〉，《中共中央文件選集》，卷1，頁67–72。加入共產國際的條件共有21條，其中第8條涵蓋了「民族問題」的相關方面。〈決議〉後附有中文版的加入條件。根據《中共中央文件選集》中的一條編者按語，中文版的加入條件有數處錯譯。英文版的條件可參照Robert V. Daniels, *A Documentary History of Communism, Volume 2: Communism and the World* (London: I. B. Tauris, 1985), p. 45.

18. 楊奎松：《毛澤東與莫斯科的恩恩怨怨》（南昌：江西人民出版社，1999），頁9。

19. 〈關於國際帝國主義與中國和中國共產黨的決議案（1922年7月）〉，《民族問題文獻彙編》，頁8；〈中國共產黨第二次全國代表大會宣言（1922年7月）〉，《民族問題文獻彙編》，頁17；《毛澤東與共產國際》（北京：黨建讀物出版社，1994），頁45。當時毛澤東身在上海，但他竟因為忘記會議地點而未能與會。

20. John Fitzgerald, *Awakening China: Politics, Culture, and Class in the Nationalist Revolution* (Stanford: Stanford University Press, 1996), pp. 160–161.

21. 根據列寧的定義，若少數民族領土確定且居於邊陲，則對該民族所「可能」進行的脫離活動，應持認可態度。參見d'Encausse, *Great Challenge*, pp. 67–68.

22. 楊奎松：《毛澤東與莫斯科的恩恩怨怨》，頁5–6；Edmund Clubb, *China and Russia: The "Great Game"* (New York: Columbia University Press, 1971), pp. 228–240.

23. 〈中國共產黨、中國社會主義青年團中央局對於國民黨全國大會意見（1923年12月）〉，《民族問題文獻彙編》，頁23。

24. 關於19世紀末至20世紀初中蘇外交關係，最近有兩部資料翔實的研究著作：Bruce A. Elleman, *Diplomacy and Deception: The Secret History of Sino-Soviet Diplomatic Relations, 1917–1927* (Armonk: M. E. Sharpe, 1997), and S. C. M. Paine, *Imperial Rivals: China, Russia, and Their Disputed Frontier* (Armonk: M. E. Sharpe, 1996).

25. 〈俄羅斯蘇維埃聯邦社會主義共和國政府對中國人民和中國南北政府的

宣言 (1919年7月25日)〉,《中蘇國家關係史資料彙編》,頁58–60;
〈俄共(布)中央政治局會議第24號記錄(摘錄)(1922年8月31日)〉,
《共產國際、聯共(布)與中國國民革命運動(1920–1925)》,卷1,
頁114–115。

26. 〈蘇俄外交人民委員契切林致中國外交部電(1920年11月10日)〉,《中
蘇國家關係史資料彙編(1917–1924)》,頁432–433;〈蘇俄政府致蒙古
人民與蒙古自治政府宣言(1919年8月3日)〉,《中蘇國家關係史資料
彙編》,頁458–459;〈俄蒙修好條約(1921年11月5日)〉,《中蘇國家
關係史資料彙編》,頁462–463;〈新疆省長兼署督軍楊增新致伊犁鎮
守使楊飛霞、道尹許閬禎令(1919年10月7日)〉,《中蘇國家關係史資
料彙編》,頁485;〈新疆省長兼署督軍楊增新致塔城道尹張鍵電(1921
年5月24日)〉,《中蘇國家關係史資料彙編》,頁504–505;〈關於俄羅
斯蘇維埃聯邦社會主義共和國紅軍開入中華民國國境以剿滅阿爾泰區
白匪部隊之協議(1921年9月12日)〉,《中蘇國家關係史資料彙編》,
頁516–517;〈西藏全體噶倫就處理蘇俄副外交人民委員加拉罕致十三
世達賴喇嘛的信函問題給達賴的呈文(1920年冬)〉,《中蘇國家關係史
資料彙編》,頁684–685;〈致法王達賴喇嘛(1922年11月)〉,《中蘇
國家關係史資料彙編》,頁685–686;〈蘇聯副外交人民委員加拉罕致
十三世達賴喇嘛函(1923年6月9日)〉,《中蘇國家關係史資料彙編》,
頁687–688。

27. 〈劉江給俄共(布)阿穆爾州委的報告(1920年10月5日)〉,《共產國際、
聯共(布)與中國國民革命運動》,卷1,頁44;〈鮑羅廷關於華南形勢
的札記(1923年12月2日)〉,《共產國際、聯共(布)與中國國民革命運
動》,卷1,頁366;〈孫中山致俄羅斯蘇維埃社會主義共和國外交部信
(1921年8月28日)〉,頁673–674。

28. 楊奎松:〈孫中山的西北軍事計劃及其夭折〉,黃修容編:《蘇聯、
共產國際與中國革命的關係新探》(北京:中共黨史出版社,1995),
頁200–223。

29. 〈越飛給契切林的電報(1922年11月7和8日)〉,《共產國際、聯共(布)
與中國國民革命運動》,頁147–150;〈越飛給俄共(布)、蘇聯政府和共
產國際領導人的信(1923年1月13日)〉,《共產國際、聯共(布)與中國
國民革命運動》,頁197;〈越飛給俄共(布)、蘇聯政府和共產國際領導
人的信(1923年1月26日)〉,《共產國際、聯共(布)與中國國民革命運
動》,頁213–215;〈越飛對同孫逸仙合作的前景和可能產生的後果的看

182

法(1923年1月26日)〉,《共產國際、聯共(布)與中國國民革命運動》,
頁216–222。

30. 〈關於俄共(布)中央西伯利亞局東方民族處的機構和工作問題給共產國
際執委會的報告(1920年12月21日)〉,《共產國際、聯共(布)與中國
國民革命運動》,頁49–57;〈共產國際執委會東方部給共產國際執委會
主席團的報告(1925年5月16日)〉,《共產國際、聯共(布)與中國國民
革命運動》,頁617–622;〈俄共(布)中央政治局會議第24號記錄(1922
年8月31日)〉,《共產國際、聯共(布)與中國國民革命運動》,頁
114–115;〈俄共(布)中央政治局會議第53號記錄(1923年3月8日)〉,
《共產國際、聯共(布)與中國國民革命運動》,頁225–226。

31. 中國第二歷史檔案館:《蔣介石年譜初稿》(北京:檔案出版社,1992),
頁137–138、140;〈巴拉諾夫斯基關於國民黨代表團拜會斯克良斯基和
加米涅夫情況的書面報告(1923年11月13日)〉,《共產國際、聯共(布)
與中國國民革命運動》,頁309–313;〈有國民黨代表團參加的共產國際
執行委員會會議速記記錄(1923年11月26日)〉,《共產國際、聯共(布)
與中國國民革命運動》,頁330–338;〈巴拉諾夫斯基關於國民黨代表團
拜訪托洛茨基情況的書面報告(1923年11月27日)〉,《共產國際、聯
共(布)與中國國民革命運動》,頁339–341。

32. 關於共產國際與內蒙古的關係,參見Chritopher P. Atwood的精彩論
文,"A Buriat Agent in Inner Mongolian: A. I. Oshirov (c.1901–1931),"
in *Opuscula Altacia*, ed. Edward H. Kaplan and Donald W. Whisenhunt
(Bellingham: Western Washington University Press, 1994). Andres D. W.
Forbes, *Warlords and Muslims in Chinese Centreal Asia: A Political History
of Republican Sinkiang, 1911–1949* (Cambridge: Cambridge University
Press, 1986) 對於了解蘇聯在新疆的地位、情況非常有用。

33. 〈共產國際執行委員會主席團關於中國民族解放運動和國民黨問題的
決議(1923年11月28日)〉,《共產國際、聯共(布)與中國國民革命運
動》,頁342–345.

34. 〈中國國民黨第一次全國代表大會宣言(1924年1月23日)〉,《民族問
題文獻彙編》,頁26–28。

35. 〈鮑羅廷的札記和通報(不早於1924年2月16日)〉,《共產國際、聯
共(布)與中國國民革命運動》,頁433、448–449、463–468;關於鮑
羅廷在1924年的國共聯盟中所扮演的角色,參見Allen Whiting, *Soviet
Policy in China, 1917–1924* (Stanford: Stanford University Press, 1968),

183

pp. 244–247。據上文所引〈鮑羅廷的札記〉，國民黨宣言的第一稿是由鮑羅廷和中國共產黨先後在蘇俄與上海準備的。部分國民黨黨員參與討論了對宣言的修訂。瞿秋白在起草與翻譯宣言的過程中，始終發揮了重要的作用。

36. 楊奎松：〈孫中山的西北軍事計劃及其夭折〉，頁205；〈鮑羅廷同瞿秋白的談話記錄（1923年12月16日）〉，《共產國際、聯共（布）與中國國民革命運動》，頁382–385。

37. 中國第二歷史檔案館：《蔣介石年譜初稿》，頁167。

38. Elleman, *Diplomacy and Deception*, pp. 213–220指出，孫中山逝世後的兩年裏，共產國際強化了在中國的革命活動，接下來頒佈的政策也加大了國民黨與莫斯科之間的互相猜疑，對1927年國共統一戰線的破裂負有責任。但就蔣介石對蘇聯在心理上的變化而言，他在1923年出訪蘇俄顯然是一個決定性的轉折點。

39. 〈巴拉諾夫斯基關於國民黨代表團拜會斯克良斯基和加米涅夫情況的書面報告（1923年11月13日）〉，《共產國際、聯共（布）與中國國民革命運動》，頁312；〈鮑羅廷同瞿秋白的談話記錄（1923年12月16日）〉，《共產國際、聯共（布）與中國國民革命運動》，頁382–384。除了蔣、張二人，代表團內另外兩名成員為沈定一和王登雲。沈定一為前中國共產黨黨員，在莫斯科時他贊同張太雷的主張，批評了蔣介石、王登雲關於蒙古問題的態度。

40. Elleman, *Diplomacy and Deception*, pp. 88–90.

41. 〈中共中央執行委員會書記陳獨秀給共產國際的報告（1922年6月30日）〉，《民族問題文獻彙編》，頁6。

42. 陳獨秀：〈我們的回答（1924年9月17日）〉，《民族問題文獻彙編》，頁60–61；肖楚女：〈顯微鏡下之醒獅派（1925年10月）〉，《民族問題文獻彙編》，頁65。

43. 顧維鈞：《顧維鈞回憶錄》（北京：中華書局，1983–1992），卷1，頁340。

44. 關於中蘇在蒙古的條約，參見Elleman, *Diplomacy and Deception*, pp. 106–109，以及Peter S. H. Tang, *Russian and Soviet Policty in Manchuria and Mongolia, 1911–1931* (Durham, N.C.: Duke University Press, 1959), pp. 380–384。這一時期，中國共產黨關於蒙古問題的文件與宣言有李守常（大釗）：〈蒙古民族的解放運動（1925）〉，《民族問題文獻彙編》，頁69–70；瞿秋白：〈列寧主義與中國的國民革命（1926年1月21日）〉，《民族問題文獻彙編》，頁71–72；陳獨秀：〈國民黨右派大

會 (1926年4月23日)〉,《民族問題文獻彙編》,頁73;〈中共中央關於中山先生逝世週年紀念日告中國國民黨黨員書 (1926年3月12日)〉,《民族問題文獻彙編》,頁43-44;〈中國共產黨第四次全國代表大會文件對於民族革命運動之議決案 (1925年2月)〉,《中共中央文件選集》,卷1,頁329-341。

45. 周文琪、褚良如:《特殊而複雜的課題》,頁102-103。

46. 李守常 (大釗):〈平民主義 (1923年1月)〉,《民族問題文獻彙編》,頁55-59;李守常 (大釗):〈蒙古民族的解放運動 (1925)〉,《民族問題文獻彙編》,頁69-70。

47. 〈鮑羅廷的札記和通報 (不早於1924年2月16日)〉,《共產國際、聯共 (布) 與中國國民革命運動》,頁469。

48. Fitzgerald, *Awakening China*, pp. 136–137.

49. 趙雲田:《中國邊疆民族管理機構沿革史》(北京:中國社會科學出版社,1993),頁299、384;李大釗:〈平民主義〉,頁55-59。

50. Frank Dikötter, *The Discourse of Race in Modern China* (Stanford: Stanford University Press, 1992) 一書中探索了中國歷史上的「種族」偏見,但主要以有形的偏見為前提。

51. 王建民:《中國民族學史》2卷 (昆明:雲南教育出版社,1997,1998) 是研究中國民族學歷史的開拓性著作。關於中國民族學的發端,參見卷1,頁73-122。

52. 瞿秋白:《瞿秋白文集》(北京:人民出版社,1989),卷3,頁79-82、387-388、409-410、474-476、488-545。20世紀20年代中期,瞿秋白在上海大學發表了一系列關於現代國家問題的演講。

53. 〈湖南省第一次農民代表大會解放苗瑤決議案 (1926年12月)〉,《民族問題文獻彙編》,頁52。關於華南地區「少數民族」的歷史情況,參見Charles F. McKhann, Stevan Harrell, Norma Diamond, Ralph A. Litzinger, Margaret Byrne Swain, Siu-woo Cheung, Shih-chung Hsieh在 *Cultural Encounters on China's Ethnic Frontiers*, ed. Stevan Harrell (Seattle: University of Washington Press, 1995) 中的論文。

54. 該校是由袁世凱的政府於1914年建立的,目的是為訓練蒙古及西藏的青年。但直到1920年代中期,只有內蒙古的學生來到該校學習。趙雲田:《中國邊疆民族管理機構沿革史》,頁426;烏蘭夫:《烏蘭夫回憶錄》(北京:中共黨史資料出版社,1989),頁44。

55. 王樹盛、郝玉峰編:《烏蘭夫年譜》(北京:中共黨史出版社,1989),卷1,頁31。

56.　〈中共中央擴大執行委員會文件（1925年10月）〉，〈中國現時的政局與
　　　共產黨的職任議決案〉，〈組織問題議決案〉，〈蒙古問題議決案〉，《中
　　　共中央文件選集》，卷1，頁459–460、472–476、492–493；中共內蒙古
　　　地區委黨史辦公室：《內蒙古黨的歷史和黨的工作》（呼和浩特：內蒙古
　　　人民出版社，1994），頁26。

57.　Owen Lattimore, *Inner Asian Frontiers of China*, pp. 246–251.

58.　關於清朝移民政策的詳細討論，參見黃時鑒：〈論清末清政府對內蒙
　　　古的「移民實邊」政策〉，中共內蒙古地區黨史研究所（編）：《內蒙古近
　　　代史論叢》（呼和浩特：內蒙古人民出版社，1982），第1輯，頁106–
　　　127。根據張植華：〈清代至民國時期內蒙古地區蒙古族人口概況〉，《內
　　　蒙古近代史論叢》（呼和浩特：內蒙古人民出版社，1983），第2輯，
　　　頁221–251，清末，內蒙古地區的蒙古人口約為110萬。葛劍雄等：
　　　《簡明中國移民史》（福州：福建人民出版社，1993），第478頁指出，
　　　到1908年，約有160萬漢族人口移民至內蒙古。《簡明中國移民史》對
　　　蒙古人口數量的估計只有83萬。

59.　Lattimore, *Inner Asian Frontiers of China*, p. 246.

60.　Baabar, *Twentieth Century Mongolia* (Cambridge: White Horse Press, 1999),
　　　pp. 137–141, 252–257. 烏蘭夫是中國共產黨中來自內蒙古的領導人物，
　　　據他後來回憶，1914年，一場關於外蒙古「社會主義革命和建設」的報
　　　告會曾在北京蒙藏學校的激進學生中激起一陣「理想的波瀾」，參見烏
　　　蘭夫：《烏蘭夫回憶錄》，頁56。

61.　關於這個問題，參見Bruce A. Elleman, "The Final Consolidation of the
　　　USSR's Sphere of Interest in Outer Mongolia," in *Mongolia in the Twentieth
　　　Century: Landlocked Cosmopolitan*, ed. Stephen Kotkin and Bruce A. Ellen
　　　(Armonk: M. E. Sharpe, 1999), pp. 123-136.

62.　〈維經斯基的書面報告（1925年9月28日）〉，《共產國際、聯共（布）與
　　　中國國民革命運動》，卷1，頁693–694。根據Christopher Atwood, "A. I.
　　　Oshirov (c. 1901–1931): A Buriat Agent in Inner Mongolian"，建立內蒙古
　　　黨的想法最初由一位名為Serengdonrub的喀喇沁蒙古人於1924年4月
　　　提出。中國的歷史文獻普遍將這一想法歸於李大釗，認為他在1924年
　　　底向共產國際和中國中央委員會提議了建黨的想法。參見郝維民：〈第
　　　一、二次國內革命戰爭時期的內蒙古人民革命黨〉，《中國蒙古史學會
　　　成立大會紀念集刊》（北京：中國蒙古史學會，1979），頁583；中共內
　　　蒙古地區委黨史辦公室：《內蒙古黨的歷史和黨的工作》，頁20。

63. 郝維民：〈第一、二次國內革命戰爭時期的內蒙古人民革命黨〉，頁 585。

64. 1924 年 10 月，馮玉祥聯合其他軍閥，在北京發動軍變。後來，他帶領軍隊來到張家口，表示願意與國民黨及蘇聯合作。1926 年 9 月，馮玉祥正式宣佈配合國民黨北伐。〈俄共(布)中央政治局中國委員會會議第 1 號記錄(1925 年 4 月 17 日)〉，《共產國際、聯共(布)與中國國民革命運動》，卷 1，第 602–604 頁中決定向馮玉祥提供軍事援助。

65. 羅宏、孫忠耀：〈我當幫助馮玉祥並促成五原誓師的始末〉，《內蒙古黨史資料》(呼和浩特：內蒙古人民出版社，1988)，頁 248。

66. 直到 1928 年初，中國共產黨才決定完全控制內人黨，但當時內人黨已經四分五裂。見郝維民：〈第一、二次國內革命戰爭時期的內蒙古人民革命黨〉，頁 595。

67. 〈中共中央特別會議(1926 年 2 月 21–24 日)〉，《民族問題文獻彙編》，第 42 頁規定，「大同盟」解散後，原蒙古成員應加入內蒙古人民革命黨或國民黨，此外，國民黨需要大幅度擴寬在內蒙古的工作，以維持與內人黨的友好關係。

68. 〈維經斯基的書面報告(1925 年 9 月 28 日)〉，《共產國際、聯共(布)與中國國民革命運動》，頁 684–685。

69. 〈其嘉對於內蒙古 K.M.T. 工作意見(1926 年 12 月)〉，〈內蒙古 K.M.T. 致中國 K.M.T. 中央信(1926 年 11 月 8 日)〉，《民族問題文獻彙編》，頁 50、51。當時，內蒙古人民革命黨也稱為內蒙古國民黨，顯然這是為了配合與中國國民黨的合作關係。當時國民黨在內蒙古有四個支部，都是由中共黨員以國民黨黨員的身份建立的。

70. 劉進仁：〈憶綏遠大革命時期的革命鬥爭〉，《內蒙古黨史資料》第 2 輯，頁 174–191；〈關於中共綏遠特別支部歷史情況的調查報告〉，《內蒙古黨史資料》第 2 輯，頁 270–275；郝維民：〈第一、二次國內革命戰爭時期的內蒙古人民革命黨〉，頁 595。

186

# 第二章

1.  Lucian W. Pye, *Warlord Politics: Conflict and Coalition in the Modernization of Republican China* (New York: Praeger Publishers, 1971), p. 8.

2.  〈關於上海的武裝起義(1927 年 3 月 3 日)〉，《周恩來軍事文選》(北京：人民出版社，1997)，卷 1，頁 22–23。

3.  John K. Fairbank, *China: A New History*, p. 191.

4.  據王會昌《中國文化地理》(武昌：華中師範大學出版社，1992)，
    頁181–182，宋朝時期，超過半數的知識分子都來自南方，從明朝至
    今，中國八成以上的知識分子都是南方人。

5.  Edward Friedman, *National Identity and Democratic Prospects in Socialist
    China* (Armonk: M.E. Sharpe, 1995)，尤其是書中第77–86頁，就是以南
    北為主題框架分析中國現狀的例子。

6.  許師慎編：《國民政府建制職名錄》(台北：國史館，1984)，頁32、
    50。1928年，國民黨政府自稱中央政府，從北京政府手中接管了蒙
    古、西藏事務的管理辦法，並成立了相應的委員會。

7.  《中共中央文件選集》卷1涵蓋了1921至1925年的重要文件，並收錄了
    有關中國北方發展狀況的12份文件；卷2針對1926年，收錄了16篇中
    國北方的文件，均與北伐有關。

8.  〈中央局報告(1926年12月5日)〉,《中共中央文件選集》，卷2，頁
    502–503。

9.  〈俄共(布)中央政治局中國委員會會議第二號記錄(1925年5月29
    日)〉,《聯共(布)共產國際與中國國民革命運動》，卷1，頁623–627。

10. 《中共中央文件選集》第3至6卷分別涵蓋了1927至1930年的文件，但
    只有1928年卷中的四份文件是有關日本及軍閥在中國北方的活動。

11. 〈中國共產黨第五次全國代表大會(1927年4月27日–5月9日)：政治形
    勢與黨的任務議決案〉,《中共中央文件選集》，卷3，頁54–55。周文
    琪、褚良茹：《特殊而複雜的課題——共產國際、蘇聯和中國共產黨編
    年史(1919–1991)》，頁156。毛澤東此語首次出現在1927年8月的一
    次中共會議上。

12. 〈中央通告第六十八號——關於召集全國蘇維埃區域代表大會(1930年
    2月4日)〉,《中共中央文件選集》，卷6，頁15–20；〈新的革命高潮與
    一省或幾省首先勝利，1930年6月11日政治局會議通過目前政治任務
    的決議〉,《中共中央文件選集》，卷6，頁115–135。

13. 〈共產國際執委政治秘書處關於中國問題議決案(1930年7月23日)〉,
    《中共中央文件選集》，卷6，頁583–595；〈共產國際執委關於立三路線
    問題給中共中央的信(1930年11月16日)〉，頁644–655；周文琪、褚
    良茹：《特殊而複雜的課題》，頁191–202。

14. 〈中央對河北黨的問題決議(1931年1月)〉,《中共中央文件選集》，卷
    7，頁94–98。

15. 《中共中央文件選集》有關1931至1933年的幾卷中收錄了19篇有關中國北方的文件。1934至1935年的長征結束後，中共中央轉移到西北的陝甘寧地區。

16. 周文琪、褚良茹：《特殊而複雜的課題》，頁223；〈中央關於陝甘邊游擊隊的工作及創造陝甘邊新蘇區的決議(1932年4月20日)〉，《中共中央文件選集》，卷8，頁203–208；〈蘇區中央局關於爭取和完成江西及其鄰近省區革命首先勝利的決議(1932年6月17日)〉，《中共中央文件選集》，卷8，頁240–261；〈中央關於貫徹北方各省代表會議精神給河北省委信(1932年7月22日)〉，《中共中央文件選集》，卷8，頁316–333；〈中央宣傳部關於北方各省委代表聯席會議的討論大綱(1932年7月30日)〉，《中共中央文件選集》，卷8，頁335–345。

17. 〈契切林給楊松的電報(1921年10月31日)〉，《聯共(布)共產國際與中國國民革命運動》，卷1，頁65。

18. "Letter 36: To Molotov and Bukharin, 9 July 1927," in *Stalin's Letters to Molotov*, ed. Lars T. Lih et al. (New Haven: Yale University Press, 1995), p. 140. 大概在同一時期，共產國際指示中國共產黨對「不遵守國際訓令者剝奪其在中央之指導權」，陳獨秀及其他人員因此從中共中央委員會中除名。見周文琪、褚良如：《特殊而複雜的課題》，頁148。

19. *Stalin's Letters*, p. 141.

20. 周文琪、褚良如：《特殊而複雜的課題》，頁150–151。按照斯大林的劃分，國共合作時期的兩個階段分別是「全民族聯合戰線的革命」與「資產階級民主革命」。 188

21. 斯大林：〈徵詢政治局委員意見(1927年8月13日)〉，中共中央黨史研究室第一研究部編：《共產國際、聯共(布)與中國革命文獻資料選輯》(北京：北京圖書館出版社，1997)，卷7，頁21；〈斯大林在共產國際執行委員會和監察委員會聯席會議上的講話(摘錄)(1927年9月27日於莫斯科)〉，《共產國際、聯共(布)》，卷7，頁92–93；〈周恩來對斯大林同瞿秋白和中共其他領導人會見情況的記錄(1928年6月9日於莫斯科)〉，《共產國際、聯共(布)》，卷7，頁477–482。

22. 中共中央文獻研究室：《毛澤東年譜》，卷1，頁194–205；中共中央文獻研究室：《周恩來年譜(1898–1949)》(北京：中央文獻出版社，1993)，頁124–125。

23. 中共中央文獻研究室：《毛澤東年譜》，卷1，頁208–209。

24. 中共中央文獻研究室：《毛澤東年譜》，卷1，頁211–213。

25. 〈湖南致中央文件函(1927年8月20日)〉,《中共中央文件選集》,卷3,頁354–355。

26. 〈中央覆湖南省委函——對暴動計劃、政權形式及土地問題的答覆(1927年8月23日)〉,《中共中央文件選集》,卷3,頁350–354;〈關於「左派國民黨」及蘇維埃口號問題決議案(1927年9月19日)〉,《中共中央文件選集》,卷3,頁369–371;周文琪、褚良茹:《特殊而複雜的課題》,頁152;中共中央文獻研究室:《毛澤東年譜》,卷1,頁219。

27. 中共中央文獻研究室:《周恩來年譜》,頁141、130;周恩來:《周恩來軍事文選》(北京:人民出版社,1997),卷1,頁93。

28. 中共中央文獻研究室:《毛澤東年譜》,卷1,頁246、248–249、255。

29. 中共中央文獻研究室:《毛澤東年譜》,卷1,頁255、264–265;周恩來:《周恩來軍事文選》,卷1,頁93。

30. 中共中央文獻研究室:《毛澤東年譜》,卷1,頁269、271、294–295;周恩來:《周恩來軍事文選》,卷1,頁81–83、114–130;中共中央文獻研究室:《周恩來年譜》,頁170;薄一波:《七十年奮鬥與思考》(北京:中共黨史出版社,1996),卷1,頁84。

31. 〔周〕恩來:〈關於傳達國際決議的報告(1930年9月24日)〉,《中共中央文件選集》,卷6,頁364;楊奎松:《毛澤東與莫斯科的恩恩怨怨》(南昌:江西人民出版社,1999),頁16–17;周文琪、褚良茹:《特殊而複雜的課題》,頁216、223–224。

32. 〈中華蘇維埃共和國憲法草案(1931年11月)〉,《中央革命根據地史料選編》(南昌:江西人民出版社,1982),下冊,頁121–132;〈中華蘇維埃共和國劃分行政區域暫行條例(1931年11月)〉,《中央革命根據地史料選編》,下冊,頁192–193。蘇維埃憲法公佈了15個政委職位,但其實只有9個職位有政委任職,其中朱德任軍委主席(而不是憲法中宣稱的「海陸空」三軍),王稼祥任外交委員會委員。

33. 〈中華蘇維埃共和國中央執行委員會佈告第一號(1931年12月1日)〉,《中央革命根據地史料選編》,下冊,頁201–202。

34. 周文琪、褚良茹:《特殊而複雜的課題》,頁202、217、229、231。國民黨於1927年與中國共產黨和蘇聯反目,又於1928年成立了新的中國中央政府,此後,中蘇外交關係一直維繫到1929年夏,直到雙方因蘇聯在滿洲的利益發生衝突而斷交。至於莫斯科對1929與1932年中蘇關係的看法,參見"Notes from Karakhan, vice-commissar for foreign affairs, to the Chinese charge d'affaires in Moscow on the withdrawal of Soviet

189

representatives from China, 17 July 1929," and "Press statement by Litvinov on the resumption of relations with China 12 December 1932," in Jane Degras ed., *Soviet Documents on Foreign Relations* (New York: Octagon Books, 1978), Vol. 2: pp. 387–389, 550–551.

35. 〈中國共產黨致蒙古境內中國工人書（1929年10月）〉,《民族問題文獻彙編》,頁113–114。

36. Hélène Carrère d'Encausse, *The Great Challenge: Nationalities and the Bolshevik State, 1917-1930*, p. 35.

37. 1917年10月末,布爾什維克在斯大林之下設立了民族人民委員部。參見d'Encausse, *Great Challenge*, pp. 101–102.

38. Wen-hsin Yeh, *Provincial Passages: Culture, Space, and the Origins of Chinese Communism* (Berkeley: University of California Press, 1996), pp. 5–6.

39. Mary Clabaugh Wright, *The Last Stand of Chinese Conservatism: The Tung-Chih Restoration, 1862–1874* (Stanford: Stanford University Press, 1957), pp. 73–75; Jack Gray, *Rebellions and Revolutions: China from the 1800s to the 1980s* (Oxford: Oxford University Press, 1990), p. 135.

40. 李銳:《早年毛澤東》(瀋陽:遼寧人民出版社,1993),頁294。

41. 中共中央文獻研究室:《毛澤東年譜》,卷1,頁78–79。

42. 李銳:《早年毛澤東》,頁194–197;中共中央文獻研究室:《毛澤東年譜》,卷1,頁57,注1;楊奎松:《毛澤東》,頁118–119。

43. 筆者是在查閱了下列著作後得出這一結論的:中共中央文獻研究室:《毛澤東早期文稿》(長沙:湖南出版社,1995),毛澤東:《毛澤東文集(1921–1937)》(北京:人民出版社,1993)。前者收錄了毛澤東1921年以前的文稿,後者則涵蓋了1921至1937年的作品。

44. 李銳:《早年毛澤東》,頁42–43、144;〈講堂錄:修身(1913年11月15日)〉,《毛澤東早期文稿》,頁590–591。

45. 〈好個民族自決(1919年7月14日)〉,《毛澤東早期文稿》,頁316。

46. 〈問題研究會章程(1919年9月1日)〉,《毛澤東早期文稿》,頁396–402;〈湖南建問題設的根本問題——湖南共和國(1920年9月3日)〉,《毛澤東早期文稿》,頁503;〈致蔡和森等(1920年12月1日)〉,《毛澤東書信選集》(北京:人民出版社,1983),頁3。

47. 李大釗對民族問題的關注表現在他的文稿中,如〈平民主義(1923年1月)〉,《民族問題文獻彙編》,頁55–59;〈蒙古民族的解放運動

(1925)〉,《民族問題文獻彙編》,頁69–70。相反,毛澤東早期關於人民大聯合的討論(連載於《湘江評論》(1919))所關注的只是跨階級及階級內的聯合如何能夠促成「中華民眾的大聯合」(《毛澤東早期文稿》,頁338–341、373–378、389–394)。1920及1930年代,毛澤東對中國南部農村的社會政治情況作了許多細緻的調查,但都完全忽略了民族的問題。

48. 中共中央文獻研究室:《毛澤東年譜》,卷1,頁165–166;Jane L. Price, *Cadres, Commanders and Commissars: The Training of the Chinese Communist Leadership, 1920–1945* (Boulder: Westview Press, 1976), pp. 80–81, 86 n. 17. 呼和浩特市委黨史資料徵集辦公室:〈關於大革命時期綏遠農民運動情況的調查報告〉,《內蒙古黨史資料》,卷2,頁256–259。上述蒙古人分別為買力更(即康福成)、高布澤博(即李保華)、雲繼珍、任殿邦、麟祥、李春榮、趙文瀚,這些人中只有買力更和高布澤博後來繼續參與到中國共產黨的革命運動當中。

49. 中共中央文獻研究室:《毛澤東年譜》,卷1,頁173、175;〈湖南省第一次農民代表大會解放苗瑤決議案(1926年12月)〉,《民族問題文獻彙編》,頁52。

50. 〈尋烏報告(1930年5月)〉,《毛澤東文集》,卷1,頁131。

51. 毛澤東的實用主義可能是通過約翰‧杜威(John Dewey)的學生胡適,從杜威那裏學來的。李銳在《早年毛澤東》,第286至287頁中指出,1919年夏,當李大釗與胡適就研究「問題」還是支持「主義」進行論戰時,毛澤東曾計劃按照胡適的思路組織了一個「問題研究會」。據Edgar Snow, *Red Star Over China* (New York: Grove Press, 1968), pp. 148, 154, 及 Stuart Schram, *Mao Tse-tung* (Baltimore: Pelican Books, 1974), p. 48, 在後來的幾年裏,毛澤東承認胡適是他早年崇拜的人物之一,雖然他們兩人之間的關係並不和睦。〈問題研究會章程(1919年9月1日)〉,《毛澤東早期文稿》,頁396–402,〈反對統一(1920年10月10日)〉,《毛澤東早期文稿》,頁530–533,可以看出胡適對毛澤東早期作品的影響。

52. 〈中國共產黨紅四軍軍黨部「共產黨宣言」(1929年1月)〉,《民族問題文獻彙編》,頁96–97;〈工農紅軍第四軍司令部佈告(1929年1月)〉,《民族問題文獻彙編》,頁98–99。

53. 筆者在查閱了《中共中央文件選集》第3、4卷(分別涵蓋1927與1928年)後得出以上結論。在這一時期,中共領導人唯一一次提及「民族問題」,是在1927年11月的一份有關土地問題的黨綱草案中,草案指出

非漢民族聚居地區的土地問題或有特殊的情形。參見《民族問題文獻彙編》，頁83。

54. 〈關於民族問題的決議(1928年7月9日)〉，《中共中央文件選集》，卷4，頁388。

55. 同上。

56. d'Encausse, *Great Challenge*, p. 104. 關於「國家人民群體」(national peoples) 與「少數人民群體」(minority peoples) 的界定，參見Ted Robert Gurr, *Minorities at Risk: A Global View of Ethnopolitical Conflicts* (Washington: United States Institute of Peace Press, 1993), p. 15.

57. 任一農等：《民族宗教知識手冊》(北京：中共中央黨校出版社，1994)，頁192。

58. 〈中共六屆二中全會討論組織問題結論(1929年6月25日)〉，《民族問題文獻彙編》，頁109。

59. 〈共產國際執委政治秘書處關於中國問題議決案(1930年7月23日)〉，《中共中央文件選集》，卷6，頁589。

60. 〈斯大林給莫洛托夫的信(摘錄)，1929年10月7日於索契〉，《共產國際、聯共(布)與中國革命文獻資料選輯》，卷8，頁187；〈中央政治局給中共駐共產國際代表團諸同志的信(1929年8月21日)〉，《共產國際、聯共(布)》，卷11，頁558；〈劉少奇給黃平的信(1930年1月11日於哈爾濱)〉，《共產國際、聯共(布)》，卷9，頁24–26；〈中共滿洲省委給聯共(布)遠東邊疆區委員會的信(1930年1月11日於哈爾濱)〉，同前，頁27–28。關於中蘇因滿洲中東鐵路而發生的糾紛，參見Peter S. H. Tang, *Russian and Soviet Policy in Manchuria and Outer Mongolia, 1911–1931* (Durham: Duke University Press, 1959), pp. 199–241.

61. 〈中國中央政治局向國際的報告(1928年11月28日)〉，《中共中央文件選集》，卷4，頁714–722；〈中央通告第20號(1928年11月)〉，《中共中央文件選集》，卷4，頁723–740；〈政治決議案：現在革命的形式與中國共產黨的任務(1929年6月)〉，《中共中央文件選集》，卷5，頁179–221；〈中央通告第60號：執行武裝保護蘇聯的實際策略(1929年12月8日)〉，《中共中央文件選集》，卷5，頁561–572。

62. 〈中共中央致內蒙特支指示信(1928年10月23日)〉，《民族問題文獻彙編》，頁91；〈中共中央給蒙委的信(1929年2月30日)〔按：原件如此〕〉，《民族問題文獻彙編》，頁100–107；〈中共中央關於內蒙工作計劃大綱(1930年11月5日)〉，《民族問題文獻彙編》，頁136–141。

63. 〈中共中央致滿洲省委信 (1928年11月6日)〉,《民族問題文獻彙編》,頁92;〈中共中央給滿洲省委的信 (1929年11月16日)〉,《民族問題文獻彙編》,頁115;〈聯共 (布) 中央政治局會議第124號 (特字第102號) 記錄 (1927年9月15日於莫斯科)〉,《共產國際、聯共 (布) 與中國革命文獻資料選輯》,卷7,頁71;〈聯共 (布) 中央政治局會議第132號 (特字第110號) 會議記錄 (摘錄) (1927年10月27日於莫斯科)〉,同前,頁135。

64. 〈中共滿洲省委告滿洲朝鮮農民書 (1928)〉,《民族問題文獻彙編》,頁94-95;〈中共中央給雲南省委的信 (1930年3月20日)〉,《民族問題文獻彙編》,頁117。

65. 〈中共六屆三中全會擴大會議上關於傳達共產國際決議的報告 (1930年9月24日)〉,《民族問題文獻彙編》,頁131。

66. 楊奎松:《中共與莫斯科的關係 (1920-1960)》(台北:東大圖書股份有限公司,1997),第403頁的注22、23中認為這些「先生」指的是任弼時、顧作霖、王稼祥、周恩來、張聞天、博古及其他一些人。

67. 中共中央文獻研究室:《毛澤東年譜》,卷1,頁358-359;中共中央文獻研究室:《周恩來年譜》,頁212-214;楊奎松:《毛澤東》,頁17。早在1930年11月,共產國際執委會遠東局即建議「應該使毛澤東不僅對軍隊的狀況和行為負有責任,而且還要讓他參加政府並對政府的工作負有部分責任。應該任命他為政府委員 (革命軍事委員會主席)」,參見《共產國際、聯共 (布) 與中國革命文獻資料選輯》,卷9,頁452。毛澤東在1931年的正式職稱為「中華蘇維埃共和國中央執行委員會主席」。

68. 〈共產國際執委主席團給中國共產黨的信 (1931年7月)〉,《中共中央文件選集》,卷7,頁761。

69. 中共中央文獻研究室:《周恩來年譜》,頁183-184、214;周文琪、褚良茹:《特殊而複雜的課題》,頁223-224。

70. Walker Connor, *National Question in Marxist-Leninist Theory and Strategy*, pp. 67-74表示,1931年,中華蘇維埃共和國使少數民族的民族自決權成為了1949年以前中國共產黨政治策略中的「必要元素」,並且因此改變了中共前十年對這一問題「莫名的忽視」。相比之下,中國的一些著作雖然意識到中國共產黨在1949年後的作為與1931年的政策並不相符,但他們要麼在討論中將1931年的政策略去,要麼只強調1931年政策中的「正確」部分。參見江平 (編):《中國民族問題的理論與實踐》,頁98-102,及張爾駒:《中國民族區域自治史綱》(北京:民族出版社,1995),頁14-16。

71. 中共中央文獻研究室：《周恩來年譜》，頁210–211。

72. 〈中共中央關於日本帝國主義強佔滿洲事變的決議（1931年9月22日）〉，《民族問題文獻彙編》，頁158–160；〈中共中央為第一次全國蘇維埃代表大會告全國工農勞苦民眾書（1931年10月20日）〉，《民族問題文獻彙編》，頁161–162；〈中華蘇維埃共和國臨時政府對外宣言（1931年11月7日）〉，《民族問題文獻彙編》，頁167–168。

73. 〈中共中央政治局會議記錄（摘錄）（1929年12月6日於上海）〉，《共產國際、聯共（布）與中國革命文獻資料選輯》，卷8，頁242–248；〈共產國際執行委員會遠東局和中共中央政治局聯席會議記錄（1929年12月10日於上海）〉，《共產國際、聯共（布）》，卷8，頁249–267；〈聯共（布）中央政治局會議第5號（特字第X號）記錄（摘錄）（1930年8月25日於莫斯科）〉，《共產國際、聯共（布）》，卷9，頁330–332；〈共產國際執行委員會遠東局給周恩來和瞿秋白的信（1930年9月16日於上海）〉，《共產國際、聯共（布）》，卷9，頁348–350。

74. 〈中共中央六屆四中全會後第一號通告（1931年1月）〉，《民族問題文獻彙編》，頁146–147；陳紹禹：〈為中共更加布爾什維克化而鬥爭（1931年2月）〉，《民族問題文獻彙編》，頁148。

75. 〈中央給蘇區中央局第七號電──關於憲法原則要點（1931年12月5日）〉，《中共中央文件選集》，卷7，頁492–493；〈中華蘇維埃共和國憲法大綱（19931年11月7日）〉，《中共中央文件選集》，卷7，頁772–776；〈關於中國境內少數民族問題的決議案（1931年11月）〉，《民族問題文獻彙編》，頁169–171。

76. 任一農等：《民族宗教知識手冊》，頁213、219、387–388；江平：《中國民族問題》，頁493–494。

77. 〈中共中央給軍委南方辦事處轉七軍前委信（1930年6月16日）〉，《民族問題文獻彙編》，頁127；〈中共中央致廣東省委的信（1932年1月4日）〉，《民族問題文獻彙編》，頁176；〈中共中央給四川省委的信（1932年2月19日）〉，《民族問題文獻彙編》，頁177–180；〈中共中央給陝西省委的指示信（1932年8月1日）〉，《民族問題文獻彙編》，頁192；〈中共中央給滿洲各級黨部及全體黨員的信（1933年1月26日）〉，《民族問題文獻彙編》，頁193–195；周恩來：〈關於傳達國際決議的報告（1930年9月24日）〉，《中共中央文件選集》，卷6，頁375–380；〈目前的形勢與黨的任務決議（1934年1月8日）〉，《中共中央文件選集》，卷10，頁43–46。

78. 關於斯大林自決權的定義，見Connor, *National Question*, p. 33有詳細討論。

79. 參見 June T. Dreyer, *China's Forty Millions: Minority Nationalities and National Integration in the People's Republic of China*, pp. 63–64; 以及 Colin Mackerras, *China's Minorities: Integration and Modernization in the Twentieth Century*, p. 72. Mackerras根據Walker Connor, *The National Question in Marxist-Leninist Theory and Strategy*, pp. 68–73中的論述，認為直到蘇維埃共和國成立，中共政策中「顯然沒有少數民族自治的概念」，但他的結論其實並不正確。

80. 毛澤東並未將這一點視為中國共產黨的國際主義責任，表明當時中共內部對中國「少數民族」的定義仍然模糊不明。中共中央委員會在1929年的一份文件中將中國境內所有的外國人都劃為中國「少數民族問題」中的一部分。參見〈中共六屆二中全會討論組織問題結論 (1929年6月25日)〉，《民族問題文獻彙編》，頁109。

81. 毛澤東：〈中華蘇維埃共和國中央執行委員會與人民委員會第二次全國蘇維埃代表大會的報告 (1934年1月)〉，《民族問題文獻彙編》，頁210–211。

# 第三章

1. 司馬遷：《史記》(北京：中華書局，1982)，卷十五，〈表第三：六國年表〉，頁686。

2. Mark Selden, *The Yenan Way in Revolutionary China* (Cambridge: Harvard University Press, 1971) 是研究這一課題的經典著作。

3. 孔憲東、顧鵬：〈長征中的《紅星報》〉，《中共黨史資料》，第60輯，頁197–198。

4. 〈中國工農紅軍總政治部關於爭取少數民族的指示 (1935年6月19日)〉，《民族問題文獻彙編》，頁339–340；〈以進攻的戰鬥大量消滅敵人創造川陝甘新蘇區 (1935年7月10日)〉，《民族問題文獻彙編》，頁296–297。

5. 中國共產黨在思想上信奉馬克思主義的階級鬥爭理論，但在涉及民族問題時經常是用「下層」和「上層」等概念表示階級界限。下文將詳細探討這些概念在紅軍長征期間處理民族間關係時的特有含義。

6. 〈中共中央給四川省委的信 (1932年2月9日)〉，《民族問題文獻彙編》，

頁177–180；〈中共四川省委接受國際十三次全會提綱與五中全會決議的決定（1934年6月11日）〉，《民族問題文獻彙編》，頁220–223。

7.　〈中國工農紅軍政治部關於苗瑤民族中工作原則的指示（1934年11月29日）〉，《民族問題文獻彙編》，頁244–246；中共中央文獻研究室：《毛澤東年譜》，卷1，頁438–439。

8.　《毛澤東年譜》，卷1，頁456–457。據葉心瑜：〈「彝海結盟」與黨的民族政策〉，《中共黨史資料》，58號（1996年6月），頁191，中國共產黨爭取彝族普通民眾的政策包括五項內容：（一）每個戰士送一件禮物給彝民；（二）爭取彝民當紅軍，建立彝民游擊隊；（三）絕對不打彝族土豪；（四）嚴格遵守紅軍紀律；（五）各連隊與駐地彝民舉行聯歡。　194

9.　有關民族交往與民族理論在不同情形下的效果，見H. D. Forbes, *Ethnic Conflict: Commerce, Culture, and the Contact Hypothesis* (New Haven: Yale University Press, 1997)。

10.　〈張國燾在機關活動分子會上作中國蘇維埃運動發展的前途和我們當前任務的報告（1936年4月1日）〉，《中國工農紅軍第四方面軍戰史資料選編（長征時期）》，頁419、425。

11.　〈陳伯鈞日記摘抄（1935年6月至1936年7月）〉，《中國工農紅軍第四方面軍》，頁160、177；〈夏洮戰役計劃（1935年8月3日）〉，《中國工農紅軍第四方面軍》，頁95。

12.　其實，毛澤東剛在遵義會議上升任政治局常委。會議決定周恩來為軍事策略的最終裁決者，毛澤東通過協助周恩來對黨的決策施加影響。接著，在1935年2月初的政治局會議上，洛甫（張聞天）當選為中共中央總書記，對黨的事務負總的責任。參見張培森等：《張聞天在1935–1938》（北京：中共黨史出版社，1997），頁1–2。

13.　中共中央文獻研究室：《毛澤東年譜》，卷1，頁443–444、448–449、454、458、460–461；張培森：《張聞天》，頁16–18；〈中央為建立川陝甘三省蘇維埃政權及當前計劃給四方面軍電（1935年6月16日）〉，《中國工農紅軍第四方面軍》，頁58。

14.　中共中央文獻研究室：《毛澤東年譜》，卷1，頁479。

15.　楊奎松：〈蘇聯大規模援助中國紅軍的一次嘗試〉，載於黃修容編：《蘇聯、共產國際與中國革命的關係新探》，頁306–307；蔡和森：〈蔡和森談鮑羅廷〉，《鮑羅廷在中國的有關資料》（北京：中國社會科學出版社，1983），頁228。

16.　白振聲等：《新疆現代政治社會史略（1912–1949）》（北京：中國社會科

學出版社，1992），頁141–180。

17. 〈共產國際執行委員會東方書記處給共產國際政治書記處政治委員會的信 (1931年4月23日於莫斯科)〉，《共產國際、聯共 (布) 與中國革命文獻資料選集》，卷10，頁251–256。據載，當時蘇聯在新疆的進出口貿易中分別佔80%及90%。

18. 〈皮亞特尼茨基給卡岡諾維奇的信 (1931年9月10日於莫斯科)〉，《共產國際、聯共 (布)》，卷10，頁345–346。

19. 楊奎松：〈蘇聯大規模援助〉；新疆社會科學民族研究所：《新疆簡史》(烏魯木齊：新疆人民出版社，1987)，頁145–165；Andrew D. W. Forbes, *Warlords and Muslims in Chinese Central Asia: A Political History of Republican Sinkiang, 1911–1949* (Cambridge: Cambridge University Press, 1986), pp. 97–116; 白振聲等：《新疆現代政治社會史略》，頁193。

20. 〈中央致紅四方面軍的信 (1933年8月25日)〉，《中共中央文件選集》，卷9，頁313–322；〈中共中央局關於開展武裝自衛運動的指示信 (1934年7月25日〉，《中共中央文件選集》，卷10，頁370。

21. 周文琪、褚良茹：《特殊而複雜的課題──共產國際、蘇聯和中國共產黨關係編年史 (1919–1991)》，頁254–255、263、275；中共中央文獻研究室：《毛澤東年譜》，卷1，頁476、489。在此期間，中國共產黨與莫斯科方面曾多次嘗試恢復通訊，但直到1935年11月中旬林育英 (張浩) 給陝西北部的中共中央帶去通訊密碼，雙方才成功恢復通訊，然而在此之後，由於存在許多技術問題，雙方的通訊仍然困難重重。據中共中央1936年7月22日致朱德等的電報 (《中國工農紅軍第四方面軍》，頁580)，中共中央與共產國際的聯絡兩週前才終於「暢通」。

22. 楊奎松：《西安事變新探：張學良與中共關係之研究》(台北：東大圖書公司，1995) 對整個事件有詳細討論。該書取材於中國及俄羅斯方面的最新檔案材料，對長征期間的中國共產黨作出了細緻的研究。Benjamin Yang, *From Revolution to Politics: Chinese Communists on the Long March* (Boulder: Westview Press, 1990) 也是一部有價值的著作。

23. 〈中華蘇維埃共和國西北聯邦政府成立宣言 (1935年5月30日)〉，《民族問題文獻彙編》，頁268–270；〈中共西北特區委員會對中華蘇維埃西北聯邦政府成立的祝辭 (1935)〉，《民族問題文獻彙編》，頁273–274；中國軍事博物館：《毛澤東軍事活動紀事》(北京：解放軍出版社，1994)，頁158–159、162；張國燾：《我的回憶》，卷3，頁213–233；〈中央關於一、四方面軍會合後戰略方針的決定 (1935年6月28日)〉，

《中國工農紅軍第四方面軍》，頁74。

24. 中共中央文獻研究室：《毛澤東年譜》，卷1，頁471、482–483、599；張國燾：《我的回憶》，卷3，頁287；〈林育英關於共產國際完全同意中共中央的路線致張國燾、朱德電（1936年1月24日）〉，《中國工農紅軍第四方面軍》，頁328；〈林育英、張聞天對四方面軍戰略方針等意見致朱德、張國燾電（1936年2月14日）〉，《中國工農紅軍第四方面軍》，頁371–372；〈林育英、張聞天、毛澤東、周恩來等關於國內外政治形勢致朱德、張國燾、劉伯承、徐向前等電（1936年5月20日）〉，《中國工農紅軍第四方面軍》，頁519–520。

25. 〈中央關於目前戰略方針之補充決定（1935年8月20日）〉，《中國工農紅軍第四方面軍》，頁127–128；〈毛澤東在俄界會議上的報告和結論（1935年9月12日）〉，《中國工農紅軍第四方面軍》，頁152；〈中央政治局關於張國燾同志的錯誤的決定（1935年9月12日）〉，《中國工農紅軍第四方面軍》，頁153–154；〈張國燾以「第二中央」名義致國際代表林育英電（1936年1月6日）〉，《中國工農紅軍第四方面軍》，頁311；〈張國燾在幹部會議上作關於中國蘇維埃運動發展前途的報告（1936年3月15日）〉，《中國工農紅軍第四方面軍》，頁393–400。

26. 〈進取松理茂的意義和我們當前的戰鬥任務（1935年5月23日）〉，《中國工農紅軍第四方面軍》，頁4。

27. 〈中央關於目前戰略方針之補充決定（1935年8月20日）〉，《中國工農紅軍第四方面軍》，頁126–127。

28. 〈張國燾提出南下方針致徐向前、陳昌浩轉中央電（1935年9月9日）〉，《中國工農紅軍第四方面軍》，頁144；〈周恩來、洛甫等關於目前紅軍行動問題致朱德、張國燾、劉伯承電（1935年9月8日）〉，《中國工農紅軍第四方面軍》，頁142。

29. 〈中央為執行北上方針告同志書（1935年9月10日）〉，《中國工農紅軍第四方面軍》，頁146。

30. 〈毛澤東在俄界會議上的報告和結論（1935年9月12日）〉，《中國工農紅軍第四方面軍》，頁151；張國燾：《我的回憶》，卷3，頁279、287、300；〈任弼時關於二、六軍團與四方面軍7月1日在甘孜會合現共同北進致中央電（1936年7月6日）〉，《中國工農紅軍第四方面軍》，頁572；傅鐘：〈西北局的光榮使命〉，《中國工農紅軍第四方面軍》，頁744。第一、二、四方面軍是紅軍的三大主力。楊奎松：《西安事變新探》，第133–134頁中引用了1936年8月中共中央致共產國際的一篇報

196

告，據載，陝西北部的紅一方面軍共計21,000人。根據上文引述的任
弼時的報告，紅二方面軍共計14,500人。紅四方面軍至少有45,000人。

31. 〈中藏問題交換意見之經過〉，中國第二歷史檔案館：《黃慕松吳忠信
趙守鈺戴傳賢奉使辦理藏事報告書》(北京：中國藏學出版社，1993)，
頁31–46。

32. 〈蔣致余致蔣介石(1935年6月16日)〉，《蔣中正總統檔案：特交文件·
第58卷(政治)：西藏問題》。

33. 〈熱振呼圖克圖致蔣介石、黃慕松〉，《蔣中正總統檔案：特交文件·第
58卷(政治)：西藏問題》。

34. 〈蔣介石致劉文輝(1935年8月12日)〉，《蔣中正總統檔案：特交文件·
第58卷(政治)：西藏問題》。

35. 張國燾：《我的回憶》，卷3，頁287。

36. 〈中央政治局就關於目前戰略方針之補充決定致張國燾電(1935年8月
24日)〉，《中國工農紅軍第四方面軍》，頁132–133；〈彭德懷等為繼
續北進爭取群眾創造陝甘寧蘇區致朱德、張國燾等電(1935年9月18
日)〉，《中國工農紅軍第四方面軍》，頁156。

37. 〈中央政治局關於張國燾同志的錯誤的決定(1935年9月12日)〉，《中
國工農紅軍第四方面軍》，頁153；〈張國燾在機關活動分子會上作中國
蘇維埃運動發展的前途和我們當前任務的報告(1936年4月1日)〉，《中
國工農紅軍第四方面軍》，頁415。

38. 瞿秋白：〈孫中山與中國革命運動(1925年2月)〉，《瞿秋白文集》(北
京：人民出版社，1989)，卷3，頁78–80、82。

39. 〈中國共產黨、中國社會主義青年團中央局對於國民黨全國大會意見
(1923年12月)〉，《民族問題文獻彙編》，頁23；〈中國國民黨第一次全
國代表大會宣言(1924年1月23日)〉，《民族問題文獻彙編》，頁26；
〈中國共產黨第四次全國代表大會對於民族革命運動之議決案(1925年
1月)〉，《民族問題文獻彙編》，頁32。

40. 〈中共中央關於中山先生逝世週年紀念日告中國國民黨黨員書(1926年
3月12日)〉，《民族問題文獻彙編》，頁43；李守常(大釗)：〈平民主義
(1923年1月)〉，《民族問題文獻彙編》，頁56。

41. 〈中共中央關於內蒙工作計劃大綱(1930年11月5日)〉，《民族問題文
獻彙編》，頁141。

42. 〈關於中國境內少數民族問題的決議案(1931年11月)〉，《民族問題文
獻彙編》，頁169。

43. 陳紹禹(王明)：〈為中共更加布爾什維克化而鬥爭(1931年2月)〉，《民

族問題文獻彙編》，頁148。

44. 〈中共中央給四川省委的信——關於反帝、少數民族、黨的問題（1932年2月19日）〉，《民族問題文獻彙編》，頁178–179；〈中共四川省委關於川西南北邊區少數民族工作決議案（1932年6月24日）〉，《民族問題文獻彙編》，頁189。

45. 〈中共中央駐北方代表給內蒙黨委員會的信（1934年7月7日）〉，《民族問題文獻彙編》，頁232–233；〈中國工農紅軍政治部關於苗瑤民族中工作原則的指示（1934年11月29日）〉，《民族問題文獻彙編》，頁245。

46. 瞿秋白：〈中國革命中之爭論問題（1927年2月）〉，《民族問題文獻彙編》，頁79。

47. 〈張國燾以「第二中央」名義致國際代表林育英電（1936年1月6日）〉，《中國工農紅軍第四方面軍》，頁311；〈張國燾在機關活動分子會上作中國蘇維埃運動發展的前途和我們當前任務的報告（1936年4月1日）〉，《中國工農紅軍第四方面軍》，頁414–420；〈張國燾在中央縱隊活動分子會上報告被迫宣佈取消「第二中央」（1936年6月6日）〉，《中國工農紅軍第四方面軍》，頁534–535。

48. 張培森：《張聞天》，頁18；〈中央關於一、四方面軍會合後戰略方針的決定（1935年6月28日）〉，《中國工農紅軍第四方面軍》，頁74；〈中國共產黨中央委員會告康藏西番民眾書——進行西藏民族革命運動的鬥爭綱領（1935年6月）〉，《民族問題文獻彙編》，頁285–291。此前有關西藏的文件還包括：〈中共中央給四川省委的信（1932年2月19日）〉，《民族問題文獻彙編》，頁177；〈中華蘇維埃共和國臨時中央政府與工農紅軍革命軍事委員會的宣言（1933年4月15日）〉，《中共中央文件選集》，卷9，頁470。

49. 例如，張國燾後來曾回憶道（張國燾：《我的回憶》，卷3，頁286），紅軍幹部在藏語中沒有找到「團體」這個名詞，因此最終用了藏文的「一心一意」表達「團體」的含義。

50. 〈毛澤東在俄界會議上的報告和結論（1935年9月12日）〉，《中國工農紅軍第四方面軍》，頁151。中共文件中常把「番民」一詞寬泛地用於川西及西康的非漢族。有時「番民」僅指藏民，但有時又包括羌族、彝族。

51. 〈西北特區委員會關於黨在番人中的工作決議（1935年6月5日）〉，《中國工農紅軍第四方面軍》，頁36；〈波巴第一次全國人民代表大會（1936年5月）〉，《中國工農紅軍第四方面軍》，頁473–475；〈張國燾在「中央局」會議上作關於少數民族的策略路線的報告（1936年4月29日）〉，《中

國工農紅軍第四方面軍》，頁468。

52. 〈波巴依得瓦共和國政治檢查處的組織大綱（1936年4月20日）〉，《中國工農紅軍第四方面軍》，頁466；〈張國燾在「中央局」會議上作關於少數民族的策略路線的報告（1936年4月29日）〉，《中國工農紅軍第四方面軍》，頁469；〈波巴獨立政府組織大綱（1936年5月）〉，《中國工農紅軍第四方面軍》，頁475–476；〈波巴人民共和國國家政治檢查處暫行條例草案（1936年5月）〉，《中國工農紅軍第四方面軍》，頁477；〈關於金川工作的討論（1936年5月）〉，《中國工農紅軍第四方面軍》，頁489；張國燾：《我的回憶》，卷3，頁286。

53. 〈西北軍區政治部給各級政治部、處的一封指示信（1935年5月3日）〉，《中國工農紅軍第四方面軍》，頁26–27；〈傅鐘關於在馬塘、康貓寺一帶作戰情形及路線情形給張國燾的報告（1935年6月27日）〉，《中國工農紅軍第四方面軍》，頁71；〈中共金川省第一次全省黨代表大會關於目前政治形勢和金川黨的任務決議（1936年2月7日）〉，《中國工農紅軍第四方面軍》，頁451–452；〈波巴依得瓦革命黨黨綱（1936年4月18日）〉，《中國工農紅軍第四方面軍》，頁465；〈張國燾在「中央局」會議上作關於少數民族的策略路線的報告（1936年4月29日）〉，《中國工農紅軍第四方面軍》，頁469–470；〈關於金川工作的討論（1936年5月）〉，《中國工農紅軍第四方面軍》，頁484–485、487–488。

54. 〈關於少數民族工作的指示（1936年3月）〉，《中國工農紅軍第四方面軍》，頁455。

55. 〈西北特區少數民族工作須知（1935年5月5日）〉，《中國工農紅軍第四方面軍》，頁20；〈波巴依得瓦革命黨黨綱（1936年4月18日）〉，《中國工農紅軍第四方面軍》，頁465；〈張國燾在「中央局」會議上作關於少數民族的策略路線的報告（1936年4月29日）〉，《中國工農紅軍第四方面軍》，頁467、471；〈道孚波巴依得瓦第一次代表大會所通過的幾個條例（1936年4月15日）〉，《中國工農紅軍第四方面軍》，頁464。紅軍分別針對糧食、牲畜、屠宰及商業徵收四種稅費。在以前「苛捐雜稅」的制度下，每斗糧納稅6升（1斗等於10升），殺牛一頭或豬一口收費2元。紅軍將糧食稅減到5升，殺豬一口收費1元，殺牛一頭稅費不變。

56. 〈董振堂、黃超等關於敵情及部隊情況的報告（1936年1月8日）〉，《中國工農紅軍第四方面軍》，頁313–314；〈關於少數民族工作的指示（1936年3月）〉，《中國工農紅軍第四方面軍》，頁456；〈道孚波巴依得瓦第一次代表大會所通過的幾個條例（1936年4月15日）〉，《中國工農

紅軍第四方面軍》，頁462。

57. 張國燾：《我的回憶》，卷3，頁212–214、276–278、286–287。林文輝即掌控四川及西康的軍閥。

58. 劉瑞龍：〈難忘的征程〉，中國人民解放軍歷史資料叢書編審委員會(編)：《紅軍長征：回憶史料》(北京：解放軍出版社，1992)，卷1，頁105–117；天寶：〈紅軍長征過藏區〉，《紅軍長征：回憶史料》，頁89–96；吳先恩：〈為了長征的勝利〉，《紅軍長征：回憶史料》，頁436–439；金世柏：〈憶紅軍藏民獨立師〉，《紅軍長征：回憶史料》，頁83–88；李中權：〈難忘的川康少數民族〉，《紅軍長征：回憶史料》，頁434。藏民獨立師師長的漢名為馬駿，藏名未知。

59. 〈中國工農紅軍二方面軍政治部關於二六軍團長征的政治工作總結報告(1936年12月19日)〉，《民族問題文獻彙編》，頁436–440。

60. Roman Smal-Stocki, *The Nationality Problem of the Soviet Union and Russian Communist Imperialism* (Milwaukee: Bruce Publishing Company, 1952), p. 36.

61. 1940年代後期，中國共產黨開始同新疆和內蒙古的分離或自治運動發生密切的關係。但當時中共已經在單一革命的環境下確立了自己在民族政治上的立場。

199

# 第四章

1. 董學文：〈論毛澤東對馬克思主義文藝觀的發展〉，中共中央文獻研究室編：《毛澤東百年紀念——全國毛澤東生平和思想研討會論文集》(北京：中央文獻出版社，1994)，中冊。

2. 楊奎松：《西安事變新探：張學良與中共關係之研究》，頁17–18、133–134、142。

3. 周文琪、褚良茹：《特殊而複雜的課題——共產國際、蘇聯和中國共產黨編年史 (1919–1991)》，頁254、263、275。楊奎松：〈蘇聯大規模援助中國共軍的一次嘗試〉，《蘇聯、共產國際與中國革命的關係新探》，頁305–328，是有關這一問題最為詳盡的研究。

4. 〈中央為建立川陝甘三省蘇維埃政權及當前計劃給四方面軍電〉，《中國工農紅軍第四方面軍戰史資料選編 (長征時期) 》，頁58。

5. 〈毛澤東在俄界會議上的報告和結論 (1935年9月12日) 〉，《中國工農

紅軍第四方面軍》，頁151。毛澤東並不是唯一一個對在中國本土建立
新根據地失去希望的人。例如，張聞天也曾發表過類似的言論支持毛
澤東的觀點。參見張培森等：《張聞天在1935–1938》，頁29。

6. 張培森：《張聞天》，頁31–32；程中原：《張聞天傳》(北京：當代中國
   出版社，1993)，頁254–257。

7. 中國軍事博物館：《毛澤東軍事活動紀事》，頁179。

8. 自中華民國早期以來，內蒙古便被劃分為綏遠、熱河、察哈爾三大特
   別區。1928年，國民黨政府正式將以上特別區設立為省。

9. 〈中華蘇維埃人民共和國中央政府對內蒙古人民的宣言(1935年12月10
   日)〉，《中共中央文件選集》，卷10，頁800–802。

10. 〈中央關於軍事戰略問題的決議(1935年12月23日)〉，《中共中央文件
    選集》，卷10，頁589–597。

11. 中華人民共和國於1949年成立後，中國共產黨表示這一文件只適用於
    1930年代的情況。烏蘭夫領導下的內蒙古政府曾於1964年重新發佈該
    文件，這一行為卻在文化大革命初期即被定為分裂罪行。參見圖門、
    祝東力：《康生與內人黨冤案》(北京：中共中央黨校出版社，1995)，
    頁13–14。

12. 這一運動宣言(1933年9月28日)的英文版收錄於Jagchid Sechin, *The
    Last Mongol Prince: The Life and Times of Demchugdongrob, 1902–1966*
    (Bellingham: Western Washington University Press, 1999), pp. 72–74.

13. 德穆楚克棟魯普：〈德穆楚克棟魯普自述〉，《內蒙古文史資料》，第13
    輯(呼和浩特：內蒙古文史書店，1984)，頁1–15；烏蘭少布：〈中國國
    民黨對蒙政策(1928–1949)〉，《內蒙古近代史論叢》(呼和浩特：內蒙
    古人民出版社，1987)，第3輯，頁249–267。

14. 烏嫩齊：《蒙古族人民革命武裝鬥爭紀實》(呼和浩特：內蒙古人民出
    版社，1990)，頁10–14；Baterdene Batbayar (Baabar), *Twentieth Century
    Mongolia* (Cambridge: White Horse Press, 1999), pp. 197–200;《蒙古族簡
    史》編寫組：《蒙古族簡史》(呼和浩特：內蒙古人民出版社，1985)，
    頁391–393；Jagchid Sechin, *Last Mongol Prince*, p. 30.

15. 中國軍事博物館：《毛澤東軍事活動紀事》，頁211–212。

16. 中國軍事博物館：《毛澤東軍事活動紀事》，頁209；周文琪、褚良茹：
    《特殊而複雜的課題》，頁209、303。1936年4月底，中國共產黨派鄧
    發經新疆前往蘇聯，但直到同年12月他才抵達莫斯科。

17. 中國軍事博物館：《毛澤東軍事活動紀事》，頁211–213；程中原：《張

聞天傳》，頁282。張聞天首先提出這一路線，但由於西向行動無益於
壯大現有的根據地，這一提議遭到了毛澤東的否決。

18. 〈中華蘇維埃中央政府對回族人民的宣言（1936年5月25日）〉，《民族問題文獻彙編》，頁366–367；Dru Gladney, *Muslim Chinese: Ethnic Nationalism in People's Republic*, p. 27.

19. Documents 16-18, in Alexander Dallin and F. I. Firsov, eds., *Dimitrov and Stalin, 1934–1943: Letters from the Soviet Archives* (New Haven: Yale University Press, 2000), pp. 85–105.

20. 張國燾：《我的回憶》，卷3，頁296–297；中國軍事博物館：《毛澤東軍事活動紀事》，頁233–236；周文琪、褚良茹：《特殊而複雜的課題》，頁295–300；中共中央文獻研究室：《毛澤東年譜》，卷1，頁610–614；〈中央書記處關於西路軍和紅軍主力行動方向致共產國際電（1936年11月13日）〉，《中國工農紅軍第四方面軍》，頁883；〈中央關於西路軍作戰方針致徐向前、陳昌浩電（1936年11月23日）〉，《中國工農紅軍第四方面軍》，頁899。

21. 中國軍事博物館：《毛澤東軍事活動紀事》，頁213–214、220–221、235、238；中共中央文獻研究室：《毛澤東年譜》，卷1，頁608–609。

22. 〈中央提出作戰新計劃（1936年11月8日）〉，《中國工農紅軍第四方面軍》，頁874–875；〈林育英、朱德、張國燾等對西路軍行動部署致徐向前、陳昌浩電（1936年11月19日）〉，《中國工農紅軍第四方面軍》，頁892–893；〈西路軍軍政委員會關於實力及行動方針致軍委主席團電（1937年1月6日）〉，《中國工農紅軍第四方面軍》，頁922；〈軍委主席團關於西路軍行動方針致徐向前、陳昌浩電（1937年1月7日）〉，《中國工農紅軍第四方面軍》，頁923；〈中央關於援助西路軍阻止「二馬」進攻致周恩來、博古電（1937年1月24日）〉，《中國工農紅軍第四方面軍》，頁935；〈中央為解救西路軍危局與馬鴻逵、馬步芳部交涉條件致周恩來等電（1937年2月27日）〉，《中國工農紅軍第四方面軍》，頁953；〈毛澤東關於援西軍停止待命加緊訓練致劉伯承、張浩等電（1937年3月12日）〉，《中國工農紅軍第四方面軍》，頁966；〈關於西路軍到新疆人數的資料（1937年12月）〉，《中國工農紅軍第四方面軍》，頁996；中共哈密地委黨史委：《西路軍魂》（烏魯木齊：新疆人民出版社，1995），頁53、66；黃修榮：《蘇聯、共產國際與中國革命的關係新探》，頁50。

23. Dallin and Firsov, *Dimitrov and Stalin*, pp. 109–110, n. 14.

24. 〈中央書記處、軍委主席團關於西路軍戰略方針致徐向前、陳昌浩電
    (1937年2月17日)〉,《中國工農紅軍第四方面軍》,頁945;〈中央書
    記處對西路軍的指示電(1937年3月4日)〉,《中國工農紅軍第四方
    面軍》,頁960;〈張國燾關於堅決擁護中央克服困難戰勝敵人致西路
    軍軍政委員會電(1937年3月4日)〉,《中國工農紅軍第四方面軍》,
    頁961;〈陳昌浩關於西路軍失敗的報告(1937年9月30日)〉,《中國工
    農紅軍第四方面軍》,頁976–991;李先念:〈關於西路軍歷史上幾個
    問題的說明〉,《中國工農紅軍第四方面軍》,頁997–1004;張國燾:
    《我的回憶》,卷3,頁351–359。徐向前與陳昌浩是西路軍的軍政領導
    人,西征失敗後,中共中央將批評的矛頭指向了張國燾和陳昌浩。在
    之後的很長一段時間內,中共官方黨史都將西路軍和「打通蘇聯」政策
    劃在「國燾路線」之下。李先念〈說明〉一文中指出,參與西征的人直到
    毛澤東去世以後,才最終得到中共對西路軍較為公正的歷史定論。

25. 1936年12月底,中共中央改變對西路軍的指示。至於這一舉動究竟
    是基於戰略考量還是優柔寡斷,中共哈密地委黨史委:《西路軍魂》,
    頁52–68,與李先念:〈關於西路軍歷史上幾個問題的說明〉,《中國工
    農紅軍第四方面軍》,第997–1004頁對於這一問題的看法並不一致,
    但雙方都認為,不論東撤還是西進,西路軍已經錯失了最關鍵的那一
    個月。

26. 〈徐向前、陳昌浩關於九軍在古浪戰鬥情況致中央軍委電(1936年11月
    19日)〉,《中國工農紅軍第四方面軍》,頁890;〈徐向前、陳昌浩關於
    西路軍近月來減員情況及對形勢分析致中央並朱德、張國燾電(1936
    年11月21日)〉,《中國工農紅軍第四方面軍》,頁894;〈徐向前、陳昌
    浩關於四十里鋪戰況等致中央軍委電(1936年11月22日)〉,《中國工
    農紅軍第四方面軍》,頁897;〈徐向前、陳昌浩關於敵我情況致朱德、
    張國燾並中央電(1936年11月24日)〉,《中國工農紅軍第四方面軍》,
    頁899。

27. 紅軍總政治部曾向軍隊下達「三大禁條、四大注意」,即「禁止駐紮清真
    寺;禁止吃大葷;禁止毀壞回文經典;講究清潔;尊重回民的風俗習
    慣;不准亂用回民器具;注意回漢團結」。參見〈中國工農紅軍總政治
    部關於回民工作的指示(1936年5月24日)〉,《民族問題文獻彙編》,
    頁362–365。

28. 孫國標:〈中國共產黨民族自治政策的成功嘗試〉,《中共黨史資料》,
    第57輯(1996年2月),頁114–122。

29. 高屹：《蔣介石與西北四馬》(北京：警官教育出版社)，頁102–143；
王劍萍：〈西北四馬合擊孫殿英的回憶〉，《寧夏三馬》(北京：中國文史
出版社，1988)，頁169–180。

30. 高屹：《蔣介石與西北四馬》，頁23–40；盧忠良等：〈馬鴻逵的省政機
構及其徵兵〉，《寧夏三馬》，頁181–195；馬廷秀等：〈馬鴻逵同國民黨
中央政府的權力之爭〉，《寧夏三馬》，頁234–239；〈馬步芳控制青海地
區國民黨黨務〉，載於青海省地方志編纂委員會：《青海歷史紀要》(西
寧：青海人民出版社，1987)，頁410–411。

31. 高屹：《蔣介石與西北四馬》，頁13–23。

32. 李榮珍：〈長征時期中國共產黨對回族的政策〉，《中共黨史資料》，第
60輯 (1996年12月)，頁111；〈徐向前、陳昌浩關於目前情況力量之
估計與西路軍之行動致中央軍委電 (1937年2月7日)〉，《中國工農紅
軍第四方面軍》，頁942；〈劉伯承、張浩為解釋援西軍行動意義致所屬
各師政治部主任電 (1937年3月6日)〉，《中國工農紅軍第四方面軍》，
頁963。「寧夏戰役」期間，毛澤東在一次政治局會議上強調，中國共產
黨的政策是聯合馬鴻逵以外的所有力量。參見中共中央文獻研究室：
《毛澤東年譜》，卷1，頁582。

33. 高屹：《蔣介石與西北四馬》，頁184–185。

34. 〈陳昌浩關於西路軍失敗的報告 (1937年9月30日)〉，《中國工農紅軍
第四方面軍》，頁984。

35. Jonathan N. Lipman, *Familiar Strangers: A History of Muslims in Northwestern China* (Seattle: University of Washington Press, 1997), pp. 167–211.

36. 凱豐：〈黨中央與國燾路線分歧在哪裏 (1937年2月27日)〉，《中國工
農紅軍第四方面軍》，頁1105–1109。

37. 〈陳昌浩關於西路軍失敗的報告 (1937年9月30日)〉，《中國工農紅軍
第四方面軍》，頁988。

38. 中共中央文獻研究室：《毛澤東年譜》，卷1，頁613。

39. Benedict Anderson, *Imagined Communities: Reflections on the Origin and Spread of Nationalism*, p. 158, n. 6. John W. Garver, *Chinese-Soviet Relations, 1937-1945: The Diplomacy of Chinese Nationalism*, pp. 237–270, 其中一章就中國共產黨如何在二戰期間脫離莫斯科獲得獨立，進行了論證充分的討論。Michael M. Sheng, *Battling Western Imperialism: Mao, Stalin, and the United States* (Princeton: Princeton University Press, 1997) 以最近解密的中文文件為基礎，將毛澤東刻劃成了斯大林忠心不二的

追隨者。關於這一課題，資料最為詳盡的研究著作當屬楊奎松：《中共與莫斯科的關係 (1920–1960)》，書中認為，中國共產黨的政策在思想上始終如一，但在處理與莫斯科的關係時卻十分實際。

40. 周恩來在1936年給張學良的一封信中寫下了這句話，載於楊奎松：《西安事變新探》，頁69。

41. 〈中央關於反帝鬥爭中我們工作的錯誤與缺點的決議 (1931年12月2日)〉，《中共中央文件選集》，卷7，頁532；洛甫：〈在爭取中國革命在一省與數省的首先勝利中中國共產黨內機會主義的動搖 (1932年4月4日)〉，《中共中央文件選集》，卷8，頁610–635；〈革命危機的增長與北方黨的任務 (1932年6月24日)〉，《中共中央文件選集》，卷8，頁346–362；〈中央關於貫徹北方各省代表會議精神給河北省委信〉，《中共中央文件選集》，卷8，頁329–330。

42. 楊奎松的《西安事變新探》是研究該課題的傑作。書中詳細分析了中共領導人如何在西安事變之後改變了對待蔣介石的強硬態度，並在莫斯科的指示下同意和平解決問題 (頁322–336)。此後，中國共產黨再未因莫斯科的壓力而改變自己的政治決策。

43. Robert V. Daniels, *A Documentary History of Communism, Volume 2: Communism and the World*, pp. 103–105; 楊奎松：《西安事變新探》，頁296–336；張國燾：《我的回憶》，卷3，頁330–340、368–371。

44. 中共中央於1935年底將陝北作為總根據地時，該地稱為「陝甘寧蘇區」。1937年3月，為了達成與國民黨的和談，該地區改稱「陝甘寧特區」。後又依照與國民黨的協議，在同年9月正式成立「陝甘寧邊區」政府。參見陳廉：《抗日根據地發展史略》(北京：解放軍出版社，1987)，頁31。

45. 程中原：《張聞天傳》，頁423–427、372、412–413；劉少奇：〈關於過去白區工作給中央的一封信〉，《中共中央文件選集》，卷11，頁801–818。

46. 中共中央文獻研究室：《毛澤東年譜》，卷2，頁528。

47. 〈民族統一戰線的基本原則 (1936年11月20日)〉，《民族問題文獻彙編》，頁525–527。

48. 〈中央關於目前政治形勢與黨的任務決議 (1935年12月25日)〉，《中共中央文件選集》，卷10，頁609–617。

49. 洛甫：〈我們對於民族統一綱領的意見 (1937年5月1日)〉，《民族問題文獻彙編》，頁456–458；〈中共中央關於「民族統一綱領草案」問題致

共產國際電〉,《民族問題文獻彙編》,頁466–467。

50. Edgar Snow, *Red Star over China* (New York: Random House, 1938), p. 110.

51. 張培森:《張聞天》,頁314、317、331。

52. 楊松:〈論民族(1938年8–1日)〉,《民族問題文獻彙編》,頁763–768;楊松:〈論資本主義時代民族運動與民族問題(1938年8月8日)〉,《民族問題文獻彙編》,頁769–780;楊松:〈論帝國主義時代民族運動與民族問題(1938年8–11月)〉,《民族問題文獻彙編》,頁781–801。

53. 楊松:〈論帝國主義時代民族運動與民族問題(1938年8–10月)〉,《民族問題文獻彙編》,頁795–796。

54. 毛澤東:〈論新階段(1938年10月12日–14日)〉,《中共中央文件選集》,卷11,頁557–662。

55. June T. Dreyer, *China's Forty Millions: Minority Nationalities and National Integration in the People's Republic of China*, pp. 261–276, 概括描述了這兩種手段。

56. 毛澤東:〈中國革命和中國共產黨(1939年12月)〉,《民族問題文獻彙編》,頁625–632。

57. 八路軍政治部:〈抗日戰士政治課本(1939年12月)〉,《民族問題文獻彙編》,頁807–808;毛澤東:〈統一戰線中的獨立自主問題(1938年11月5日)〉,《民族問題文獻彙編》,頁607。

58. 劉少奇:〈抗日游擊戰爭中的若干基本問題(1937年10月16日)〉,《民族問題文獻彙編》,頁561–565,與凱豐:〈黨中央與國燾路線分歧在哪裏(1937年2月27日)〉,《民族問題文獻彙編》,第760–761頁是兩份抗戰時期支持少數民族「獨立」的文件。但應當注意的是,毛澤東的〈論新階段〉發表於1938年10月,而這兩份文件都寫於〈論新階段〉之前。隨後,1945年7月,〈中共中央紀念抗戰八週年口號(1945年7月7日)〉,《中共中央文件選集》,卷15,頁175,中共要求國民黨政府「改善對國內少數民族的待遇」,其中包括「給國內少數民族以自治權與自決權」。此時,新一輪國共內戰即將打響。

59. 董必武:〈共產主義與三民主義(1937年6月14日)〉,《民族問題文獻彙編》,頁538–541;周恩來:〈論中國的法西斯主義——新專制主義(1943年8月16日)〉,《民族問題文獻彙編》,頁723–727;〈國民黨與民族主義〉,1934年9月18日《解放日報》社論,《中共中央文件選集》,卷14,頁566–576;毛澤東:〈論聯合政府(1945年4月24日)〉,《民族

問題文獻彙編》，頁742–743；陳伯達：〈評《中國之命運》(1943年7月
21日)〉，《民族問題文獻彙編》，頁945–949。

60. 其實，中國各民族平等第一次成為官方政策，是1912年袁世凱宣佈「五
大民族，均歸平等」。參見趙雲田：《中國邊疆民族管理機構沿革史》，
頁425。

61. 「中華民族」的「中」、「華」在古漢語中分別指代「中國」與古代華族，再
加上「民族」這一現代概念，組合而成「中華民族」。

62. 以往有關中國民族主義與中國民族政治的研究，都忽略了「中華民族」
這一概念在現代中國政治中的演變。例如，Walker Connor, *National
Question in Marxist-Lennist Theory and Strategy; Dreyer, China's Forty
Millions*; Prasenjit Duara, *Rescuing History from the Nation: Questioning
Narratives of Modern China* (Chicago: University of Chicago Press,
1995); John Fitzgerald, *Awakening China: Politics, Culture, and Class
in the Nationalist Revolution; Edward Friedman, National Identity and
Democratic Prospects in Socialist China*; Germaine A. Hoston, *The
State, Identity, and the National Question in China and Japan* (Princeton:
Princeton University Press, 1994); Colin Mackerras, *China's Minorities:
Integration and Modernization in the Twentieth Century*; Jonathan Unger,
ed., *Chinese Nationalism* (Armonk: M. E. Sharpe, 1996). Gladney 在其富有
啟發性的著作 *Muslim Chinese*，第81–93頁中準確地指出了學界將「漢」
(Han) 與「中國」(Chinese) 等同的錯誤做法，但在討論從孫中山時期到
毛澤東時期的「漢族民族主義」的興起時，他忽略了中國政治家們曾嘗
試將現代中國塑造成為多民族的「中華」民族國家，而非漢族民族國家。

63. Connor, *National Question*, pp. 67–92 認為，即便中共在抗戰時期採納了
「漢族民族主義」(Han ethno-nationalism)，他們也始終沒有摒棄對少數
民族的自決策略。John Breuilly, *Nationalism and the State*, pp. 234–240
討論了國民黨「協調政治」(coordination politics) 與共產黨「動員政治」
(mobilization politics) 在中國境內邊疆地區 (internal frontier) 的不同
效果。

64. 這是 Chalmers A. Johnson, *Peasant Nationalism and Communist Power*
(Stanford: Stanford University Press, 1962) 的研究主題。最近的幾部
案例研究對 Johnson 的作品進行了補充。例如，Ralph A. Thaxton Jr.,
*Salt of the Earth: The Political Origins of Peasant Protest and Communist
Revolution in China* (Berkeley: University of California Press, 1997),

pp. 198–239 承認，抗戰時期，中國共產黨曾利用抗日愛國主義與社會經濟改革團結農民力量，但同時也強調，有必要在更長的時間範圍內並在當地的歷史、社會背景之下解讀中國共產黨與農民在中國北方的聯盟。參見Lucien Bianco, *Peasants Without the Party: Grass-Roots Movements in Twentieth-Century China* (Armonk: M.E. Sharpe, 2001).

65. Breuilly, *Nationalism*, pp. 9–15 從反對政治的角度對民族主義進行了討論，Anderson, *Imagined Communities*, pp. 113–116, 159–160 闡明了群眾民族主義與官方民族主義在革命過程中的過渡關係。

# 第五章

1. 余子道：《長城風雲錄》(上海：上海書店出版社，1993)，頁82–112。
2. 王會昌：《中國文化地理》(武昌：華中師範大學出版社，1992)，頁105–183。該書重點研究幾個世紀以來中國文化、政治中心的歷史變遷，是這一領域的開拓性研究。作者認為，中華文明的最初三、四千年，中心位於中原地區的黃河流域。隨後，以南宋1127年建都長江流域為標誌，中華文明的中心轉移到了南方。王會昌將這兩個時期分別稱為「中原文化軸心時代」與「江南人文淵藪時代」。
3. 王會昌在《中國文化地理》，第110頁中表示同意梁啟超的說法，即「建都北方者，其規模常弘遠，其局勢常壯闊。建都南方者，其規模常清隱，其局勢常文弱」，並且指出在中國歷史上，建都於南方的政權往往敗於建都北方的政權。但是在討論「漢文化圈」在東亞、東南亞的影響時，王會昌只是簡單表示中國西部地區是漢文化圈的一部分，不必做格外的說明。Edward Friedman, *National Identity and Democratic Prospects in Socialist China*, pp. 25–42, 77–86, 討論了中國20世紀末改革中的「南北之分」，認為「北方人」奉行孤立主義和沙文主義，而「南方人」則富於開放、開拓精神。
4. 趙雲田：《中國邊疆民族管理機構沿革史》，頁4–5。
5. John King Fairbank, *China: A New History*, p. 77; 申友良：《中國北方民族及其政權研究》，頁337。
6. 〈中共中央關於內蒙工作的指示信 (1936年8月24日)〉，《民族問題文獻彙編》，頁416–421。
7. 〈中共中央關於蒙古工作應以援綏抗日為中心的指示 (1937年2月3

206

日）〉,《民族問題文獻彙編》,頁448–449;〈中共中央關於內蒙工作給少數民族委員會的信(1937年2月7日)〉,《民族問題文獻彙編》,頁451。

8. (李)一氓:〈回民工作中的幾個問題(1936年9月3日)〉,《民族問題文獻彙編》,頁518–521;劉曉:〈回民工作中的一些問題(1936年11月)〉,《民族問題文獻彙編》,頁528–532;〈回民解放會組織大綱(1936)〉,《民族問題文獻彙編》,頁533–534;王稼祥:〈反對日本帝國主義佔領內蒙(1936年7月22日)〉,《民族問題文獻彙編》,頁506–509;〈少委蒙民部:目前綏蒙形勢與我們的任務和工作(1937年6月)〉,《民族問題文獻彙編》,頁468。

9. 劉曉:〈關於回民工作的一封信(1936年9月24日)〉,《民族問題文獻彙編》,頁522–523;劉曉:〈回民工作中的一些問題(1936年11月)〉,《民族問題文獻彙編》,頁531–532;〈毛澤東關於目前黨的任務及在回民中組織民族性黨派問題致謝覺哉電(1937年8月19日)〉,《民族問題文獻彙編》,頁555;〈回民革命黨綱領草案(1937)〉,《民族問題文獻彙編》,頁759。

10. 王五典:〈國民黨八十一軍綏西抗戰的回憶〉,《寧夏三馬》,頁100–107;韓哲生:〈馬鴻賓指揮的伊克昭盟之戰〉,《寧夏三馬》,頁108–110;青海省志編纂委員會:《青海歷史紀要》,頁393–395;楊策等:《少數民族與抗日戰爭》(北京:北京出版社,1997),頁83–85、89–100。

11. 〈中共中央關於蒙古工作的指示信(1937年7月10日)〉,《民族問題文獻彙編》,頁545–547。根據王樹盛、郝玉峰:《烏蘭夫年譜》,頁68,早在1933年,共產國際就指示雲澤應在抗日鬥爭中爭取德王。當時,中共中央仍在南方,顯然沒有接到共產國際的指示。

12. 〈中共中央關於蒙古工作的指示信(1937年7月10日)〉,《民族問題文獻彙編》,頁545–547。

13. Owen Lattimore, *Studies in Frontier History: Collected Papers, 1929–1958* (London: Oxford University Press, 1962), pp. 12, 427–439.

14. 劉曉:〈劉曉同志對蒙古工作的意見(1936年7月)〉,《民族問題文獻彙編》,頁511–513。

15. 王樹盛、郝玉峰:《烏蘭夫年譜》,頁56–60。

16. 王樹盛、郝玉峰:《烏蘭夫年譜》,頁68。

17. 烏蘭夫:《烏蘭夫回憶錄》,頁166–170;王樹盛、郝玉峰:《烏蘭夫年譜》,頁74、80–83、100–101;余子道:《長城風雲錄》,頁462–468。

18. 德穆楚克棟魯普：〈德穆楚克棟魯普自述〉，《內蒙古文史資料》，第 13輯，頁44–47；Jagchid Sechin, *The Last Mongol Prince: The Life and Times of Demchugdongrob, 1902–1966*, p. 123.

19. 同時，不論是德王政府還是偽滿洲國，內部都有與共產國際保持聯繫 的人員。這些人中包括烏力吉奧其爾、哈豐阿、特木爾巴根等，他們 在戰爭結束後領導了一場新的內蒙古自治運動。

20. 〈十六個月來大青山支隊工作總結報告（1939年12月）〉，中共內蒙古 自治區委員會黨史資料徵集研究委員會：《大青山抗日游擊根據地資料 選編》（呼和浩特：內蒙古人民出版社，1987），頁89。報告提到，國 民黨在當地蒙民中散佈八路軍是「口裏」即內地來的、不會長久等等言 論，離間中共與蒙民的關係。

21. 劉曉：〈劉曉同志關於蒙古工作給總政和黨中央的報告（1936年7月19 日）〉，《民族問題文獻彙編》，頁501–503；〈中共中央關於內蒙工作的 指示信（1936年8月24日）〉，《民族問題文獻彙編》，頁416–421。

22. 中國軍事博物館：《毛澤東軍事活動紀事》，頁216–217；〈中共中央關 於少數民族獨立自主的原則的指示（1937年x月24日）〉，《民族問題文 獻彙編》，頁579。

23. 蔣曙晨：《傅作義傳略》（北京：中國青年出版社，1990），頁17–19、 21–38、59–72、108–110；周北峰：〈我的回憶〉，《內蒙古文史資料》， 頁56–57、79–85；毛澤東：〈致傅作義（1936年8月14日）〉，《民族問 題文獻彙編》，頁412–413；〈中共中央關於內蒙工作給少數民族委員會 的信（1937年2月7日）〉，《民族問題文獻彙編》，頁450–452。

24. 〈中共中央關於蒙古工作的指示信（1936年7月10日）〉，《民族問題文 獻彙編》，頁547。

25. 〈關於建立大青山游擊根據地及黨的政策的指示（1938年11月24日）〉， 《中共中央文件選集》，卷11，頁787–789；張培森等：《張聞天在1935– 1938》，頁302。

26. 〈表二：全省蒙、回、清、漢籍人口之比較〉，中共內蒙古自治區委 員會黨史資料徵集研究委員會：《大青山抗日游擊根據地資料選編》， 卷2，頁505；第二戰區民族革命戰爭戰地總動員委員會：〈大青山抗日 游擊根據地是怎樣創造的（1937年7月）〉，《大青山》，卷2，頁30。

27. 〈綏察行政公署告綏察境內各民族書（1941年10月1日）〉，《大青山》， 卷1，頁268；李井泉：〈一年餘來的大青山游擊戰爭（1940年10月25 日）〉，《大青山》，卷2，頁127。

28. 〈大青山抗日游擊根據地是怎樣創造的(1937年7月)〉,《大青山》,卷2,頁63–64。

29. 〈中共晉西區委關於綏遠工作的指示(1942年2月5日)〉,《大青山》,卷1,頁25。

30. (中共中央西北工委:)〈抗戰中的綏遠(1940年11月)〉,《大青山》,卷2,頁382–383;〈綏察行政公署告蒙古同胞書(1942年10月)〉,《大青山》,卷1,頁301–302。

31. 周澍清等:《內蒙古歷史地理》(呼和浩特:內蒙古大學出版社,1993),頁225–230、283。

32. 〈十六個月來大青山支隊工作總結報告(1939年12月)〉,《大青山》,卷2,頁93;〈關向應致雲清電(1940年x月28日)〉,《大青山》,卷1,頁85;〈姚喆、張達志致賀龍、關向應、甘泗淇電(1941年6月30日)〉,《大青山》,卷1,頁103;〈中共中央晉綏分局關於綏遠工作給塞北工委的指示信(1934年3月14日)〉,《大青山》,卷1,頁40。

33. 〈毛澤東、滕代遠致賀龍、肖克、關向應並告朱德、彭德懷電(1938年3月30日)〉,《大青山》,卷1,頁3;〈中共中央書記處對大青山工作的意見(1941年8月9日)〉,《大青山》,卷1,頁14;〈中共晉西區委關於綏遠工作的指示(1942年2月5日)〉,《大青山》,卷1,頁27–28;〈周士第、甘泗淇致姚喆、張達志、白成銘電(1942年8月20日)〉,《大青山》,卷1,頁94;〈綏察行政公署關於1941年4月至1942年12月綏遠政權建立及領導問題的總結提綱〉,《大青山》,卷1,頁309;〈十六個月來大青山支隊工作總結報告(1939年12月)〉,《大青山》,卷2,頁89。

34. 金德芳(June Dryer)將中共的民族政策稱為「包容」(accommodation),與之相對應的是國民黨的「同化」(assimilation)。戰爭時期,日本的內蒙推行的政策在中國看來無疑是造成「分離」。但由於該政策在一定限度上滿足了內蒙古民族的某些訴求,因此日本當局其實也是在帝國主義的框架內「包容」了內蒙民族。

35. 〈中共中央關於內蒙工作給少數民族委員會的信(1937年2月7日)〉,《民族問題文獻彙編》,頁451、452;〈抗日救蒙會行動綱領(1937年7月)〉,《民族問題文獻彙編》,頁550。

36. 〈賀龍、肖克、關向應致毛澤東、劉少奇並朱德、彭德懷、任弼時電(1938年7月)〉,《大青山》,卷1,頁66;〈關於建立大青山游擊根據地及黨的政策的指示(1938年10月24日)〉,《中共中央文件選集》,

卷11，頁788；〈中共中央晉綏分局關於綏遠工作給塞北工委的指示信 (1943年3月14日)〉，《大青山》，卷1，頁44；〈綏察區黨委關於綏察地 區行政工作的決定 (1941年8月24日)〉，《大青山》，卷1，頁228。

209

37. 毛澤東：〈論新階段 (1938年10月12日)〉，《民族問題文獻彙編》， 頁595。

38. 周文琪、褚良茹：《特殊而複雜的課題——共產國際、蘇聯和中國共產 黨關係編年史 (1919-1991)》，頁363。

39. 〈八路軍駐新疆辦事處〉，《中共黨史資料專題研究集：抗日戰爭時期 (二)》(北京：中共黨史資料出版社，1989)，卷2，頁106-122。毛 澤東的弟弟毛澤潭是在新疆遭到盛世才殺害的共產黨員之一，但中共 中央直到戰爭結束才得知他們的遭遇。Dru Gladney, *Muslim Chinese: Ethnic Nationalism in People's Republic* 雖然提供了大量資訊，但在第88 頁卻誤認為毛澤東之所以在抗戰時期對穆斯林問題十分敏感，就是因 為他的弟弟是「穆斯林內部派系鬥爭」的受害者。關於「伊犁暴動」的三 種解讀，參見Linda Benson, *The Ili Rebellion: The Moslem Challenge to Chinese Authority in Xinjiang, 1944–1949* (M. E. Sharpe, 1990); Andrew D. Forbes, *Warlords and Muslims in Chinese Central Asia: A Political History of Republican Sinkiang, 1911–1949*; David D. Wang, *Under the Soviet Shadow: The Yining Incident* (Hong Kong: The Chinese University Press, 1999).

40. 張振德、趙喜民：《西北革命史》(西安：陝西人民教育出版社，1991)， 頁435。

41. 中國人民政治協商會議甘肅省委員會：《甘肅解放前五十年大事記》(蘭 州：甘肅人民出版社，1980)，頁191；張振德、趙喜民：《西北革命 史》，頁432–442；王鐸：《五十春秋：我做民族工作的經歷》(呼和浩 特：內蒙古人民出版社，1992)，頁127。

42. 根據張振德、趙喜民：《西北革命史》，頁434、436、438–439，朱紹良 轄下的國民黨第八戰區調用了35師馬鴻賓部、191師吳允周部、97師 韓錫侯部以及預備第7師嚴明部鎮壓起義軍；參與第二次鎮壓的有97 師、預備第7師、57軍及81軍；參與第三次鎮壓的有97師、191師及 42軍。

43. 張振德、趙喜民：《西北革命史》，頁431、439–440。

44. 見楊策等：《少數民族與抗日戰爭》，頁97。抗戰時期與中共合作最著 名回族人物是河北人馬本齋。他於1944年因病去世時，中國共產黨西

210

北局在悼詞中讚揚他「代表着回族人民和中國各族人民謀求解放的正確道路」。楊懷中：《回族史論稿》（銀川：寧夏人民出版社，1991），第452至453頁指出，直到最近，中國的史學家都還始終避免提及三起暴動，因為這些暴動並不符合中國共產黨「正確」革命運動的標準。寧夏人民出版社在1991年還出版了中共寧夏自治區委員會黨史研究室、中共固原地區委員會黨史研究室合編的《海固回民起義與回民騎兵團》，其中包括一些相關文件和研究性或回憶類的文章。

45. 〈中華蘇維埃中央政府對回族人民的宣言（1936年5月25日）〉，《民族問題文獻彙編》，頁366–367。

46. 〈回回民族問題（1941年4月15日）〉，《民族問題文獻彙編》，頁897、904；〈中共中央西北工作委員會關於回回民族問題的提綱（1940年4月）〉，《民族問題文獻彙編》，頁648–656；羅宵：〈抗戰建國中的回回民族問題（1940年2月20日）〉，《民族問題文獻彙編》，頁810–815；羅邁：〈長期被壓迫與長期奮鬥的回回民族（1940年4月30日、5月15日）〉，《民族問題文獻彙編》，頁829–839；羅邁：〈回回問題研究（1940年6月16日）〉，《民族問題文獻彙編》，頁841–856。上述文件中，只有第一份文件提到了海固暴動。

47. 〈回回民族問題（1941年4月15日）〉，《民族問題文獻彙編》，頁898–904。這是中國共產黨在抗戰期間出版的一本小冊子。

48. 王鐸：《五十春秋》，頁62–63、81–82；〈抗戰中的綏遠（1940年11月）〉，《大青山》，卷2，頁386–387。

49. Owen Lattimore, "Mongolia and the Peace Settlement, 8 June 1943," Council on Foreign Relations, *Studies of American Interests in the War and Peace: Territorial Series*, No. T–B 63, p. 7.

50. 張培森：《張聞天》，頁303。

51. 黃時鑒、張思成：〈關於「伊盟事變」〉，《內蒙古近代史論叢》，第1輯（1982），頁269–271；鄂齊爾呼雅克圖：〈伊盟「三二六」事變的回憶〉，《內蒙古文史資料》，第2輯（1979），頁1–3。

52. 鄂齊爾呼雅克圖：〈伊盟「三二六」事變的回憶〉，頁3–9。

53. 黃時鑒、張思成：〈關於「伊盟事變」〉，頁273–276；烏嫩齊：〈內蒙古蒙旗獨立旅的創建前後〉，《中共黨史資料》，第11輯（1984），頁308–325；鄂齊爾呼雅克圖：〈伊盟「三二六」事變的回憶〉，頁9。

54. 白如冰〈我在綏遠和內蒙古工作簡述〉，《中共黨史資料》，第9輯（1984），頁131–132；〈中共中央關於蒙古工作的指示信（1937年7月10

日）〉，《民族問題文獻彙編》，頁545–547；〈關於綏蒙工作的決定（1938年11月22日）〉，《民族問題文獻彙編》，頁612–617；〈毛澤東、洛甫、肖勁光關於邊區紅軍出兵內蒙抗日的指示（1937年11月16日）〉，《民族問題文獻彙編》，頁576；〈中央關於綏遠敵佔區工作的決定〉，《中共中央文件選集》，卷12，頁352–357。

55. 〈高崗關於伊盟問題給賀晉年同志的覆信（1943年5月11日）〉，《民族問題文獻彙編》，頁714；〈中共中央西北局關於伊盟事件給三邊地委的指示（1943）〉，《民族問題文獻彙編》，頁716；鄂齊爾呼雅克圖：〈伊盟「三二六」事變的回憶〉，頁10。中國共產黨在抗戰時期用「頑固派」稱呼那些傾向於打擊中共而不顧抗日的國民黨官員。

56. 〈賀晉年關於伊盟問題的報告（1943年5月7日）〉，《民族問題文獻彙編》，頁712–713。

57. 〈中共中央西北局關於伊盟事件給三邊地委的指示（1943）〉，《民族問題文獻彙編》，頁715–717。當時中國共產黨關於伊盟現狀的消息並不正確。例如，部分中共文件想當然地認為沙王和伊盟首領是兩個人。又如，白音倉與國民黨合作，並在伊盟事件中被沙王的保安隊殺死，但中國共產黨的消息卻稱白音倉為國民黨所殺。中國共產黨懷疑伊盟事件是由陳長捷或日軍一手策劃，但並沒有證據可以證明。

58. 任秉鈞：〈伊克昭盟「三二六」事變〉，《內蒙古文史資料》，第2輯（1979），頁15–24；胡逢泰：〈伊盟事變烏審旗戰役會議〉，《內蒙古文史資料》，第2輯（1979），頁38–51；〈高崗關於伊盟問題給賀晉年同志的覆信（1943年5月11日）〉，《民族問題文獻彙編》，頁714。

59. 董其武：《戎馬春秋》（北京：中國文史出版社，1986），頁245。中國共產黨「綏察行政公署」於1941年發佈訓令，鼓勵該地開荒，但規定開拓蒙民的荒地必須得到蒙民的同意。參見〈綏察行政公署關於頒發開荒條例的訓令（1941年9月14日）〉，及〈綏察行政公署施政綱領（1941年10月1日）〉，《大青山》，卷1，頁249–250、265。

60. 〈中共中央西北局關於伊盟事件給三邊地委的指示（1943）〉，《民族問題文獻彙編》，頁717。

61. 王鐸：《五十春秋》，頁95、99–102。

62. 王鐸：《五十春秋》，頁125–153。

63. 牙含章：〈回回民族的傑出史學家〉，收錄於白壽彝：《民族宗教論集》（北京：北京師範大學出版社，1992），頁696–703。根據劉春：〈抗日時期從事民族工作的回顧〉，《內蒙古黨史資料》，第1輯（1988），

211

頁235–237，有關蒙族和回族的兩份〈提綱〉都由他起草。他還提到上
海的回族沈遐熙以及蒙族孔飛都曾參與到研究中來，但並未說明其具
體的工作。

64. 關於雲澤如何開始接觸共產主義，有三個版本。中國的官方文獻認定
是中共創始人、中共北方執行區委員會書記李大釗帶領雲澤接觸共產
主義的，如王樹盛、郝玉峰：《烏蘭夫年譜》，頁24，以及烏蘭夫：《烏
蘭夫回憶錄》，頁50–54。1923年秋，雲澤開始接觸共產主義，當時李
大釗曾親自與雲澤及其他幾個北平蒙藏學校的蒙族學生進行談話。但
Jagchid Sechin在 *The Last Mongol Prince* 的第26頁中表示，蒙族作家
Buyannemeku在北平蒙藏學校的年輕蒙族學生中充當了共產國際代表
的角色，雲澤也是學生之一。另外，Christopher Atwood曾提醒筆者注
意，他在 *Young Mongols and Vigilantes in Inner Mongolia's Interregnum
Decades, 1911–1931* (Boston: Brill Academic Publishers, 2002)中的研究發
現，一位名為韓麟符的中共黨員才是在內蒙學生中展開中共初步工作的
人。Atwood不吝賜教，為我總結了與本文有關的一些論點：「(1) 韓
麟符 (1929年後離黨)是在蒙人中開展中共工作的主要動力；(2) 韓麟
符對內蒙古的看法與眾不同，他認為蒙人已經慣於農民的生活，因此
他們主要還是屬於中國的農民群體，其次才表現出性格上的民族性；
(3) 韓麟符所屬組織所號召的對象只是呼和浩特土默特人與熱河南部的
蒙古人，因為他們的聚落形態與中國人相互混雜；(4) 儘管如此，親共
的年輕蒙古人還是組成了一個主張大蒙古主義的『青年黨』，明確支持
所有蒙古人和地區的團結統一，提倡脫離中國(中共內蒙黨員烈士榮
耀先、多松年都在這一倡議上署名表示支持)。」根據張國燾：《我的回
憶》(卷1，頁324)以及中共北京市委黨史研究室：《中國共產黨北京
歷史》(北京：北京出版社)，頁96、99、101，韓麟符是中共黨員，並
在1924至1927年間成為國民黨中央執行委員會後補委員。1924年，他
負責國民黨北方執行部的內蒙工作，1925年3月，他與于樹德、李裕
智、吉雅泰等人一同來到內蒙建立國共組織。雖然Atwood指出早期中
共內蒙黨員具有大蒙古主義傾向，但僅就雲澤的經歷來說，這並不一
定與中國共產黨的官方歷史相悖。

65. 王樹盛、郝玉峰：《烏蘭夫年譜》，頁23–24、33、36–49、100–101、
119、123、126–127、129、131。

66. 〈陝甘寧邊區議會及行政組織綱要(1937年5月12日)〉，《民族問題文
獻彙編》，頁462–463。

67. 〈陝甘寧邊區政府關於邊區民委會編制問題的批示(1945年4月9日)〉，《民族問題文獻彙編》，頁738；王鐸：《務實春秋》，頁59–60。趙通儒在民族事務委員會任職前，曾是伊克昭盟中共工作委員會的秘書。

68. Dreyer, p. 71; 郝時遠：《中國的民族與民族問題：論中國共產黨解決民族問題的理論與實踐》(南昌：江西人民出版社，1996)，頁86；江平(編)：《中國民族問題的理論與實踐》，頁169。

69. 張爾駒：《中國民族區域自治史綱》，頁4–5、7–41。雖然這本書十分有用，但作者卻誤認為中國共產黨在1945年10月的一份關於內蒙政策的指示中將「區域自治」作為中國民族問題的解決辦法。抗日戰爭勝利後，國民黨政府採用了「地方自治」的政策，以規避部分邊疆民族要求在本地區實行「高度自治」的訴求。在一段時期內，中國共產黨希望尋求解決國共矛盾的政治辦法，無意於挑戰中華民國的「憲法體制」。直到1947年春，國共內戰全面爆發，中國共產黨才決定在整個內蒙地區組織內蒙古自治政府，是為「區域自治」的先聲。

70. 〈陝甘寧邊區政府民族事務委員會向第二屆邊區參議會報告與建議書(1941年11月)〉，《民族問題文獻彙編》，頁939。

71. 〈陝甘寧邊區政府民族事務委員會暫行組織大綱草案(1941年10月25日)〉，《民族問題文獻彙編》，頁934。

72. 〈陝甘寧邊區政府民政廳關於定、鹽兩縣建立回民自治區問題的批答(1942年5月21日)〉，《民族問題文獻彙編》，頁698–699；〈陝甘寧邊區政府參議會第二次會議通過之提案(1942年4月10日)〉，《民族問題文獻彙編》，頁943。

73. 中共中央文獻研究室：《毛澤東年譜》，卷1，頁467；張培森：《張聞天》，頁157；白如冰「工作簡述」，頁117–120。這些組織包括「三邊特別委員會」(1936年12月、1937年秋至1938年4月)，「少數民族工作委員會」(1936年12月至1937年冬)，「蒙古工作委員會」(1938年4–5月)，「綏蒙工作委員會」(1938年5–11月)，以及「西北工作委員會」(1939年初)。

74. 毛澤東：〈論新階段(1938年10月12–14日)〉，《中共中央文件選集》，卷11，頁557–662；王鐸：《五十春秋》，頁52–53；李維漢：《回憶與研究》(北京：中共黨史出版社，1986)，卷2，頁451–452；《民族問題文獻彙編》，頁648，注1；程中原：《張聞天傳》，頁426–427。當時，張聞天名義上是中國共產黨總書記，實際上是協助毛澤東負責黨的政治宣傳及組織工作。工作委員會的其他成員有鄧發、高崗、高自立、

賈拓夫、李維漢、李富春、王若飛、肖勁光和謝覺哉等。李維漢與賈
拓夫負責委員會的日常工作。1941年5月，委員會與邊區黨委合併，
成為中共中央委員會西北局。高崗任西北局書記，成員有陳正人、賈
拓夫、李卓然、林伯渠、王世泰、肖勁光和張邦英。

75. 程中原：《張聞天傳》，頁412–413、415–416；楊奎松：《中共與莫斯科
的關係（1920–1960）》，頁430–432。

76. 劉春在上海蒙藏學院就讀約兩年，隨後於1936年在陝北加入中國共
產黨。另一位有相似背景的黨員是王鐸，他曾就讀於東北大學邊疆政
治系。辦公室的初始成員有郭敬、孔飛（蒙）、馬文良（回）、沈遐熙
（回）、秦毅、牙含章、周仁山和朱俠夫。劉春：〈抗日時期從事民族工
作的回顧〉，頁228–230、232、236；王鐸：《五十春秋》，頁53–54。

77. 劉春：〈抗日時期從事民族工作的回顧〉，頁230–232；王鐸：《五十春
秋》，頁54–55、58–59。

78. 李維漢：《會議與研究》，卷2，頁454–455；劉春：〈抗日時期從事民族
工作的回顧〉，頁237。

79. 〈中共中央西北工作委員會關於回回民族問題的提綱（1940年4月）〉，
《民族問題文獻彙編》，頁650；〈中共中央西北工作委員會關於抗戰中
蒙古民族問題提綱（1940年7月）〉，《民族問題文獻彙編》，頁662；李
維漢：《會議與研究》，卷2，頁455。1920年代初，中共文獻依然遵循
布爾什維克有關「民族問題」的表述，將所有對待民族問題的「不正確」
態度批評為「自大的狹義的民族主義」。隨後在1930年代初，中國共產
黨用「大蒙古主義」描述德王的分離主義傾向。毛澤東是第一個批評少
數民族「狹隘民族主義」的中共領導人。參見瞿秋白：〈十月革命與弱小
民族（1924年11月7日）〉，《民族問題文獻彙編》，頁63–64；〈中共中
央駐北方代表給內蒙黨委員會的信（1934年7月7日）〉，《民族問題文
獻彙編》，頁232–233；〈中華蘇維埃中央政府對內蒙古人民宣言（1935
年12月20日）〉，《民族問題文獻彙編》，頁322。

80. 〈中共中央西北工作委員會關於回回民族問題的提綱（1940年4月）〉，
《民族問題文獻彙編》，頁648–656；〈中共中央西北工作委員會關於
抗戰中蒙古民族問題提綱（1940年7月）〉，《民族問題文獻彙編》，
頁657–667。除非另注說明，餘下的討論皆引自同一材料。

81. 據〈回回民族問題的提綱〉，針對回族的「大漢族主義」竟然是開始於滿
清統治時期！

82. 范長江：《中國的西北角》（天津：大公報館，1958），頁155、304；《回

族簡史》(銀川：寧夏人民出版社，1978)，頁24、58；〔俄〕乃達庭著、王日蔚譯：〈新疆之吉爾吉斯人〉，載惲茹辛編：《回族‧回教‧回民論集》(香港：中山圖書公司，1974)，頁31–49 (這本書重版了1935年《禹貢》半月刊出版的部分論文)；李謙編：《回部公牘》(上海：中國印刷廠，〔1925〕)。

83. 蔣中正：《中國之命運》(正中書局，1943)，頁9。

84. 〈國民軍中工作方針 (1926年11月3日)〉，《民族問題文獻彙編》，頁45；〈中共中央關於西北軍工作給劉伯堅的信 (1926年11月9日)〉，《民族問題文獻彙編》，頁46；〈中國共產黨第六次全國代表大會關於民族問題的決議案 (1928年7月9日)〉，《民族問題文獻彙編》，頁87；〈中共六屆二中全會討論組織問題結論 (1929年6月25日)〉，《民族問題文獻彙編》，頁109；〈關於中國境內少數民族問題的決議案 (1931年11月)〉，《民族問題文獻彙編》，頁169；〈中國工農紅軍總政治部關於回民工作的指示 (1936年5月24日)〉，《民族問題文獻彙編》，頁362–365。羅霄：〈抗戰建國中的回回民族問題 (1940年2月20日)〉，《民族問題文獻彙編》，第812頁表示，1928年共產國際號召共產黨注意甘肅回民暴動的「民族性質」。

85. 〈中華蘇維埃中央政府對回族人民的宣言 (1936年5月25日)〉，《民族問題文獻彙編》，頁366–367。

86. 〈中共中央關於一四方面軍會合後的政治形勢與任務的決議 (1935年8月5日)〉，《民族問題文獻彙編》，頁307。

87. 羅邁 (李維漢)：〈回回問題研究 (1940年6月16日)〉，《民族問題文獻彙編》，頁366–367。李維漢時任西北工作委員會秘書長，他的這篇文章發表於中共《解放》週刊。Gladney 並不知道這裏討論到的這些文件，因而在 *Muslim Chinese* 的第88至89頁中誤以為中國共產黨直到1949年才最終決定回族的民族地位。羅邁的文章的確指出當時黨內對這一問題仍有分歧，但中共官方政策的說法卻十分明確。

88. 其實，正如劉春：〈怎樣團結蒙古民族抗日圖存 (1940年3月20日)〉，《民族問題文獻彙編》，第819至828頁中所述，中共黨內有人認為應當暫停漢人開拓蒙地的漢化過程，在可能的地區甚至應當廢止。抗戰時期，范長江任《大公報》記者，他在《中國的西北角》，第53、269、284頁中討論了西北地區人民吸食、種植鴉片的問題。雖然回漢民族都種植鴉片，但回民並不吸食，而所謂「優越的」漢人卻有超過半數都吸食鴉片。

89. 據烏蘭夫所述，抗日戰爭結束後，中國共產黨決定高舉「蒙古民族主義的旗幟」，其實只是為了回應內蒙古人追求自治的強烈要求。參見王樹盛：〈豐功垂青史 金囊留後人〉，《烏蘭夫紀念文集》(呼和浩特：內蒙古人民出版社，1989)，卷1，頁375–376。

90. Owen Lattimore, *Studies in Frontier History: Collected Papers, 1929–58*, pp. 135–136.

## 結語

1. Stevan Harrell, "Introduction: Civilizing Projects and the Reaction to Them," in Stevan Harrell ed., *Cultural Encounters on China's Ethnic Frontiers*, pp. 17–27.

2. Rogers Brubaker 將「民族化」中的民族主義定義為「核心民族」在取得獨立後的立場；「核心民族」必須對國家組織擁有所有權，並設法增進該國家組織的文化、經濟、語言、人口發展，此外還會在「本國」加強自己的政治霸權，以補償獨立前所遭受的磨難。中國一直保有自己的獨立，但它的「半殖民地」屬性導致了「核心民族」(即漢族) 的「受害者心態」。見 Rogers Brubaker, *Nationalism Reframed: Nationhood and the National Question in the New Europe* (Cambridge: Cambridge University Press, 1996), pp. 85–86,

3. Richard Pipes, *The Formation of the Soviet Union: Communism and Nationalism, 1917–1923* (Cambridge: Harvard University Press, 1954), p. 49.

4. 外蒙古並未包括在內。根據國民黨政府與蘇聯政府於1945年的一份協約，外蒙古可以選擇脫離中國獨立。中國共產黨的軍事才能只是中共在邊疆取得成功的原因之一。具體的原因我在另外的作品中作過討論，詳見 Xiaoyuan Liu, *China's Central Asian Identity in Recent History: Across the Boundary between Domestic and Foreign Affairs, Asia Program Occasional Paper 78* (Washington: Woodrow Wilson International Centre for Scholars, 1998), 以及 Xiaoyuan Liu, "The Kuomintang and the 'Mongolian Question' in the Chinese Civil War, 1945–1949," pp. 169–194。

5. 江平編：《中國民族問題的理論與實踐》，頁113–114。

6. 周恩來：〈關於人民政協的幾個問題 (1949年9月7日)〉，《民族問題文獻彙編》，頁1267。

7. 《當代中國民族工作大事記 (1949–1988)》(北京：民族出版社，1989)，頁3–4。

8. Walker Connor, *National Question in Marxist-Lennist Theory and Strategy*, p. 38.

9. 張曙光認為，由於不同的「戰略文化」，中國與美國可能都誤將對方 216 視為自己的威脅，見 Shuguang Zhang, *Deterrence and Strategic Culture: Chinese-American Confrontations, 1945–1958* (Ithaca: Cornell University Press, 1992). Connor 在 *National Question* (pp. 38, 83–87) 認為，1949年 後中國共產黨違背對少數民族的關於民族自決的承諾，正是「掌權後」 應用列寧主義戰略的典型。

10. 文化大革命後，在平反「冤錯假案」的政治趨勢中，中國共產黨承認在 認定「地方民族主義分子」時曾經犯了「擴大化」的錯誤，並為當時劃為 「地方民族主義分子」的人員平反。內人黨案定性為冤假錯案，中共中 央將罪責歸於以江青為首的「極左派」。參見國家民族事務委員會、中 共中央文獻研究室：《新時期民族工作文獻選編》(北京：中央文獻出版 社，1990)，頁21–22、150–153中的相關資料。

11. 烏蘭夫：〈民族區域自治的光輝歷程 (1981年7月14日)〉，《新時期民 族工作文獻選編》，頁139。

12. 楊靜仁：〈社會主義現代化建設時期民族工作的任務 (1979年5月22 日)〉，《新時期民族工作文獻選編》，頁9。

13. 〈中共中央關於轉發《西藏工作座談會紀要》的通知 (1980年4月7日)〉， 《新時期民族工作》，頁33–47；王力雄：《天葬：西藏的命運》(加拿 大：明鏡出版社，1998)，第3以及第4部分 (頁267–449) 對於1980年 代以來西藏情況的記錄最為詳實犀利。

14. 李鵬：〈做好民族工作為實現各民族的共同繁榮而努力奮鬥 (1990年2 月15日)〉，《新時期民族工作》，頁440–441。

15. 〈中共中央關於轉發《西藏工作座談會紀要》的通知 (1980年4月7日)〉， 《新時期民族工作》，頁34。

16. 楊靜仁：〈社會主義現代化建設時期民族工作的任務 (1979年5月22 日)〉，《新時期民族工作》，頁5–13；〈中共中央統戰部、國家民族事務 委員會關於民族工作幾個重要問題的報告 (1987年1月23日)〉，《新時 期民族工作》，頁305–321；李鵬：〈做好民族工作為實現各民族的共同 繁榮而努力奮鬥 (1990年2月15日)〉，《新時期民族工作》，頁440。

17. 國史館：《中華民國史民族志》(台北：國史館，1995)，頁33。

18. 「民族通稱」(generic ethnonym) 來自 Gladney Dru, *Muslim Chinese: Ethnic Nationalism in People's Republic*, p. 87. Gladney 對孫中山以「中華民族」作為漢族的民族身份提出質疑，但他忽略了一個事實，孫中山之後，國民黨和共產黨將「中華民族」變成了一個指代中國所有民族群體的政治身份。

19. 〈蔣介石致王寵惠 (1943 年 2 月 17 日)〉(003/2419)，國民黨中央委員會黨史會：《最高國防委員會檔案》。《檔案》中的另外三份文件分別是〈吳國楨致王寵惠 (1943 年 3 月 4 日)〉、〈王寵惠致蔣介石 (1943 年 3 月 18 日)〉和〈王寵惠致吳國楨 (1943 年 3 月)〉。

20. 費孝通等：《中華民族多元一體格局》，頁 1–36。

21. 《人民日報》，2001 年 4 月 12 日。

22. Ray Huang, *China: A Macro History* (Armonk: M.E. Sharpe, 1990), p. 265.

23. Brubaker, *Nationalism Reframed*, pp. 2–4, 26–29, 41–43. 需要指出的是，雖然布魯貝克認為體制化民族的「權力」與蘇聯的「多民族」有其重要意義，但並不否認俄羅斯在蘇聯體制中的主導地位。關於「蘇維埃俄羅斯的民族主義」(Soviet Russian nationalism)，參見 Robert Conquest ed., *The Last Empire: Nationality and the Soviet Future* 中的精彩論文。

24. 中華人民共和國國務院新聞辦公室：《中國的少數民族政策及其實踐》，1999 年 9 月，見：http://www.scio.gov.cn/zfbps/ndhf/1999/Document/307953/307953.htm。

25. Brubaker, *Nationalism Reframed*, p. 63.

# 參考書目

一、英文專著與資料集

Adelman, Jeremy, and Stephen Aron. "From Borderlands to Borders: Empires, Nation-States, and the Peoples in Between in North American History," *American Historical Review* 104: 3 (1999): pp. 814–840.

Adshead, S. A. M. *China in World History*. New York: St. Martin's Press, 1988.

Amelung, Iwo, and Joachim Kurtz. "Researching Modern Chinese Technical Terminologies: Methodological Consideration and Practical Problems." Paper presented at an international workshop at the University of Göttingen, Göttingen, October 24–25, 1997.

Anderson, Benedict. *Imagined Communities: Reflections on the Origin and Spread of Nationalism*. London: Verso, 1991.

Anderson, John. *The International Politics of Central Asia*. Manchester: Manchester University Press, 1997.

Anderson, Malcolm. *Frontiers: Territory and State Formation in the Modern World*. Oxford: Polity Press, 1996.

Arkush, David. "Orthodoxy and Heterodoxy in Twentieth-Century Chinese Proverbs." In *Orthodoxy in Late Imperial China*, ed. K. C. Liu. Berkeley: University of California Press, 1990.

Atwood, Christopher P. "A Buriat Agent in Inner Mongolia: A. I. Oshirov (c. 1901–1931)." In *Opuscula Altania*, ed. Edward H. Kaplan and Donald W. Whisenhunt. Bellingham: Western Washington University Press, 1994.

———. *Young Mongols and Vigilantes in Inner Mongolia's Interregnum Decades, 1911–1931*. Boston: Brill Academic Publishers, 2002.

Baabar. *Twentieth Century Mongolia*. Cambridge: White Horse Press, 1999.

Banuazizi, Ali, and Myron Weiner, eds. *The New Geopolitics of Central Asia and*

*Its Borderlands*. London: I. B. Tauris, 1994.

Barfield, Thomas J. *The Perilous Frontier: Nomadic Empires and China*. Cambridge: Basil Blackwell, 1989.

Barnett, A. Doak. *China's Far West: Four Decades of Change*. Boulder: Westview Press, 1993.

Benson, Linda. *The Ili Rebellion: The Moslem Challenge to Chinese Authority in Xinjiang, 1944–1949*. Armonk: M. E. Sharpe, 1990.

Bianco, Lucien. *Peasants without the Party: Grass-Roots Movements in Twentieth-Century China*. Armonk: M. E. Sharpe, 2001.

Breuilly, John. *Nationalism and the State*. Chicago: University of Chicago Press, 1993.

Brubaker, Rogers. *Nationalism Reframed: Nationhood and the National Question in the New Europe*. Cambridge: Cambridge University Press, 1996.

Chow Tse-tsung. *The May Fourth Movement: Intellectual Revolution in Modern China*. Stanford: Stanford University Press, 1967.

Cohen, Warren, I. *East Asia at the Center: Four Thousand Years of Engagement with the World*. New York: Columbia University Press, 2000.

Connor, Walker. *The National Question in Marxist-Leninist Theory and Strategy*. Princeton: Princeton University Press, 1984.

Conquest, Robert, ed. *The Last Empire: Nationality and the Soviet Future*. Stanford: Hoover Institution Press, 1986.

Crossley, Pamela Kyle. *Orphan Warriors: Three Manchu Generations and the End of the Qing World*. Princeton: Princeton University Press, 1990.

———. *A Translucent Mirror: History and Identity in Qing Imperial Ideology*. Berkeley: University of California Press, 1999.

Dallin, Alexander, and F. I. Firsov, eds. *Dimitrov and Stalin, 1934–1943: Letters from the Soviet Archives*. New Haven: Yale University Press, 2000.

Daniels, Robert V. *A Documentary History of Communism, Volume 2: Communism and the World*. London: I. B. Tauris, 1985.

Davis, John F. *The Chinese: A General Description of the Empire of China and Its Inhabitants*. New York: Harper and Brothers, 1836.

Degras, Jane, ed. *Soviet Documents on Foreign Relations*. New York: Octagon Books, 1978.

d'Encausse, Hélène Carrère. *The Great Challenge: Nationalities and the*

*Bolshevik State, 1917–1930*. New York: Holmes & Meier Publishers, 1992.

d'Encausse, Hélène Carrère, and Stuart R. Schram, eds. *Marxism and Asia*. London: Allen Lane, 1969.

Di Cosmo, Nicola. *Ancient China and Its Enemies: The Rise of Nomadic Power in East Asian History*. Cambridge: Cambridge University Press, 2002.

Dikötter, Frank. *The Discourse of Race in Modern China*. Stanford: Stanford University Press, 1992.

Dirlik, Arif. *The Origins of Chinese Communism*. Oxford: Oxford University Press, 1989.

Diuk, Nadia, and Adrian Karatnycky. *The Hidden Nations: The People Challenge the Soviet Union*. New York: William Morrow, 1990.

Dreyer, June T. *China's Forty Millions: Minority Nationalities and National Integration in the People's Republic of China*. Cambridge: Harvard University Press, 1976.

Duara, Prasenjit. *Rescuing History from the Nation: Questioning Narratives of Modern China*. Chicago: University of Chicago Press, 1995.

Eley, Geoff, and Ronald G. Suny, eds. *Becoming National*. Oxford: Oxford University Press, 1996.

Ellenman, Bruce A. *Diplomacy and Deception: The Secret History of Sino-Soviet Diplomatic Relations, 1917–1927*. Armonk: M. E. Sharpe, 1997.

Fairbank, John King. *China: A New History*. Cambridge: Belknap Press of Harvard University Press, 1992.

Fiskesjo, Magnus. "On the 'Raw' and 'Cooked' Barbarians of Imperial China." *Inner Asia* 1 (2) (1999): pp. 139–168.

Fitzgerald, John. *Awakening China: Politics, Culture, and Class in the Nationalist Revolution*. Stanford: Stanford University Press, 1996.

Forbes, Andrew D. W. *Warlords and Muslims in Chinese Central Asia: A Political History of Republican Sinkiang, 1911–1949*. Cambridge: Cambridge University Press, 1986.

Forbes, H. D. *Ethnic Conflict: Commerce, Culture, and the Contact Hypothesis*. New Haven: Yale University Press, 1997.

Friedman, Edward. *National Identity and Democratic Prospects in Socialist China*. Armonk: M. E. Sharpe, 1995.

Garver, John W. *Chinese-Soviet Relations, 1937–1945: The Diplomacy of Chinese*

*Nationalism*. New York: Oxford University Press, 1988.

Gellner, Ernest. *Nations and Nationalism*. Ithaca: Cornell University Press, 1983.

Gladney, Dru C. *Muslim Chinese: Ethnic Nationalism in the People's Republic*. Cambridge: Council on East Asian Studies, Harvard University, 1996.

Goldstein, Melvyn C. *The Snow Lion and the Dragon: China, Tibet, and the Dalai Lama*. Berkeley: University of California Press, 1997.

Grousset, Rene. *The Empire of the Steppes: A History of Central Asia*. New Brunswick: Rutgers University Press, 1994.

Gurr, Ted Robert. *Minorities at Risk: A Global View of Ethnopolitical Conflicts*. Washington: United States Institute of Peace Press, 1993.

Hansen, Valerie. *The Open Empire: A History of China to 1600*. New York: W. W. Norton, 2000.

Harrell, Stevan, ed. *Cultural Encounters on China's Ethnic Frontiers*. Seattle: University of Washington Press, 1995.

Hobsbawm, E. J. *Nations and Nationalism since 1780*. Cambridge: Cambridge University Press, 1991.

Hostetler, Laura. *Qing Colonial Enterprise: Ethnography and Cartography in Early Modern China*. Chicago: University of Chicago Press, 2001.

Hoston, Germaine A. *The State, Identity, and the National Question in China and Japan*. Princeton: Princeton University Press, 1994.

Huang, Ray. *China: A Macro History*. Armonk: M. E. Sharpe, 1990.

Jagchid Sechin. *The Last Mongol Prince: The Life and Times of Demchugdongrob*. Bellingham: Western Washington University Press, 1999.

Jenner, W J. F. *The Tyranny of History: The Roots of China's Crisis*. New York: Penguin Press, 1992.

Johnson, Chalmers A. *Peasant Nationalism and Communist Power*. Stanford: Stanford University Press, 1962.

Kirby, William. *Germany and Republican China*. Stanford: Stanford University Press, 1984.

Kotkin, Stephen, and Bruce A. Elleman, eds. *Mongolia in the Twentieth Century: Landlocked Cosmopolitan*. Armonk: M. E. Sharpe, 1999.

Laitinen, Kauko. *Chinese Nationalism in the Late Qing Dynasty: Zhang Binglin as an Anti-Manchu Propagandist*. London: Curzon Press, 1990.

Lattimore, Owen. *Manchuria: Cradle of Conflict*. New York: Macmillan, 1932.

————. *Inner Asian Frontiers of China*. London: Oxford University Press, 1940.

————. "Mongolia and the Peace Settlement, 8 June 1943." *Studies of American Interests in the War and Peace: Territorial Series* (Council on Foreign Relations) T–B 63 (1943).

————. *Studies in Frontier History: Collected Papers, 1929–58*. London: Oxford University Press, 1962.

Lih, Lars T., et al., eds. *Stalin's letters to Molotov*. New Haven: Yale University Press, 1995.

Lipman, Jonathan N. *Familiar Strangers: A History of Muslims in Northwestern China*. Seattle: University of Washington Press, 1997.

Liu Xiaoyuan. *A Partnership for Disorder: China, the United States, and Their Policies for the Post war Disposition of the Japanese Empire, 1941–1945*. New York: Cambridge University Press, 1996.

————. *China's Central Asian Identity in Recent History: Across the Boundary between Domestic and Foreign Affairs*. Occasional Paper 78, Asia Program. Washington: Woodrow Wilson International Center for Scholars, 1998.

————. "The Kuomintang and the 'Mongolian Question' in the Chinese Civil War, 1945–1949." *Inner Asia* 1 (1999): pp. 169–194.

Luk, Michael Y. L. *The Origins of Chinese Bolshevism: An Ideology in the Making, 1920–1928*. Hong Kong: Oxford University Press, 1990.

Macherras, Colin. *China's Minorities: Integration and Modernization in the Twentieth Century*. Hong Kong: Oxford University Press, 1994.

Paine, S. C. M. *Imperial Rivals: China, Russia, and Their Disputed Frontier*. Armonk: M. E. Sharpe, 1996.

Pantsov, Alexander. *The Bosheviks and the Chinese Revolution, 1919–1927*. Honolulu: University of Hawai'i Press, 2000.

Pipes, Richard. *The Formation of the Soviet Union: Communism and Nationalism, 1917–1923*. Cambridge: Harvard University Press, 1954.

*Poems of Mao Tse-tung*. Translated and annotated by Wong Man. Hong Kong: Eastern Horizon Press, 1966.

Price, Jane L. *Cadres, Commanders and Commissars: The Training of the Chinese Communist Leadership, 1920–45*. Boulder: Westview Press, 1976.

Pye, Lucian W. *Warlord Politics: Conflict and Coalition in the Modernization of Republican China*. New York: Praeger Publishers, 1971.

Richard, L. *Comprehensive Geography of the Chinese Empire and Dependencies.* Shanghai: T'usewei Press, 1908.

Rossabi, Morris, ed. *China among Equals: The Middle Kingdom and Its Neighbors, 10th–14th Centuries.* Berkeley: University of California Press, 1983.

Rudelson, Justin Jon. *Oasis Identity: Uyghur Nationalism along China's Silk Road.* New York: Columbia University Press, 1997.

Schram, Stuart. *Mao Tse-tung.* Baltimore: Pelican Books, 1974.

Schwartz, Benjamin I. "The Maoist Image of World Order." In *Image and Reality in World Politics*, ed. John C. Farrell and Asa P. Smith. New York: Columbia University Press, 1967.

Selden, Mark. *The Yenan Way in Revolutionary China.* Cambridge: Harvard University Press, 1971.

Sheng, Michael M. *Battling Western Imperialism: Mao, Stalin, and the United States.* Princeton: Princeton University Press, 1997.

Smal-Stocki, Roman. *The Nationality Problem of the Soviet Union and Russian Communist Imperialism.* Milwaukee: Bruce Publishing Company, 1952.

Smith, Anthony D. *The Ethnic Origins of Nations.* Oxford: Basil Blackwell, 1999.

Smith, Richard J. *Chinese Maps: Images of "All under Heaven".* Hong Kong: Oxford University Press, 1996.

Snow, Edgar. *Red Star over China.* New York: Random House, 1938.

Swisher, Earl. *China's Management of American Barbarians: A Study of Sino-American Relations, 1841–1861.* New Haven: Far Eastern Publications, 1951.

Tang, Peter S. H. *Russian and Soviet Policy in Manchuria and Mongolia, 1911–1931.* Durham: Duke University Press, 1959.

Thaxton, Ralph A. *Salt of the Earth: The Political Origins of Peasant Protest and Communist Revolution in China.* Berkeley: University of California Press, 1997.

Thongchai, Winichakul. *Siam Mapped: A History of the Geo-Body of a Nation.* Honolulu: University of Hawai'i Press, 1994.

Unger, Jonathan, ed. *Chinese Nationalism.* Armonk: M. E. Sharpe, 1996.

Vogel, Ezra F., ed. *Living with China: U.S.-China Relations in the Twentieth Century.* New York: W. W. Norton, 1997.

Waldron, Arthur. *The Great Wall of China: From History to Myth.* Cambridge:

Cambridge University Press, 1990.

Waley-Cohen, Joanna. *The Sextants of Beijing: Global Currents in Chinese History*. New York: W. W. Norton, 1999.

Wang, David D. *Under the Soviet Shadow: The Yining Incident*. Hong Kong: The Chinese University Press, 1999.

Whiting, Allen. *Soviet Policy in China, 1917–1924*. Stanford: Stanford University Press, 1968.

Wong, R. Bin. *China Transformed: Historical Change and the Limits of European Experience*. Ithaca: Cornell University Press, 1997.

Wright, Mary Clabaugh. *The Last Stand of Chinese Conservatism: The Tung-chih Restoration, 1862–1874*. Stanford: Stanford University Press, 1957.

Yang, Benjamin. *From Revolution to Politics: Chinese Communists on the Long March*. Boulder: Westview Press, 1990.

Yeh Wen-hsin. *Provincial Passages: Culture, Space, and the Origins of Chinese Communism*. Berkeley: University of California Press, 1996.

Zhang Shuguang. *Deterrence and Strategic Culture: Chinese-American Confrontations, 1945–1958*. Ithaca: Cornell University Press, 1992.

## 二、中文專著與資料集（按筆劃順序排列）

中央檔案館編：《中共中央文件選集》，共18冊。北京：中共中央黨校出版社，1989。

中共中央文獻研究室編：《毛澤東年譜》，共3卷。北京：中央文獻出版社，1993。

———：《周恩來年譜》。北京：中央文獻出版社，1989。

———：《新時期民族工作文獻選編》。北京：中央文獻出版社，1990。

中共中央統戰部編：《民族問題文獻彙編》。北京：中共中央黨校出版社，1991。

中共中央黨史研究室第一研究部譯：《聯共（布）、共產國際與中國國民革命運動（1920–1925）》，第1–6冊。北京：北京圖書館出版社，1997；第7–12冊。北京：中央文獻出版社，2002。俄文版於1994年出版於莫斯科。

中共內蒙古地區委黨史辦公室編：《內蒙古黨的歷史和黨的工作》。呼和浩特：內蒙古人民出版社，1994。

中共內蒙古自治區委員會黨史資料征集研究委員會編：《大青山抗日游擊根據地資料選編》。呼和浩特：內蒙古人民出版社，1987。

中共北京市委黨史研究室編：《中國共產黨北京歷史》。北京：北京出版社，2001。

中共哈密地委黨史委編：《西路軍魂》。烏魯木齊：新疆人民出版社，1995。

中國人民政治協商會議甘肅省委員會編：《甘肅解放前五十年大事記》。蘭州：甘肅人民出版社，1980。

中國人民解放軍歷史資料叢書編審委員會編：《紅軍長征：回憶史料》。北京：解放軍出版社，1992。

中國工農紅軍第四方面軍戰史編輯委員會編：《中國工農紅軍第四方面軍戰史資料選編(長征時期)》。北京：解放軍出版社，1992。

中國軍事博物館編：《毛澤東軍事活動紀事》。北京：解放軍出版社，1994。

中國第二歷史檔案館、中國藏學研究中心編：《黃慕松、吳忠信、趙守鈺、戴傳賢奉使辦理藏事報》。北京：中國藏學出版社，1993。

中國第二歷史檔案館編：《蔣介石年譜初稿》。北京：檔案出版社，1992。

《中國綜合地圖集》。北京：中國地圖出版社，1990。

孔憲東、顧鵬著：〈長征中的《紅星報》〉，載中共中央黨史研究室、中央檔案館編：《中共黨史資料》，第60輯。北京：中共黨史出版社，1996年，頁197–205。

毛振發、曾岩著：《邊防論》。北京：軍事科學出版社，1996。

毛澤東著：《毛澤東文集(1921–1937)》，共5卷。北京：人民出版社，1993–96。

———：《毛澤東早期文稿》。長沙：湖南出版社，1995。

———：《毛澤東書信選集》。北京：人民出版社，1983。

牙含章著：〈回回民族的傑出史學家〉，載白壽彝編：《民族宗教論集》。北京：北京師範大學出版社，1992，頁762–770。

王力雄著：《天葬：西藏的命運》。布蘭普頓：明鏡出版社，1998。

王建民著：《中國民族學史》，共2卷。昆明：雲南教育出版社，1997–98。

王會昌著：《中國文化地理》。武昌：華中師範大學出版社，1992。

王劍萍：〈西北四馬合擊孫殿英的回憶〉，載寧夏回族自治區政協文史資料研究委員會編：《寧夏三馬》。北京：中國文史出版社，1988。

王樹盛、郝玉峰編：《烏蘭夫年譜》。北京：中共黨史出版社，1989。

王樹盛著：〈豐功垂青史 金囊留後人〉，載烏蘭夫革命史料編研室編：《烏蘭夫紀念文集》，第1輯。呼和浩特：內蒙古人民出版社，1989，頁373–382。

王鐸著：《五十春秋：我做民族工作的經歷》。呼和浩特：內蒙古人民出版社，1992。

申友良著：《中國北方民族及其政權研究》。北京：中央民族大學出版社，1998。

申長友著：《毛澤東與共產國際》。北京：黨建讀物出版社，1994。

白如冰著：〈談談我在綏蒙工作的情況〉，載《中共黨史資料》，第9輯。北京：中共中央黨校出版社，1984，頁117–138。

白振聲等著：《新疆現代政治社會史略 (1912–1949)》。北京：中國社會科學出版社，1992。

任一農等編：《民族宗教知識手冊》。北京：中國中央黨校出版社，1994。

任秉鈞著：〈伊克昭盟「三二六」事變〉，載《內蒙古文史資料》，第2輯。呼和浩特：內蒙古人民出版社，頁15–24。

《回族簡史》編寫組編：《回族簡史》。銀川：寧夏人民出版社，1978。

江平編：《中國民族問題的理論與實踐》。北京：中共中央黨校出版社，1994。

江西省檔案館著：《中央革命根據地史料選編》。南昌：江西人民出版社，1982。

余子道著：《長城風雲錄》。上海：上海書店出版社，1993。

李毓澍著：《外蒙古撤治問題》。台北：中央研究院近代史研究所，1976。

李榮珍著：〈長征時期中國共產黨對回族的政策〉，載《中共黨史資料》，第60輯。北京：中共黨史出版社，1996年，頁98–113。

李維漢著：《回憶與研究》。北京：中共黨史出版社，1986。

李銳著：《早年毛澤東》。瀋陽：遼寧人民出版社，1993。

李謙編：《回部公牘》。上海：中國印刷廠，1925。

周文琪、褚良茹編：《特殊而複雜的課題──共產國際、蘇聯和中國共產黨關係編年史 (1919–1991)》。武漢：湖北人民出版社，1993。

周北峰著：〈我的回憶〉，載《內蒙古文史資料》，第21輯。呼和浩特：內蒙古人民出版社，1986。

周恩來著：《周恩來軍事文選》。北京：人民出版社，1997。

───：《周恩來選集》。北京：人民出版社，1984。

周清澍等著：《內蒙古歷史地理》。呼和浩特：內蒙古大學出版社，1993。

呼和浩特市委黨史資料征集辦公室著：〈關於大革命時期綏遠農民運動情況的調查報告〉，載《內蒙古黨史資料》，第2輯，頁256–259。

青海省地方志編纂委員會編：《青海歷史紀要》。西寧：青海人民出版社，1987。

胡逢泰口述、宋海潮整理：〈伊盟事變烏審旗戰役會議〉，載《內蒙古文史資料》，第2輯，第2版。呼和浩特：內蒙古人民出版社，1979，頁38–51。

范秀傳著：《中國邊疆古籍題解》。烏魯木齊：新疆人民出版社，1995。

范長江著：《中國的西北角》。天津：大公報館，1958。

孫國標著：〈中國共產黨民族自治政策的成功嘗試〉，中共中央黨史研究室、中央檔案館編：《中共黨史資料》，第57輯。北京：中共黨史出版社，1996，頁114–122。

烏嫩齊著：《蒙古族人民革命武裝鬥爭紀實》。呼和浩特：內蒙古人民出版社，1990。

———〈內蒙古蒙旗獨立旅的創建前後〉，中共中央黨史研究室、中央檔案館編：《中共黨史資料》，第11輯。北京：中共黨史出版社，1984，頁308–326。

烏蘭夫：《烏蘭夫回憶錄》。北京：中共黨史資料出版社，1989。

烏蘭夫革命史料編研室編：《烏蘭夫紀念文集》，第1輯。呼和浩特：內蒙古人民出版社，1989。

烏蘭少布：〈中國國民黨對蒙政策 (1928–1949)〉，載內蒙古大學中共內蒙古地區黨史研究所等編：《內蒙古近代史論叢》，第3輯。呼和浩特：內蒙古人民出版社，1987，頁188–317。

翁獨健等編：《中國民族關係史研究》。北京：中國社會科學出版社，1984。

郝時遠著：《中國的民族與民族問題：論中國共產黨解決民族問題的理論與實踐》。南昌：江西人民出版社，1996。

郝維民著：〈第一、二次國內革命戰爭時期的內蒙古人民革命黨〉，載《中國蒙古史學會成立大會紀念集刊》。呼和浩特：中國蒙古史學會，1979，頁580–604。

馬汝珩、馬大正著：《清代的邊疆政策》。北京：中國社會科學出版社，1994。

高屹著：《蔣介石與西北四馬》。北京：警官教育出版社，1993。

國史館編：《中華民國史民族志》。台北：國史館，1995。

———《中華民國史地理志 (初稿)》。台北：國史館，1980。

國家民族事務委員會、中共中央文獻研究室編：《新時期民族工作文獻選編》。北京：中央文獻出版社，1990。

國家教委高校社會科學發展研究中心編：《中外歷史問題八人談》。北京：中共中央黨校出版社，1998。

張振德、趙喜民編:《西北革命史》。西安:陝西人民教育出版社,1991。

張國燾著:《我的回憶》。北京:現代史料叢刊出版社,1980。

張培森等編:《張聞天1935–1938》。北京:中共黨史出版社,1997。

張爾駒著:《中國民族區域自治史綱》。北京:民族出版社,1995。

曹婉如編:《中國古代地圖集》,共3冊。北京:文物出版社,1990–1997。

梅劍編:《延安秘史》。北京:紅旗出版社,1996。

陳永發著:《中國共產革命七十年》。台北:聯經出版社,1998。

陳廉著:《抗日根據地發展史略》。北京:解放軍出版社,1987。

喻希來著:〈新興世界大國的成長之旅:光榮與夢想——新興世紀中國歷史總成績的回顧〉,《戰略與管理》,1999年第6期,頁1–17。

惲茹辛編:《回族·回教·回民論集》。香港:中山圖書公司,1974。

程中原著:《張聞天傳》。北京:當代中國出版社,1993。

費孝通等著:《中華民族多元一體格局》。北京:中央民族學院出版社,1989。

鄂齊爾呼雅克圖著:〈伊盟「三二六」事變的回憶〉,載《內蒙古文史資料》,第2輯。呼和浩特:內蒙古人民出版社,1979,頁1–14。

黃修容編:《蘇聯、共產國際與中國革命的關係新探》。北京:中共黨史出版社,1995。

黃時鑒、張思成著:〈關於「伊盟事變」〉,載中共內蒙古地區黨史研究所編:《內蒙古近代史論叢》,第1輯。呼和浩特:內蒙古人民出版社,1982,頁263–286。

新疆社會科學民族研究所編:《新疆簡史》。烏魯木齊:新疆人民出版社,1987。

楊奎松著:《中共與莫斯科的關係(1920–1960)》。台北:東大圖書股份有限公司,1997。

———:《毛澤東與莫斯科的恩恩怨怨》。南昌:江西人民出版社,1999。

———:《西安事變新探:張學良與中共關係之研究》。台北:東大圖書公司,1995。

楊策等著:《少數民族與抗日戰爭》。北京:北京出版社,1997。

楊懷中著:《回族史論稿》。銀川:寧夏人民出版社,1991。

《當代中國的民族工作》編輯部編:《當代中國民族工作大事記(1949–1988)》。北京:民族出版社,1989。

葉心瑜著:〈「彝海結盟」與黨的民族政策〉,中共中央黨史研究室、中央檔案館編:《中共黨史資料》,第58輯。北京:中共黨史出版社,1996年,頁189–196。

葛劍雄等著：《簡明中國移民史》。福州：福建人民出版社，1993。

葛劍雄著：《統一與分裂：中國歷史的啟示》。北京：三聯書店，1994。

董其武著：《戎馬春秋》。北京：中國文史出版社，1986。

《蒙古族簡史》編寫組編：《蒙古族簡史》。呼和浩特：內蒙古人民出版社，1985。

趙雲田著：《中國邊疆民族管理機構沿革史》。北京：中國社會科學出版社，1993。

劉再復、林崗著：《傳統與中國人》。合肥：安徽文藝出版社，1999。

劉春著：〈抗日戰爭時期從事民族工作的回憶〉，載內蒙古黨委黨史資料征集研究委員會辦公室編：《內蒙古黨史資料》，第1輯。呼和浩特：內蒙古人民出版社，1988，頁228–246。

劉進仁著：〈憶綏遠大革命時期的革命鬥爭〉，載《內蒙古黨史資料》，第2輯。呼和浩特：內蒙古人民出版社，1989，頁174–191。

劉寶明著：《民族問題與國情教育讀本》。北京：中央民族學院出版社，1992。

德穆楚克棟魯普著：〈德穆楚克棟魯普自述〉，載中國人民政治協商會議內蒙古自治區委員會、文史資料研究委員會編：《內蒙古文史資料》，第13輯。呼和浩特：內蒙古人民出版社，1984，頁1–211。

歐達偉（David Arkush）著、董曉萍譯：《中國民眾思想史論》。北京：中央民族大學出版社，1995。

蔡和森著：〈蔡和森談鮑羅廷〉，載《鮑羅廷在中國的有關資料》。北京：中國社會科學出版社，1983，頁213–235。

蔣曙晨著：《傅作義傳略》。北京：中國青年出版社，1990。

薛銜天等編：《中蘇國家關係史資料彙編 (1917–1914)》。北京：中國社會科學出版社，1993。

瞿秋白著：《瞿秋白文集》，共14卷。北京：人民出版社，1989。

羅宏、孫忠耀著：〈我黨幫助馮玉祥並促成五原誓師的始末〉，載內蒙古黨史資料》，第1輯。呼和浩特：內蒙古人民出版社，1988，頁247–266。

羅榮渠編：《從「西化」到「現代化」：五四以來有關中國的文化趨向和發展道路論證文選》。北京：北京大學出版社，1990。

羅廣武著：《新中國民族工作大事概覽 (1949–1999)》。北京：華文出版社，2001。

顧維鈞著：《顧維鈞回憶錄》，共13冊。北京：中華書局，1983–1992。

# 索引

* 本索引使用的頁碼均指英文版頁碼，即本書邊碼。

## 六劃

## 十二劃

## 十五劃

## 十六劃